Curso
MAD360

La diferencia entre aprobar y sacar plaza

Policía Local de Canarias

Si aún no dispones de tu **Curso MAD360**, te ofrecemos un acceso GRATIS de 30 días para que disfrutes de los siguientes recursos:

AF212333

- Técnicas de Memoria 360.
- MADTEST: Test *online* Nivel PRO.
- Temario en formato digital.
- Vídeos.
- Planificación de estudio.
- Foro entre opositores hasta la fecha del examen.*
- Recursos y novedades exclusivas.
- Consúltanos sobre tu oposición y proceso selectivo.
- Actualizaciones legislativas (Boletines Oficiales) hasta 60 días antes de la fecha del examen.*

Para acceder a esta prueba del Curso MAD360** será necesaria la compra de la edición 2025 de los siguientes libros para esta especialidad:

- Temario volúmenes 1, 2 y 3
- Test del temario

Regístrate en **mad.es/iniciar-sesion** y en la pestaña MIS CURSOS valida los códigos que encuentras en la última página de tus libros.

NOTA IMPORTANTE:

* Examen de esta categoría profesional correspondiente a la convocatoria publicada en el BOC n.º 215, de 30 de octubre de 2025, o hasta el 31 de diciembre de 2026, lo que se cumpla antes, y previa renovación del servicio.

** El acceso al CURSO MAD360 estará disponible desde diciembre de 2025 (algunos recursos podrían estar disponibles en fecha posterior). Tendrá una duración de 30 días RENOVABLES mediante pago, desde la validación de códigos, o hasta el 30 de junio de 2027, lo que se cumpla antes.

MAD se reserva el derecho a ampliar dichas fechas.

Policía Local
de Canarias

Policía Local de Canarias

Test

Autores

MAGALÍ RIERA ROCA
Licenciada en Derecho

LEOPOLDO OLMO FERNÁNDEZ-DELGADO
Doctor en Derecho

FRANCISCO JESÚS TORRES FONSECA
Licenciado en Derecho

JOSÉ LUIS GARRIDO VELA
Licenciado en Derecho

LIDIA PONCE MARTÍNEZ
Licenciada en Psicología

© 7 Editores Recursos para la Cualificación Profesional y el Empleo, S.L. (7 Editores)
© Los autores
Primera edición, diciembre 2025 (380 páginas)
Derechos de edición reservados a favor de 7 Editores
IMPRESO EN ESPAÑA
Diseño Portada: 7 Editores
Edita: 7 Editores
Avda. San Francisco Javier, 9 · Edificio Sevilla 2 · Planta 11 · Módulos 25-27 · 41018 Sevilla
Teléfono: 954 784 411 · WEB: www.mad.es · e-mail: administracion@7editores.com
ISBN: 979-13-702-8293-6
© "Editorial Mad" y "Eduforma" son nombres comerciales registrados de
7 Editores Recursos para la Cualificación Profesional y el Empleo, S.L.

Índice

PARTE ESPECÍFICA

Régimen Jurídico de la Policía: Cuerpos y Fuerzas de Seguridad

Derecho Penal y Procesal

Tráfico y Seguridad Vial

Policía Administrativo Especial

PARTE GENERAL

TEST N.º 1

La Constitución Española. El Título Preliminar. Los derechos y deberes fundamentales. La dignidad de la persona. La nacionalidad y la mayoría de edad. Derechos y libertades de los extranjeros en España

1. Las primeras elecciones democráticas celebradas en España tras la muerte de Franco tuvieron lugar en:

a) 1975.
b) 1976.
c) 1977.

2. El referéndum en el que se aprobó popularmente la Constitución se llevó a efecto el:

a) 27 de diciembre de 1978.
b) 6 de diciembre de 1978.
c) 31 de octubre de 1978.

3. La ponencia encargada de redactar el borrador de la Constitución se constituyó en el:

a) Senado.
b) Senado y Congreso de los Diputados.
c) Congreso de los Diputados.

4. Si un poder público, en su actuación, infringe lo dispuesto en el Preámbulo de la Constitución:

a) Incurre en nulidad.
b) Incurre en inconstitucionalidad.
c) No pasa nada salvo que, como consecuencia de esa actuación, se infrinja un artículo de la propia Constitución.

5. El principio en virtud del cual el ciudadano está amparado por una legislación no sujeta a continuos vaivenes es el de:

a) Legalidad.
b) Publicidad normativa.
c) Seguridad jurídica.

6. El principio en virtud del cual un Reglamento no puede contradecir una ley es el de:

a) Legalidad.
b) Jerarquía normativa.
c) Las respuestas a) y b) son correctas.

7. Según la Constitución, una norma que imponga una nueva pena más leve para un delito:

a) No se aplica retroactivamente.
b) Puede aplicarse retroactivamente.
c) Ha de ser reglamentaria.

8. Todos los españoles, respecto al castellano, tienen el:

a) Derecho-deber de conocerlo.
b) Derecho de usar y deber de conocerlo.
c) Derecho-deber de usarlo.

9. La capital del Estado en España es:

a) La propia de cada Comunidad Autónoma.
b) La villa de Madrid.
c) Aquella donde se establezca en cada momento el Gobierno de la Nación.

10. El Título de la Constitución que trata de la reforma constitucional es el:

a) Primero.
b) Décimo.
c) Noveno.

11. El Defensor del Pueblo se regula en el siguiente Título y Capítulo de la Constitución, respectivamente:

a) Preliminar y 1.º
b) Segundo y 4.º
c) Primero y 4.º

12. El Título de la misma que trata del Gobierno y la Administración es el:

a) Tercero.
b) Cuarto.
c) Quinto.

13. Los principios rectores de la política social y económica se regulan en el siguiente Capítulo y Título de la Constitución:

a) Segundo del Primero.
b) Tercero del Primero.
c) Tercero del Preliminar.

14. La derogación de una norma posconstitucional que vaya en contra de la Constitución se efectúa por el/la/las:

a) Propia Constitución.
b) Tribunal Constitucional.
c) Cortes Generales.

15. El pluralismo político, para nuestra Constitución, es un/una:

a) Principio General del ordenamiento político.
b) Valor superior del ordenamiento jurídico.
c) Principio rector de la política social y económica.

16. La forma política del Estado español es:

a) Unitaria y regionalizada.
b) Federal.
c) La Monarquía Parlamentaria.

17. La justicia, según nuestra Constitución, es un/una:

a) Principio de nuestro ordenamiento jurídico.
b) Valor superior del anterior.
c) Manifestación del Estado democrático.

18. Un español de origen puede perder esta nacionalidad:

a) Por sanción administrativa.
b) Cuando libremente renuncie a la misma.
c) Por condena penal.

19. Constituye el fundamento del orden público y de la paz social, según la Constitución, el/la/los:

a) Derechos inviolables inherentes a la persona.
b) Estado social y democrático de Derecho.
c) Seguridad jurídica.

20. Las Comunidades Autónomas deben usar o instalar la bandera española:

a) En sus edificios.
b) En los actos oficiales.
c) Cuando lo solicite el Delegado del Gobierno de la Nación en las mismas.

21. Deben tener una estructura interna y un funcionamiento democrático los/las:

a) Partidos Políticos.
b) Colegios Profesionales.
c) Todos ellos.

22. La defensa de la integridad territorial de España se atribuye por la Constitución a/al/a las:

a) Fuerzas y Cuerpos de Seguridad.
b) Fuerzas Armadas.
c) Gobierno de la Nación.

23. El Título de la Constitución que trata de las relaciones entre el Gobierno y las Cortes Generales es el:

a) Cuarto.
b) Quinto.
c) Sexto.

24. La Constitución entró en vigor:

a) Al día siguiente de su publicación en el Boletín Oficial del Estado.
b) El 27 de diciembre de 1978.
c) El 29 de diciembre de 1978.

25. Según la Constitución, el Estado es:

a) Apolítico.
b) Aconfesional.
c) De bienestar social.

26. El derecho a la vida se consagra en el siguiente artículo de la Constitución:

a) 10.
b) 16.
c) 15.

27. La pena de muerte en España:

a) Ha quedado abolida.
b) Puede aplicarse en cualquier momento.
c) Solo se aplicará, en tiempo de guerra, a los militares.

28. La inmediata puesta a disposición judicial derivada del habeas corpus, se produce por:

a) Detención ilegal.
b) Prisión ilegal.
c) Prisión preventiva.

29. El proceso en el que se enjuicie a un presunto delincuente debe:

a) Ser sumario.
b) No dilatarse.
c) Entorpecer los instrumentos probatorios.

30. La entrada en un domicilio en caso de flagrante delito, sin autorización de su titular:

a) Puede dar lugar a la aplicación del habeas corpus.
b) Requiere autorización previa de la autoridad judicial.
c) Puede efectuarse en todo momento.

31. Cuando, al conocerse la comisión de un delito por una persona, se acude a su domicilio para detenerla:

a) Está obligada a franquear la entrada.
b) Se necesitará autorización judicial para entrar, si no da su consentimiento para ello.
c) Pese a que no dé su consentimiento, se puede entrar.

32. La autorización previa para celebrar una manifestación pública:

a) La da el Subdelegado del Gobierno en la Provincia.
b) Es ineludible.
c) Sería inconstitucional.

33. El tipo de sufragio que consagra la Constitución es el:

a) Proporcional.
b) Universal.
c) Censitario.

34. Además de la no autoinculpación, la Constitución prevé que no se está obligado a declarar sobre un hecho presuntamente delictivo en caso de:

a) Parentesco y afinidad.
b) Cláusula de conciencia.
c) Secreto profesional.

35. Los Tribunales de Honor están prohibidos respecto de los/la/las:

a) Sindicatos y Organizaciones Profesionales.
b) Administración Civil y Militar.
c) Organizaciones Profesionales y la Administración Civil.

36. El secreto profesional, constitucionalmente, sirve para:

a) Ejercer con libertad una profesión titulada.
b) La libertad de creación científica y técnica.
c) No declarar sobre hechos presuntamente delictivos.

37. La fundación de una Internacional Sindical por un sindicato español:

a) Es libre.
b) Está prohibida.
c) Debe plasmarse en un Tratado Internacional.

38. El ejercicio del derecho de petición a través de una manifestación ciudadana:

a) No se admite.
b) Se admite en algún caso.
c) Se admite, salvo para los militares.

39. Nuestro sistema tributario ha de ser:

a) Regresivo e igualitario.
b) Progresivo y generalizado.
c) Confiscatorio.

40. Las Fundaciones son:

a) Entidades constituidas para fines de interés general.
b) Administración Corporativa.
c) Entidades privadas con fines de carácter también privado.

41. La asistencia de todo orden a los hijos habidos extraconyugalmente:

a) No está prevista en la Constitución.
b) Es un deber de los padres.
c) Se dispensará por Instituciones de Beneficencia.

42. La especulación urbanística, según la Constitución:

a) Debe evitarse.
b) Está permitida.
c) Genera plusvalías para la colectividad.

43. No es susceptible de recurso de amparo el derecho a la/de:

a) Sindicación.
b) Investigación científica.
c) Secreto de las comunicaciones.

44. No es susceptible de recurso de amparo el derecho de:

a) Libertad de cátedra.
b) Negociación colectiva.
c) Manifestación.

45. Es susceptible de recurso de amparo el derecho a la/de:

a) Libre sindicación.
b) Petición.
c) Lo están todos ellos.

46. Una vez declarado el estado de excepción no se puede suspender el derecho/ libertad de:

a) Huelga.
b) Enseñanza.
c) Adopción de medidas de conflicto colectivo.

47. Durante el estado de excepción, un detenido conserva el derecho de/a:

a) Setenta y dos horas para ser puesto a disposición judicial.
b) Secreto de comunicaciones.
c) Asistencia de Letrado.

48. Se puede suspender, con motivo de investigaciones relativas a bandas armadas, el derecho de:

a) Huelga.
b) Inviolabilidad del domicilio.
c) Libertad de circulación.

49. Por orden cronológico, España se constituye en un Estado:

a) Social, democrático y de Derecho.
b) De Derecho, social y democrático.
c) De Derecho, democrático y social.

50. El artículo 1 de la Constitución Española:

a) Establece en su primer apartado el tipo de Estado en que se constituye.
b) No contiene el tipo de Estado en que se constituye, esto se recoge más adelante, en el artículo 5, dado que no es lo más relevante.
c) No contiene el tipo de Estado en que se constituye porque todo el mundo ya lo sabe, no es necesario especificarlo.

51. La primera cosa que regula la Constitución en su articulado es:

a) Los valores superiores del ordenamiento jurídico.
b) El himno.
c) La bandera.

52. ¿Cuál de los siguientes no es un valor superior del ordenamiento jurídico, atendiendo a la literalidad del artículo 1 de la Constitución Española?

a) La eficiencia.
b) La justicia.
c) La igualdad.

53. En base al artículo 1.2 de la Constitución Española, la soberanía nacional reside en:

a) El poder legislativo.
b) El presidente del Gobierno.
c) El pueblo español.

54. Establece la Constitución Española que los poderes del Estado:

a) Emanan del pueblo español.
b) Emanan del poder constituido.
c) Emanan del Poder Ejecutivo.

55. Atendiendo al artículo 1 de la Constitución Española, la forma política del Estado español es:

a) Una federación.
b) Una república.
c) Una monarquía parlamentaria.

56. En relación con esta forma política del Estado español:

a) Esta ha sido siempre la misma desde la creación del Estado.
b) Esta se ha mantenido inalterada en todas las Constituciones aprobadas a lo largo de los años.
c) En la Constitución de 1931 se concebía como una República democrática de trabajadores de toda clase.

57. En relación con las autonomías, la Constitución:

a) No las reconoce.
b) Establece el principio de solidaridad entre ellas.
c) Se configuran como una confederación.

58. Atendido a lo dispuesto en los primeros artículos de la Constitución, se entiende que España:

a) Es una realidad de nueva creación.
b) Preexiste a la misma como una realidad política y social anterior a dicha Constitución.
c) Se crea como una realidad política y social durante el proceso de elaboración y aprobación de la Constitución.

59. La organización jurídica y política del Estado español plasmada en la Constitución Española:

a) Se configura como una realidad única en comparación con los países vecinos.
b) Se configura de la misma forma que buena parte de los Estados democráticos y liberales de la Europa de entonces.
c) Determina que todo el poder del Estado recae únicamente en las instituciones que lo conforman, sin atender a la voluntad del pueblo.

60. Cuando se hace referencia a España, se está haciendo referencia:

a) Al Estado español, como un sinónimo, en todo caso.
b) A la nación y, como tal, a su historia, cultura y geografía.
c) A la forma de organización política.

61. La definición de un Estado como de Derecho implica:

a) Que tiene normativa que regula determinados hechos.
b) Que tiene regulación de Derecho Público, que es el que vincula al Estado.
c) Que se configura como un Estado en el que tanto los ciudadanos como los poderes públicos se someten al Derecho.

62. ¿Cuál de los siguientes se configura como principio típico del Estado democrático, desde una perspectiva técnica?

a) Principio de temporalidad del poder.
b) Principio de legalidad.
c) Principio de sumisión de los Poderes públicos y de los ciudadanos a la Ley.

63. En base al principio democrático establecido en la Constitución:

a) No se han podido reconocer todos los derechos políticos a todos los ciudadanos.
b) El Gobierno se configura como el de las mayorías, y las minorías tienen que adaptarse sin poder participar ni ser escuchadas.
c) Se reconoce el derecho de igualdad en el ámbito de la participación política.

64. La configuración del Estado Democrático actual:

a) Únicamente contempla formas de participación política ciudadana, pero no a través de otras vías.
b) Contempla la posibilidad de participación política ciudadana, así como la posibilidad de participación a través de sindicatos y organizaciones empresariales, asociaciones, fundaciones o colegios profesionales.
c) Permite la participación política a través de partidos políticos, pero no permite la participación y colaboración en el Estado a través de organizaciones empresariales.

65. Atendiendo a lo dispuesto en la Norma Fundamental:

a) Todo partido político mayoritario debe ser democrático, únicamente se pueden excepcionar los minoritarios.
b) Los sindicatos no requieren de una estructura interna y funcionamiento democráticos, ya que no representan al Estado.
c) La estructura interna y el funcionamiento de los colegios profesionales debe ser democrático.

66. En relación con las minorías políticas:

a) La Constitución no les otorga poder alguno, simplemente establece vías para que si algún día se convierten en mayoría puedan ser escuchadas.
b) La Constitución les da un lugar, empezando por el hecho de que el artículo 1.1 de la misma reconoce como valor superior del ordenamiento jurídico el pluralismo político.
c) La Constitución no les otorga ningún papel, ni siquiera mínimo, en las decisiones más relevantes del Estado.

67. Las actuales políticas públicas en materia de sanidad o educación son fruto del:

a) Estado democrático.
b) Estado de derecho.
c) Estado social.

68. En su artículo 1.1, la Constitución Española, ¿cuántos valores superiores del ordenamiento jurídico propugna?

a) Ninguno.
b) Tantos como se desarrollen en las leyes.
c) Cuatro.

69. Se recoge en el artículo 1.3 de la Constitución Española:

a) Que España no tiene un himno oficial.
b) Que en España existe la separación de poderes: legislativo, ejecutivo y judicial.
c) La forma política del Estado.

70. ¿En algún artículo de la Constitución Española se hace referencia específica a la Unidad de España?

a) No de forma específica, pero sí de forma indirecta.
b) Sí, en el primer artículo.
c) En el artículo 2.

71. El artículo 3.1 de la Constitución Española dispone que el castellano es la lengua oficial del Estado y que:

a) Los españoles tienen el derecho de conocerla.
b) Todos los españoles tienen el deber de conocerla y el derecho a usarla.
c) Todos los españoles tienen el derecho de conocerla y el deber de usarla.

72. Señala la opción correcta en relación con la lengua oficial del Estado español:

a) No hay una lengua oficial como tal, sino que se usan todas las socialmente reconocidas.
b) Es el castellano y solamente el castellano, aunque se permita el uso de otras en determinados ámbitos.
c) Es el castellano, pero las demás lenguas españolas son también oficiales en las respectivas Comunidades Autónomas de acuerdo con sus Estatutos.

73. En relación con las modalidades lingüísticas de España:

a) La Constitución Española no se pronuncia.
b) La Constitución Española no las acepta.
c) La Constitución Española dispone que se trata de una riqueza y de un patrimonio cultural que es objeto de especial respeto y protección.

74. En relación con la cooficialidad de las lenguas en el territorio, establece la Constitución y reitera el Tribunal Constitucional que:

a) En los territorios dotados de un estatuto de cooficialidad lingüística, el uso de los particulares de cualquier lengua oficial no tiene efectivamente plena validez jurídica en las relaciones que mantengan con cualquier poder público radicado en dicho territorio, tiene que ser el castellano.

b) En base a la Constitución Española y al Estatuto de Autonomía aplicable, en ninguna comunidad las personas tienen un derecho a la lengua oficial si esta no es el castellano.

c) No existe un deber constitucional de conocer la lengua cooficial.

75. La bandera de España:

a) Es de uso obligatorio tanto por parte de los poderes públicos como por parte de los ciudadanos.

b) Está formada por tres franjas horizontales, roja, amarilla y roja, siendo la amarilla de doble anchura que cada una de las rojas.

c) Está formada por tres franjas verticales, roja, amarilla y roja, de igual tamaño.

76. El artículo 3 de la Constitución Española recoge la regulación sobre:

a) El himno.
b) La oficialidad de la lengua.
c) La bandera.

77. El artículo 4.2 de la Constitución Española dispone que:

a) En los edificios públicos únicamente puede utilizarse la bandera de España.
b) En los actos oficiales únicamente puede utilizarse la bandera de España.
c) En los edificios públicos se pueden utilizar las banderas y enseñas propias de las Comunidades Autónomas junto a la bandera de España.

78. La Constitución reconoce como símbolo explícitamente:

a) El himno.
b) La bandera.
c) El escudo.

79. El artículo 5 de la Constitución Española recoge la regulación sobre:

a) El himno.
b) La oficialidad de la lengua.
c) La capitalidad.

80. En caso de reconocerse banderas propias de las Comunidades Autónomas:

a) Estas banderas ya deben estar reconocidas detalladamente en la Constitución Española, para que puedan ser oficiales.
b) Estas banderas deben estar reconocidas en los Estatutos de Autonomía.
c) No es necesario que las banderas se reconozcan en los Estatutos de Autonomía.

81. Dispone la Constitución que:

a) Únicamente se podrán reconocer banderas propias de las Comunidades Autónomas con derecho foral.
b) Los Estatutos de Autonomías podrán reconocer tanto banderas como enseñas propias de las Comunidades Autónomas.
c) Únicamente pueden disponer de bandera propia las Comunidades Autónomas que al entrar en vigor la Constitución Española dispusieran de una con una antigüedad acreditada de más de 100 años.

82. Establece el artículo 4 de la Constitución Española:

a) Que no pueden utilizarse banderas en actos oficiales.
b) Que deben utilizarse siempre banderas en los actos oficiales, tantas como se pueda.
c) Que se pueden utilizar tanto banderas como enseñas en los actos oficiales.

83. El artículo 4 de la Constitución Española:

a) Establece que el Estado español no tiene enseña.
b) Establece la enseña del Estado español.
c) No dispone nada sobre las enseñas del Estado español.

84. Siguiendo la literalidad del artículo 5 de la Constitución Española, la capital del Estado:

a) Es Madrid.
b) Formalmente sigue siendo Toledo.
c) Es la villa de Madrid.

85. El artículo 5 de la Constitución Española:

a) Especifica que no habrá capitales oficiales de las autonomías.
b) Detalla las capitales oficiales de cada una de las autonomías, incluidas las ciudades autónomas.
c) Solamente dispone cuál es la capital del Estado español.

86. Atendiendo al artículo 6 de la Constitución Española, y a la realidad social:

a) Los partidos políticos no tienen cabida en nuestra sociedad.
b) Los partidos políticos son los que realmente tienen poder en nuestra sociedad.
c) Los partidos políticos ostentan la representación política mediata del pueblo, mientras que la inmediata se concreta en los parlamentarios.

87. La creación y ejercicio de los partidos políticos:

a) Está muy restringida, dando posibilidades puntuales de creación de los mismos en base a la Constitución Española.

b) Son libres dentro del respeto a la Constitución Española y a la ley.

c) Ya no es posible, la Constitución Española contempla todos los partidos políticos concretos que se pueden llegar a crear.

88. En base al artículo 6 de la Constitución Española:

a) Solamente puede existir un partido que defienda una ideología de derechas, uno de izquierdas y tantos de centros como se quiera.

b) Se limita el número de partidos políticos que puedan conformar el Congreso de los Diputados a 15, siendo 7 estatales y el resto autonómicos.

c) No se especifica el número de partidos políticos que pueden existir en base al ordenamiento español ni el tipo de ideología que deben seguir.

89. En relación con los partidos políticos:

a) No están sometidos al control de la legalidad, es una excepción.

b) No están sometidos al control constitucional.

c) Se someten a los límites que la ley establece en relación con el derecho de asociación.

90. ¿Cuál es la naturaleza jurídica de los partidos políticos?

a) Son poderes públicos.

b) Son órganos del Estado.

c) Son asociaciones privadas que ejercen funciones públicas.

91. En relación con el análisis y la determinación de la constitucionalidad de un partido político:

a) Es un análisis que debe realizar el Tribunal Constitucional y determinar, de forma directa, si lo es.

b) Es una cuestión que debe conocer de oficio el Tribunal Constitucional.

c) Es una competencia del Poder Judicial.

92. En relación con los partidos políticos:

a) Dada su importancia, la Constitución detalla concretamente la regulación sobre la esencia de los mismos.

b) La Constitución solamente concreta su regulación de forma indirecta.

c) Se requiere de desarrollo de la regulación establecida en la Constitución Española, a través de ley.

93. Según el artículo 7 de la Constitución Española, los sindicatos de trabajadores:

a) Contribuyen a la defensa y promoción de los intereses económicos y sociales que le son propios.
b) Únicamente están vinculados por lo que dispone la Constitución Española.
c) Solamente deben velar por los intereses de sus afiliados.

94. El tratamiento de los sindicatos de trabajadores, por parte de la Constitución Española:

a) Es mucho más beneficioso para ellos que el de las asociaciones empresariales.
b) Es mucho menos beneficioso para ellos que el de las asociaciones empresariales.
c) Es el mismo que el de las asociaciones empresariales.

95. A los sindicatos de trabajadores les es de aplicación la posibilidad de asociarse/sindicarse recogida en:

a) El artículo 14 de la Constitución.
b) El artículo 22 de la Constitución.
c) El artículo 28.1 de la Constitución.

96. El hecho de que la Constitución Española le dé un papel relevante a los sindicatos de trabajadores implica que:

a) Todos los trabajadores por cuenta ajena deben estar afiliados a uno.
b) Todos los trabajadores deben estar afiliados a uno.
c) Se les reconoce su contribución a la defensa y promoción de los intereses económicos y sociales que les son propios.

97. En relación con los sindicatos:

a) A los sindicatos más representativos les corresponde la representación institucional.
b) Todos los sindicatos oficiales se reparten la denominada representación institucional.
c) Los sindicatos no tienen asignada ningún tipo de representación institucional.

98. El reconocimiento que la Constitución realiza a los sindicatos en su artículo 7:

a) En realidad, es político, pero no tienen ningún impacto jurídico.
b) Implica la necesidad de utilización de un procedimiento agravado si el mismo quiere ser modificado.
c) Implica la consagración de un derecho fundamental.

99. Según el artículo 8 de la Constitución Española, las Fuerzas Armadas se constituyen:

a) Por el Ejército de Tierra, y se complementan con el de Aire y Agua.
b) Por el Ejército de Tierra y el de Aire.
c) Por el Ejército de Tierra, la Armada y el Ejército del Aire.

100. En relación con las Fuerzas Armadas:

a) La Constitución no les atribuye funciones específicas.

b) La Constitución Española especifica que son las únicas encargadas de garantizar la soberanía de España.

c) La Constitución especifica que tienen como misión garantizar la soberanía e independencia de España, defender su integridad territorial y el ordenamiento constitucional.

Solución al test n.º 1

1. c) 1977.

2. b) 6 de diciembre de 1978.

3. c) Congreso de los Diputados.

4. c) No pasa nada, salvo que, como consecuencia de esa actuación, se infrinja un artículo de la propia Constitución.

5. c) Seguridad jurídica.

6. c) Las respuestas a) y b) son correctas.

7. b) Puede aplicarse retroactivamente.

8. b) Derecho de usar y deber de conocerlo.

9. b) La villa de Madrid.

10. b) Décimo.

11. c) Primero y 4.º.

12. b) Cuarto.

13. b) Tercero del Primero.

14. a) Propia Constitución.

15. b) Valor superior del ordenamiento jurídico.

16. c) La Monarquía Parlamentaria.

17. b) Valor superior del anterior.

18. b) Cuando libremente renuncie a la misma.

19. a) Derechos inviolables inherentes a la persona.

20. b) En los actos oficiales.

21. c) Todos ellos.

22. b) Fuerzas Armadas.

23. b) Quinto.

24. c) El 29 de diciembre de 1978.

25. b) Aconfesional.

26. c) 15.

27. a) Ha quedado abolida.

28. a) Detención ilegal.

29. b) No dilatarse.

30. c) Puede efectuarse en todo momento.

31. b) Se necesitará autorización judicial para entrar, si no da su consentimiento para ello.

32. c) Sería inconstitucional.

33. b) Universal.

34. c) Secreto profesional.

35. c) Organizaciones Profesionales y la Administración Civil.

36. c) No declarar sobre hechos presuntamente delictivos.

37. a) Es libre.

38. a) No se admite.

39. b) Progresivo y generalizado.

40. a) Entidades constituidas para fines de interés general.

41. b) Es un deber de los padres.

42. a) Debe evitarse.

43. b) Investigación científica.

44. b) Negociación colectiva.

45. c) Lo están todos ellos.

46. b) Enseñanza.

47. c) Asistencia de Letrado.

48. b) Inviolabilidad del domicilio.

49. c) De Derecho, democrático y social.

50. a) Establece en su primer apartado el tipo de Estado en que se constituye.

51. a) Los valores superiores del ordenamiento jurídico.

52. a) La eficiencia.

53. c) El pueblo español.

54. a) Emanan del pueblo español.

55. c) Una monarquía parlamentaria.

56. c) En la Constitución de 1931 se concebía como una República democrática de trabajadores de toda clase.

57. b) Establece el principio de solidaridad entre ellas.

58. b) Preexiste a la misma como una realidad política y social anterior a dicha Constitución.

59. b) Se configura de la misma forma que buena parte de los Estados democráticos y liberales de la Europa de entonces.

60. b) A la nación y, como tal, a su historia, cultura y geografía.

61. c) Que se configura como un Estado en el que tanto los ciudadanos como los poderes públicos se someten al Derecho.

62. a) Principio de temporalidad del poder.

63. c) Se reconoce el derecho de igualdad en el ámbito de la participación política.

64. b) Contempla la posibilidad de participación política ciudadana, así como la posibilidad de participación a través de sindicatos y organizaciones empresariales, asociaciones, fundaciones o colegios profesionales.

65. c) La estructura interna y el funcionamiento de los colegios profesionales debe ser democrático.

66. b) La Constitución les da un lugar, empezando por el hecho de que el artículo 1.1 de la misma reconoce como valor superior del ordenamiento jurídico el pluralismo político.

67. c) Estado social.

68. c) Cuatro.

69. c) La forma política del Estado.

70. c) En el artículo 2.

71. b) Todos los españoles tienen el deber de conocerla y el derecho a usarla.

72. c) Es el castellano, pero las demás lenguas españolas son también oficiales en las respectivas Comunidades Autónomas de acuerdo con sus Estatutos.

73. c) La Constitución Española dispone que se trata de una riqueza y de un patrimonio cultural que es objeto de especial respeto y protección.

74. c) No existe un deber constitucional de conocer la lengua cooficial.

75. b) Está formada por tres franjas horizontales, roja, amarilla y roja, siendo la amarilla de doble anchura que cada una de las rojas.

76. b) La oficialidad de la lengua.

77. c) En los edificios públicos se pueden utilizar las banderas y enseñas propias de las Comunidades Autónomas junto a la bandera de España.

78. b) La bandera.

79. c) La capitalidad.

80. b) Estas banderas deben estar reconocidas en los Estatutos de Autonomía.

81. b) Los Estatutos de Autonomías podrán reconocer tanto banderas como enseñas propias de las Comunidades Autónomas.

82. c) Que se pueden utilizar tanto banderas como enseñas en los actos oficiales.

83. c) No dispone nada sobre las enseñas del Estado español.

84. c) Es la villa de Madrid.

85. c) Solamente dispone cuál es la capital del Estado español.

86. c) Los partidos políticos ostentan la representación política mediata del pueblo, mientras que la inmediata se concreta en los parlamentarios.

87. b) Son libres dentro del respeto a la Constitución Española y a la ley.

88. c) No se especifica el número de partidos políticos que pueden existir en base al ordenamiento español ni el tipo de ideología que deben seguir.

89. c) Se someten a los límites que la ley establece en relación con el derecho de asociación.

90. c) Son asociaciones privadas que ejercen funciones públicas.

91. c) Es una competencia del Poder Judicial.

92. c) Se requiere de desarrollo de la regulación establecida en la Constitución Española, a través de ley.

93. a) Contribuyen a la defensa y promoción de los intereses económicos y sociales que le son propios.

94. c) Es el mismo que el de las asociaciones empresariales.

95. c) El artículo 28.1 de la Constitución.

96. c) Se les reconoce su contribución a la defensa y promoción de los intereses económicos y sociales que les son propios.

97. a) A los sindicatos más representativos les corresponde la representación institucional.

98. b) Implica la necesidad de utilización de un procedimiento agravado si el mismo quiere ser modificado.

99. c) Por el Ejército de Tierra, la Armada y el Ejército del Aire.

100. c) La Constitución especifica que tienen como misión garantizar la soberanía e independencia de España, defender su integridad territorial y el ordenamiento constitucional.

TEST N.º 2

El derecho a la vida y a la integridad física y moral. La libertad ideológica y religiosa. Los derechos de libertad personal. Los derechos al honor, a la intimidad y a la propia imagen. El derecho de libre residencia y circulación. Las libertades de expresión e información. El derecho de reunión y manifestación. El derecho de asociación

1. Siguiendo el artículo 10 de la CE, el fundamento del orden político y la paz social tienen su base sobre los siguientes valores:

a) La dignidad de la persona, los derechos inviolables que le son inherentes, el libre desarrollo de la personalidad, el respeto a la ley y el respeto a los derechos de los demás.
b) La dignidad de la persona y los derechos inviolables que le son inherentes.
c) La dignidad de la persona, los derechos inviolables que le son inherentes, el libre desarrollo de la personalidad y el respeto a la ley.

2. En virtud del artículo 11 de la CE, la nacionalidad española se adquiere, se conserva y se pierde con respecto:

a) Al lugar de nacimiento.
b) A lo establecido por la ley.
c) A los años de residencia.

3. El derecho de una persona para decidir sobre el empleo de su imagen se conoce como:

a) El derecho al respeto de la propia imagen.
b) El derecho al honor.
c) El derecho a la intimidad.

4. ¿Es un derecho irrenunciable la asistencia de un letrado al detenido?

a) Sí.
b) No.
c) Sí, salvo si la detención ha sido por hechos tipificados como delitos contra la seguridad del tráfico.

5. Una intromisión en la vida privada de una persona atenta al derecho:

a) Al honor.
b) A la intimidad.
c) A la propia imagen.

6. Según la CE, la extradición ha de atender al principio de:

a) Legalidad.
b) Publicidad de las normas.
c) Reciprocidad.

7. Además de en el artículo 17.4 de la CE, el *habeas corpus* también se regula en:

a) La LO 4/1981, de 1 de julio.
b) La Ley 4/1981, de 1 de julio.
c) La LO 6/1984, de 24 de mayo.

8. Según el artículo 10 de la CE, no constituye fundamento del orden político y de la paz social:

a) La dignidad de la persona.
b) Los derechos inviolables que le son inherentes.
c) El respeto a nuestros propios derechos.

9. El derecho al honor y a la intimidad personal y familiar se regula en nuestra Constitución en el artículo:

a) 16.
b) 17.
c) 18.

10. ¿Qué derecho fue introducido en la primera reforma de nuestra CE?

a) El de sufragio activo y pasivo para los extranjeros en las elecciones municipales.
b) El de sufragio activo para los extranjeros en las elecciones municipales, atendiendo al criterio de reciprocidad.
c) El de sufragio pasivo para los extranjeros en las elecciones municipales, atendiendo al criterio de reciprocidad.

11. Están excluidos de la figura de la extradición los delitos –art. 13 CE–:

a) Políticos.
b) De terrorismo.
c) Contra la seguridad del Estado.

12. La libertad religiosa y de culto se regula en la CE en el:

a) Artículo 14.
b) Artículo 16.
c) Artículo 15.

13. ¿Con qué Estados podrá España concertar tratados de doble nacionalidad?

a) Con aquellos que autoricen las Cortes Generales.
b) Con aquellos que autorice el Gobierno mediante la Ley Orgánica.
c) Con los iberoamericanos y con los que se haya tenido una vinculación particular.

14. Se garantiza la libertad ideológica, religiosa y de culto de:

a) Los individuos y las comunidades.
b) Los españoles y los extranjeros.
c) Todas las personas.

15. El derecho de reunión –art. 21 CE– necesita una autorización previa?

a) Sí.
b) No.
c) Solo en casos de reuniones secretas.

Solución al test n.º 2

1. a) La dignidad de la persona, los derechos inviolables que le son inherentes, el libre desarrollo de la personalidad, el respeto a la ley y el respeto a los derechos de los demás.

2. b) A lo establecido por la ley.

3. a) El derecho al respeto de la propia imagen.

4. c) Sí, salvo si la detención ha sido por hechos tipificados como delitos contra la seguridad del tráfico.

5. b) A la intimidad.

6. c) Reciprocidad.

7. c) La LO 6/1984, de 24 de mayo.

8. c) El respeto a nuestros propios derechos.

9. c) 18.

10. c) El de sufragio pasivo para los extranjeros en las elecciones municipales, atendiendo al criterio de reciprocidad.

11. a) Políticos.

12. b) Artículo 16.

13. c) Con los iberoamericanos y con los que se haya tenido una vinculación particular.

14. a) Los individuos y las comunidades.

15. b) No.

TEST N.º 3

**Garantías de las libertades y Derechos fundamentales.
El Defensor del Pueblo. La suspensión de los derechos y libertades.
Estado de sitio, estado de excepción y estado de alarma**

1. Es garantía extraordinaria que existe solo para los derechos fundamentales de los artículos 14 a 29 de nuestra Constitución –art. 53 CE–:

a) La tutela del Defensor del Pueblo (art. 54 CE), para la defensa de los derechos comprendidos en el Título I (arts. 10 a 55), a tal efecto podrá supervisar la actividad de la Administración.

b) Los Decretos-leyes no podrán afectar a los derechos, deberes y libertades de los ciudadanos regulados en el Título I (art. 86.1 CE).

c) La tutela a través de un procedimiento judicial preferente y sumario (art. 53.2 CE).

2. Los ciudadanos gozan de un procedimiento preferente y sumario para tutelar sus derechos y libertades públicas, contenidos en:

a) La Sección 1.ª, Capítulo II del Título I.

b) La Sección 1.ª, Capítulo II del Título I y el artículo 14.

c) La Sección 1.ª, Capítulo II del Título I más el artículo 14 y el artículo 30.2.

3. La declaración de los estados de alarma, de excepción y de sitio:

a) Podrá modificar el principio de responsabilidad del Gobierno y de sus Agentes reconocidos en la Constitución y en las leyes.

b) No podrá modificar el principio de responsabilidad del Gobierno y de sus Agentes reconocidos en la Constitución y en las leyes.

c) Podrá modificar el principio de responsabilidad del Gobierno, pero no el de sus Agentes reconocidos en la Constitución y en las leyes.

4. El ámbito territorial al que se extienden los tres estados de alarma, de excepción y de sitio, siempre será determinado por:

a) El Congreso de los Diputados.

b) El órgano que lo decrete.

c) El Gobierno.

5. El Capítulo rotulado "De las garantías de las libertades y derechos fundamentales" del Título I, es el:

a) I.
b) II.
c) IV.

6. Las disposiciones, actos jurídicos, omisiones o simple vía de hecho del Gobierno o de sus autoridades o funcionarios, serán recurribles en amparo en el plazo de:

a) 20 días.
b) 30 días.
c) 40 días.

7. Ante una situación de crisis sanitarias, tales como epidemias y situaciones de contaminaciones graves, según el artículo 4 de la Ley 4/1981, se podría acordar el estado de:

a) Alarma.
b) Excepción.
c) Sitio.

8. ¿En qué artículo de la CE se regula al Defensor del Pueblo?

a) En el artículo 128.
b) En el artículo 54.
c) En el artículo 55.

9. Una violación del derecho a la huelga es susceptible, por el agraviado, de ser:

a) Recurrido en amparo.
b) Recurrido en amparo, cuando es agotada la vía judicial ordinaria.
c) Impugnado por un recurso de inconstitucionalidad.

10. Las decisiones del Defensor del Pueblo se podrán recurrir:

a) En amparo.
b) En súplica en un plazo de 3 días.
c) No serán susceptibles de recurso alguno.

11. Las quejas que se reciban en el Defensor del Pueblo sobre el funcionamiento de la Administración de Justicia deberán ser dirigidas al:

a) CGPJ.
b) Ministerio Fiscal.
c) Tribunal Constitucional.

12. El recurso de amparo constitucional se inicia mediante:

a) Demanda en la que se expondrán con claridad los hechos que la fundamenten y se citarán los preceptos constitucionales que se estimen infringidos.
b) Denuncia en la que se expondrán con claridad los hechos que la fundamenten y se citarán los preceptos constitucionales que se estimen infringidos.
c) Querella en la que se expondrán con claridad los hechos que la fundamenten y se citarán los preceptos constitucionales que se estimen infringidos.

13. La norma de desarrollo de los estados de alarma, excepción y sitio, es:

a) La Ley Orgánica 4/1981, de 1 de junio.
b) La Ley 4/1981, de 1 de junio.
c) La Ley 4/1985, de 1 de junio.

14. El Alto Comisionado de las Cortes Generales es el:

a) Delegado del Gobierno para la lucha contra la droga.
b) Delegado del Gobierno.
c) Defensor del Pueblo.

15. Podrá recabar, ante los Tribunales ordinarios por un procedimiento basado en los principios de preferencia y sumariedad, la tutela de las libertades y derechos reconocidos en:

a) Artículo 14 y la Sección primera del Capítulo II.
b) Artículos 14 al 29 y 30.2.
c) Las respuestas a) y b) son correctas.

16. El Juez revocará o confirmará la observación de las comunicaciones telefónicas acordada por el Ministro del Interior en las investigaciones realizadas para la averiguación de delitos relacionados con la actuación de bandas armadas o elementos terroristas o rebeldes, en el plazo máximo de:

a) 72 horas desde que fue ordenada la observación.
b) 72 horas desde que fue iniciada la observación.
c) 24 horas desde que fue ordenada la observación.

17. El Defensor del Pueblo dará cuenta presentando un informe de su gestión:

a) Bianualmente.
b) Cada vez que se produzcan hechos excepcionales.
c) Anualmente.

18. Para presentar las quejas al Defensor del Pueblo tienen que ir firmadas por el:

a) Abogado que las confeccione.
b) Procurador que represente al reclamante.
c) Ninguna de las respuestas anteriores es correcta.

19. El Consejo Asesor del Defensor del Pueblo como órgano de cooperación técnica y jurídica en el ejercicio de las funciones propias del Mecanismo Nacional de Prevención, será presidido:

a) Por el Adjunto en el que el Defensor del Pueblo delegue.
b) Por el Adjunto primero al Defensor del Pueblo.
c) Por el Defensor del Pueblo.

20. El Defensor del Pueblo está legitimado para interponer el recurso o los recursos:

a) De inconstitucionalidad.
b) De amparo.
c) Las respuestas a) y b) son correctas.

21. El Defensor del Pueblo se regula en el siguiente Título y Capítulo de la Constitución, respectivamente:

a) Preliminar y 1.º.
b) Segundo y 4.º.
c) Primero y 4.º.

22. Según el artículo 53 de la CE, podrá recabar la tutela de determinadas libertades y derechos reconocidos ante los Tribunales ordinarios por un procedimiento basado en los principios de preferencia y sumariedad:

a) Cualquier ciudadano.
b) Los españoles.
c) Todos.

23. El plazo de interposición de un recurso de amparo contra una sentencia judicial será de:

a) 20 días desde su publicación en el BOE.
b) 30 días desde su notificación.
c) 20 días desde su notificación.

24. Siguiendo la Ley Orgánica 4/1981, cuando se produzcan alteraciones graves de la normalidad, con motivo de una epidemia y situación de contaminación grave, se podrá declarar el estado de:

a) Alarma.
b) Excepción.
c) Sitio.

25. El derecho a ser informado de las razones de su detención podrá ser suspendido al declararse:

a) El estado de excepción por el Congreso de los Diputados.
b) El estado de excepción por las Cortes Generales.
c) El estado de sitio por el Congreso de los Diputados.

Solución al test n.º 3

1. c) La tutela a través de un procedimiento judicial preferente y sumario (art. 53.2 CE).

2. b) La Sección 1.ª, Capítulo II del Título I y el artículo 14.

3. b) No podrá modificar el principio de responsabilidad del Gobierno y de sus Agentes reconocidos en la Constitución y en las leyes.

4. b) El órgano que lo decrete.

5. c) IV.

6. a) 20 días.

7. a) Alarma.

8. b) En el artículo 54.

9. b) Recurrido en amparo, cuando es agotada la vía judicial ordinaria.

10. c) No serán susceptibles de recurso alguno.

11. b) Ministerio Fiscal.

12. a) Demanda en la que se expondrán con claridad los hechos que la fundamenten y se citarán los preceptos constitucionales que se estimen infringidos.

13. a) La Ley Orgánica 4/1981, de 1 de junio.

14. c) Defensor del Pueblo.

15. c) Las respuestas a) y b) son correctas.

16. a) 72 horas desde que fue ordenada la observación.

17. c) Anualmente.

18. c) Ninguna de las respuestas anteriores es correcta.

19. a) Por el Adjunto en el que el Defensor del Pueblo delegue.

20. c) Las respuestas a) y b) son correctas.

21. c) Primero y 4.º.

22. a) Cualquier ciudadano.

23. b) 30 días desde su notificación.

24. a) Alarma.

25. c) El estado de sitio por el Congreso de los Diputados.

TEST N.º 4

La Corona. Las Cortes Generales: el Congreso de los Diputados y el Senado. Composición y funcionamiento. La circunscripción electoral. Inviolabilidad e inmunidad

1. La asunción de funciones constitucionales por la Reina consorte:

a) Está prevista como regla general.
b) Depende de la voluntad del Rey.
c) Está limitada.

2. La tutoría del Rey puede recaer en:

a) Cualquier persona nombrada por las Cortes Generales, en su caso.
b) Sus hijos.
c) Una, tres o cinco personas.

3. Una hija del Príncipe de Asturias ostentará este tratamiento:

a) Cuando su padre acceda a la condición de Rey, si es la primogénita, aunque tenga hermanos varones.
b) Al morir su padre.
c) Al acceder a Rey su padre, si no tiene hermano varón.

4. La Regencia se ejerce:

a) En nombre de este.
b) Por mandato constitucional.
c) Las respuestas a) y b) son correctas.

5. La dirección de la defensa del Estado es competencia genuina del/de las:

a) Rey.
b) Fuerzas Armadas.
c) Gobierno de la Nación.

6. El refrendo de los actos del Rey está íntimamente relacionado con:

a) Su irresponsabilidad política.
b) Su inhabilitación.
c) La Regencia.

7. En caso de que el Rey sea menor de edad:

a) No tomará posesión de su cargo hasta su mayoría de edad.
b) Ejercerá la Regencia el Príncipe heredero.
c) Nada de lo anterior es cierto.

8. Si el Príncipe heredero tuviera descendientes y renunciara a sus derechos al trono:

a) Su cónyuge ejercería la Regencia hasta que su primogénito varón fuere mayor de edad.
b) Su cónyuge ejercería la Regencia hasta que dicho primogénito fuera proclamado Rey.
c) Se nombraría Princesa heredera a su hermana mayor, si la hubiere.

9. La presidencia por el Rey de las reuniones del Consejo de Ministros:

a) Se permite solo respecto de las decisorias.
b) Ha de efectuarse a petición del Presidente del Gobierno de la Nación.
c) Está prevista constitucionalmente para dirigir la Administración Civil y Militar.

10. El juramento lo prestará el Rey ante el/las:

a) Cortes Generales.
b) Gobierno de la Nación.
c) Miembros de la Familia Real.

11. Si se agotan todas las líneas llamadas a la sucesión en la Corona de España, se:

a) Nombran Regentes.
b) Proveerá a la sucesión en la Corona por las Cortes Generales.
c) Proclama la República.

12. La inhabilitación del Rey se reconoce por el/los/las:

a) Gobierno de la Nación.
b) Congreso de los Diputados.
c) Cortes Generales.

13. El Regente nombrado en defecto de padre, madre, pariente mayor de edad o Príncipe heredero mayor de edad se designa por el/las:

a) Propio Rey.
b) Cortes Generales.
c) Congreso de los Diputados.

14. El número mínimo de Diputados previstos para el Congreso de los Diputados es de:

a) 250.
b) 300.
c) 400.

15. No es incompatible para ser elegido Diputado del Congreso de los Diputados un:

a) Militar en activo.
b) Miembro de una Junta Electoral.
c) Ministro.

16. La Palma elige los siguientes Senadores:

a) Ninguno.
b) Dos.
c) Uno.

17. La declaración del estado de sitio debe hacerla el/las:

a) Gobierno de la Nación.
b) Rey.
c) Congreso de los Diputados.

18. El Presidente de la Diputación Permanente del Congreso de los Diputados es el:

a) Del partido mayoritario.
b) Portavoz del partido con mayor número de escaños.
c) Presidente de la Cámara.

19. El mínimo de miembros integrantes de una Comisión de Investigación según el artículo 76 de la Constitución es de:

a) Veintiuno.
b) Mayoría simple.
c) No se establece.

20. No puede solicitar la celebración de una sesión extraordinaria de las Cortes Generales el/la:

a) Mayoría absoluta de sus miembros.
b) Diputación Permanente de ellas.
c) Mesa de cada Cámara.

21. El primer período de sesiones de las Cámaras concluye, según la Constitución:

a) Al finalizar su mandato.
b) En enero.
c) En diciembre.

22. No puede delegarse en una Comisión Legislativa Permanente la posibilidad de aprobar una Ley:

a) Tributaria.
b) De funcionarios públicos.
c) Orgánica.

23. ¿Quién proveerá a la sucesión en la Corona en la forma que más convenga a los intereses de España cuando estén extinguidas todas las líneas llamadas en Derecho?

a) El Presidente del Gobierno.
b) El Senado.
c) Las Cortes Generales.

24. Si no hubiere ninguna persona a quien corresponda la Regencia, esta será nombrada por las Cortes Generales, y se compondrá de:

a) Una única persona.
b) Una o dos personas.
c) Una, tres o cinco personas.

25. ¿De qué plazo dispone el Rey para sancionar las leyes aprobadas por las Cortes Generales?

a) Lo más rápido posible, con un máximo de 48 horas.
b) Un semana.
c) Quince días.

26. ¿Por cuántos Diputados estarán representadas las poblaciones de Ceuta y Melilla?

a) Cada una de ellas por un Diputado.
b) Cada una de ellas por dos Diputados.
c) Ceuta por dos y Melilla por uno.

27. Señala la respuesta incorrecta respecto al Senado:

a) Las poblaciones de Ceuta y Melilla elegirán cada una de ellas dos Senadores.
b) En cada Provincia se elegirán cuatro Senadores por sufragio universal, libre, igual, directo y secreto por los votantes de cada una de ellas.
c) Las Comunidades Autónomas designarán, además, un Senador y otro más por cada medio millón de habitantes de su respectivo territorio.

28. ¿Qué potestad/es ejercen las Cortes Generales?

a) La potestad ejecutiva del Estado.
b) La potestad legislativa y ejecutiva del Estado.
c) La potestad legislativa del Estado.

29. Las Cámaras pueden recibir peticiones:

a) Individuales y colectivas, siempre por escrito.
b) Individuales y colectivas, excepcionalmente por escrito.
c) Solo individuales pero siempre por escrito.

30. Es correcto que –art. 90 CE–:

a) Aprobado un proyecto de ley ordinaria u orgánica por el Congreso de los Diputados, su Presidente dará inmediata cuenta del mismo al Presidente del Senado, el cual lo someterá a la deliberación de este.
b) Aprobado un proyecto o una proposición de ley ordinaria u orgánica por el Congreso de los Diputados, su Presidente dará inmediata cuenta del mismo al Presidente del Senado, el cual lo someterá a la deliberación de este.
c) Aprobado un proyecto o proposición de ley ordinaria u orgánica por el Congreso de los Diputados, su Presidente dará inmediata cuenta del mismo al Senado para su deliberación.

31. Parte de la función de árbitro y mediador del Rey se desarrolla a través de:

a) La Pascua Militar.
b) La propuesta, el nombramiento y el cese del Presidente del Gobierno.
c) El discurso de Navidad.

32. El artículo 56.3 de la Constitución establece que:

a) El Rey no puede ser demandado ante la jurisdicción ordinaria.
b) La Familia Real no puede ser demandada civilmente.
c) La Familia Real no puede ser denunciado.

33. En relación con los actos del Rey:

a) Todos deben ser refrendados por Ministros, siempre y en todo caso.
b) Solamente deben ser refrendados cuando así lo pida el Rey.
c) Deben ser refrendados, excepto los relativos al nombramiento y cese de los miembros civiles y militares de la Casa Real.

34. Atendiendo a lo que dispone la Constitución:

a) Doña Elena debería ser la heredera al trono, ya que es la primogénita del Rey Juan Carlos.
b) En relación con la sucesión en el trono, es preferida la línea posterior a las anteriores.
c) En relación con la sucesión del trono, es preferida en el mismo grado el varón a la mujer.

35. De acuerdo con la Constitución Española, si el primogénito del Rey es una niña y el segundo hijo un niño:

a) Le va a suceder en todo caso la niña.

b) Desde el reinado de Felipe VI, va a suceder la niña.

c) Le va a suceder el niño, por el mero hecho de ser varón.

36. El Príncipe heredero:

a) Va a ser Príncipe de Asturias si es varón.

b) Va a ser Princesa de Girona si es mujer.

c) Siempre tendrá dignidad de Príncipe de Asturias desde su nacimiento o desde que se produzca el hecho que origine el llamamiento; así como de los demás títulos vinculados tradicionalmente al sucesor de la Corona de España.

37. Extinguidas todas las líneas llamadas en Derecho:

a) El Rey decide quién va a ser el sucesor.

b) Se extingue la monarquía.

c) Las Cortes Generales proveerán a la sucesión en la Corona en la forma que más convenga a los intereses de España.

38. En el caso de que el heredero al trono contraiga matrimonio contra la expresa prohibición del Rey y de las Cortes Generales:

a) Quedará excluido en la sucesión a la Corona por sí y sus descendientes.

b) Debe obtener el expreso permiso de las Cortes Generales, con esto es suficiente.

c) No requiere del consentimiento ni beneplácito de nadie.

39. ¿Cuál es la consecuencia del hecho que una persona con derecho a la sucesión en el trono contraiga matrimonio contra las prohibiciones que la ley establece?

a) Ninguna, se trata de una prohibición histórica no aplicable.

b) Va a quedar dicha persona excluida de la sucesión a la Corona, pero no habrá más consecuencias.

c) Va a quedar dicha persona excluida de la sucesión a la Corona, así como sus descendientes.

40. La abdicación del Rey:

a) Se resuelve a través de ley ordinaria.

b) Se resuelve a través de ley orgánica.

c) Se resuelve a través de una Ley del Senado.

41. La renuncia del Rey:

a) Se resuelve a través de ley ordinaria.

b) Se resuelve a través de ley orgánica.

c) Se resuelve a través de una Ley del Senado.

42. Conforme al artículo 57.1 de la Constitución Española, en relación con la sucesión a la Corona:

a) Las mujeres solamente tienen acceso al trono si no tienen hermanos varones.
b) Los hermanos tienen preferencia sobre los nietos.
c) Los sobrinos tienen preferencia sobre los nietos.

43. En el caso de que el heredero al trono contraiga matrimonio:

a) Se requiere permiso expreso del Congreso de los Diputados.
b) Se requiere permiso expreso del Senado.
c) No se requiere permiso expreso de las Cortes Generales.

44. La prohibición establecida en el artículo 57.4 de la Constitución afecta:

a) Al Rey y a las personas que tengan derecho a la sucesión al trono.
b) Solamente al Rey.
c) No afecta al Rey.

45. De acuerdo con la Constitución, en términos generales:

a) La mujer que se case con el Rey tiene las mismas funciones que este.
b) El marido que se case con la Reina tiene las mismas funciones que esta.
c) La Reina consorte no puede asumir funciones constitucionales.

46. La Reina consorte podrá asumir funciones constitucionales, según el artículo 58 de la Constitución Española:

a) Nunca y bajo ningún concepto.
b) Solamente a partir de los 25 años en el trono.
c) Solamente para aquello dispuesto para la Regencia.

47. En el caso de que el Rey sea menor de edad, ejercerá la Regencia:

a) Siempre y en todo caso su madre.
b) Siempre y en todo caso su padre.
c) El padre o la madre del Rey o, en su defecto, el pariente mayor de edad más próximo a suceder en la Corona.

48. En el caso en que el Rey quedare inhabilitado para el ejercicio de su autoridad y la imposibilidad fuera reconocida por las Cortes Generales:

a) La Constitución no prevé nada al respecto.
b) Entrará a ejercer inmediatamente la Regencia el Príncipe heredero de la Corona, si fuere mayor de edad.
c) Será el mismo Rey el que deba establecer como se procede.

49. ¿Cómo se procede, conforme al artículo 59.2 de la Constitución Española, si el Rey queda inhabilitado para el ejercicio de su autoridad, y así se reconoce por parte de las Cortes Generales, y no cuenta con ningún heredero mayor de edad?

a) Queda el trono vacío.
b) Se establecerá la Regencia hasta que el Príncipe heredero alcance la mayoría de edad.
c) Se establecerá la Regencia hasta que el heredero al trono alcance los catorce años.

50. Si no hubiera ninguna persona a quien corresponda la Regencia:

a) Esta será nombrada por el Congreso de los Diputados.
b) Se establecerá la República.
c) Está será nombrada por las Cortes Generales, y se compondrá de una, tres o cinco personas.

51. ¿Qué requisitos establece el artículo 59.4 de la Constitución Española para ejercer la Regencia?

a) Ser español y mayor de edad.
b) Ser mujer y mayor de edad.
c) Ser hombre y mayor de edad.

52. La Regencia:

a) Se ejerce por mandato constitucional y siempre en nombre del Rey.
b) Se ejerce por mandato constitucional y siempre en nombre de la Casa Real.
c) Se ejerce por mandato constitucional y siempre en nombre del Gobierno.

53. Según se desprende del texto constitucional, ¿cuál de las siguientes no es una característica de la Regencia?

a) La permanencia.
b) El carácter extraordinario.
c) La temporalidad.

54. Según el precepto constitucional, ¿qué supuestos determinan que se constituya la Regencia?

a) La inhabilitación de la persona del Rey, únicamente.
b) La minoría de edad del Rey y la inhabilitación de su persona.
c) Únicamente la minoría de edad del Rey.

55. Según el artículo 60.1 de la Constitución Española, será tutor del Rey menor:

a) Siempre la madre.
b) La persona que el Rey difunto nombrara en testamento, si es mayor de edad y español de nacimiento.
c) La persona que el Rey difunto nombrara en testamento, sin necesidad de cumplir requisito alguno.

56. Si el Rey no designa tutor para el Rey menor:

a) Será tutor el Gobierno.
b) Será tutor el padre o la madre mientras permanezcan viudos.
c) Será tutor el padre o la madre siempre y en todo caso.

57. Según la Constitución Española:

a) El tutor del Rey menor siempre es Regente.
b) El Regente del Rey menor siempre es tutor.
c) Solamente pueden acumularse los cargos de Regente y de tutor en el padre, la madre o ascendientes directos del Rey.

58. El ejercicio de la tutela del Rey menor:

a) Es compatible con cualquier cargo.
b) Es compatible solamente con determinados cargos políticos.
c) Es incompatible con todo cargo o representación política.

59. La tutela del Rey está prevista en la Constitución:

a) Únicamente para el caso de un Rey menor.
b) Para el caso de un Rey menor o para un Rey incapacitado.
c) Únicamente para un Rey incapacitado.

60. El Rey es proclamado como tal:

a) Ante el Rey anterior.
b) Ante las Cortes Generales.
c) Ante el Gobierno.

61. ¿Cuál de las siguientes actuaciones no es exigida por la Constitución Española al Rey al ser proclamado?

a) Prestar juramento de desempeñar fielmente sus funciones.
b) Prestar juramento de guardar y hacer guardar la Constitución y las leyes.
c) Prestar juramento de desempeñar eficientemente sus funciones.

62. ¿Cuál de las siguientes actuaciones no es exigida por la Constitución Española al Príncipe heredero al alcanzar la mayoría de edad?

a) Prestar juramento de desempeñar fielmente sus funciones.
b) Prestar juramento de guardar y hacer guardar la Constitución y las leyes.
c) Prestar juramento de acceder al trono llegado el momento.

63. ¿Cuál de las siguientes es una función que corresponde al Rey?

a) Elaborar leyes.
b) Elaborar leyes orgánicas.
c) Sancionar y promulgar las leyes.

64. ¿Cuál de las siguientes es una función del Rey?

a) Convocar las Cortes Generales, pero no puede disolverlas.
b) Convocar a referéndum en los casos previstos en la Constitución.
c) Elegir al candidato a Presidente del Gobierno.

65. ¿Cuál de las siguientes no es una función del Rey?

a) Acudir regularmente a las sesiones del Consejo de Ministros.
b) El mando supremo de las Fuerzas Armadas.
c) Ejercer el derecho de gracia con arreglo a la ley, que no podrá autorizar indultos generales.

66. Un Senador:

a) Podrá acumular el acta de Diputado al Congreso y de Senador.
b) Podrá acumular el acta de una Asamblea de Comunidad Autónoma con la de Senador.
c) Excepcionalmente podrá acumular el acta de una Asamblea de Comunidad Autónoma con la de Senador, si se trata del Presidente del Senado.

67. Los Senadores:

a) No están ligados por mandato imperativo.
b) Están ligados por mandato imperativo respecto de la provincia a la que representan.
c) Podrán acumular el acta de Diputado al Congreso a la de Senador.

68. El Congreso se compone de:

a) Un mínimo de 200 y un máximo de 300 Diputados.
b) Un mínimo de 200 y un máximo de 350 Diputados.
c) Un mínimo de 300 y un máximo de 400 Diputados.

69. La circunscripción electoral al Congreso de los Diputados es:

a) La ciudad, cada isla o agrupación de ellas, con Cabildo o Consejo Insular.
b) La provincia.
c) La Comunidad Autónoma.

70. Las poblaciones de Ceuta y Melilla están representadas:

a) Ambas, por el mismo Diputado.
b) Cada una de ellas por un Diputado.
c) Ambas, por tres Diputados.

71. El Congreso es elegido por:

a) Dos años.
b) Cuatro años.
c) Por mitades, cada cuatro años.

72. Son electores y elegibles:

a) Todos los extranjeros, residentes en España, que estén en pleno uso de sus derechos políticos.
b) Todos las personas que residan en España, que estén en pleno uso de sus derechos civiles.
c) Todos los españoles que estén en pleno uso de sus derechos políticos.

73. El ejercicio del derecho de sufragio a los españoles que se encuentren fuera del territorio de España:

a) Es reconocido por la ley y el Estado tiene la obligación de facilitarlo.
b) Es reconocido por la ley y los españoles que se encuentren fuera del territorio de España tienen la obligación de ejercerlo.
c) Es reconocido por la ley y el Estado tiene el derecho a facilitarlo.

74. Las elecciones al Congreso de los Diputados tendrán lugar:

a) Entre los 20 y 40 días desde la terminación del mandato.
b) Entre los 60 y 90 días desde la terminación del mandato.
c) Entre los 30 y 60 días desde la terminación del mandato.

75. El Congreso electo deberá ser convocado dentro de:

a) Los 20 días siguientes a la celebración de las elecciones.
b) Los 25 días siguientes a la celebración de las elecciones.
c) Los 35 días siguientes a la celebración de las elecciones.

76. La ley distribuye el número total de Diputados:

a) Asignando una representación mínima inicial a cada circunscripción y distribuyendo los demás en proporción a la población.
b) Asignando una representación mínima inicial de dos Diputados por circunscripción y distribuyendo los demás en proporción a la población, a excepción de las poblaciones de Ceuta y Melilla, que están representadas cada una de ellas por un Diputado.
c) Asignando una representación mínima inicial a cada circunscripción y distribuyendo los demás en proporción a la población de la Comunidad Autónoma.

77. Los Diputados al Congreso de los Diputados son elegidos:

a) Por sufragio universal, libre, igual, indirecto y secreto, en los términos que establece la ley.
b) Por sufragio universal, libre, igual y secreto, en los términos que establece la CE.
c) Por sufragio universal, libre, igual, directo y secreto, en los términos que establece la ley.

78. El mandato de los Diputados termina:

a) Cuatro años después de su elección.
b) El día de la disolución de la Cámara.
c) Cuatro años después de su elección o el día de la disolución de la Cámara.

79. El Senado es la Cámara de representación:

a) Territorial.
b) De las Comunidades Autónomas.
c) De las Asociaciones.

80. ¿Cómo son elegidos los Senadores en cada provincia?

a) Por sufragio universal, libre, igual, directo y secreto por los votantes de cada una de las provincias, en los términos que señala una ley orgánica.
b) Por sufragio universal, libre, igual, indirecto y secreto, en los términos que establece la ley.
c) Por sufragio universal, libre, igual y secreto por los votantes de cada una de las provincias, en los términos que establece la CE.

81. ¿Cuántos Senadores eligen Ceuta y Melilla?

a) Dos en su conjunto, de una lista única.
b) Cuatro Senadores cada una.
c) Dos cada una.

82. ¿Cuántos Senadores eligen las islas mayores: Gran Canaria, Mallorca y Tenerife?

a) En total tres, un Senador por cada de las isla mayor.
b) Dos en cada una de las islas mayores.
c) Tres en cada una de las islas mayores.

83. ¿A quién corresponde la designación de Senadores que hacen las Comunidades Autónomas?

a) La designación corresponderá a la Asamblea legislativa de la Comunidad Autónoma, de acuerdo con lo que establece la CE.
b) La designación corresponderá a la Asamblea legislativa o, en su defecto, al órgano colegiado superior de la Comunidad Autónoma, de acuerdo con lo que establezcan los Estatutos.
c) La designación corresponderá al órgano colegiado superior de la Comunidad Autónoma, de acuerdo con lo que establezcan los Estatutos.

84. En la designación de Senadores por las Comunidades Autónomas:

a) Se asegurará, en todo caso, la adecuada representación proporcional.
b) Se garantizará el sufragio universal, libre, igual, directo y secreto por los votantes de cada una de las Comunidades Autónomas, en los términos que señala una ley orgánica.
c) Se asegurará, en todo caso, una representación equilibrada de las provincias de la Comunidad Autónoma.

85. El mandato de los Senadores termina:

a) Un día después de la disolución del Congreso de los Diputados.
b) Cuatro años después de la disolución del Congreso de los Diputados.
c) Cuatro años después de su elección o el día de la disolución de la Cámara.

86. Las poblaciones de Ceuta y Melilla están representadas:

a) Cada una de ellas, por un Diputado y por dos Senadores.
b) Cada una de ellas, por dos Diputados y por dos Senadores.
c) Ambas, por dos Diputados y dos Senadores.

87. Una vez se producen las elecciones, el Senado electo deberá ser convocado:

a) A los veinticinco días siguientes a la celebración de las elecciones.
b) A los treinta días siguientes a la celebración de las elecciones.
c) Dentro de los veinticinco días siguientes a la celebración de las elecciones.

88. ¿Dónde se determinan las causas de inelegibilidad e incompatibilidad de los Diputados y Senadores?

a) En la CE.
b) En una ley orgánica.
c) En la ley electoral.

89. Podrán ser Senadores:

a) Los componentes del Tribunal Constitucional.
b) El Defensor del Pueblo.
c) Los Fiscales en excedencia.

90. La validez de las actas y credenciales de los miembros de ambas Cámaras estará sometida:

a) Al control del Presidente del Congreso de los Diputados, en los términos que establezca la ley electoral.
b) Al control del Presidente de la Cámara correspondiente, en los términos que establezca la ley electoral.
c) Al control judicial, en los términos que establezca la ley electoral.

91. Podrán ser Diputados:

a) Los miembros del Gobierno.

b) Los militares profesionales y miembros de las Fuerzas y Cuerpos de Seguridad y Policía en activo.

c) Los Magistrados en activo.

92. Los Diputados y Senadores por las opiniones manifestadas en el ejercicio de sus funciones gozan de:

a) Inelegibilidad e inviolabilidad.

b) Inmunidad.

c) Inviolabilidad.

93. Durante el período de su mandato los Diputados y Senadores:

a) Podrán ser detenidos, como cualquier otro ciudadano, en caso de que existan indicios de presunto delito.

b) Solo podrán ser detenidos en caso de flagrante delito.

c) Podrán ser detenidos, solo, si atentan contra las instituciones del Estado o defraudan a Hacienda.

94. En la causa contra un Diputado será competente:

a) La Sala de lo Penal de la Audiencia Nacional.

b) La Sala de lo Civil del Tribunal Supremo.

c) La Sala de lo Penal del Tribunal Supremo.

95. Un Senador podrá ser inculpado y procesado:

a) Nunca, si la inculpación y procesamiento deriva de opiniones manifestadas en el ejercicio de sus funciones.

b) Con la previa autorización del Senado.

c) Solo con la previa autorización de la Sala de lo Penal del Tribunal Supremo.

96. La asignación que perciben los Diputados es fijada:

a) Por ambas Cámaras.

b) Por el Congreso de los Diputados.

c) Por el Consejo de Ministros.

97. ¿Cómo se denomina la prerrogativa parlamentaria por la que los Diputados gozarán de inviolabilidad, aun después de haber cesado en su mandato, por las opiniones manifestadas en el ejercicio de sus funciones?

a) Inelegibilidad.

b) Inmunidad.

c) Inviolabilidad.

98. ¿En virtud de qué prerrogativa los Diputados solo podrán ser detenidos en caso de flagrante delito?

a) Inviolabilidad.
b) Inmunidad.
c) Incompatibilidad.

99. Las Cámaras, de común acuerdo, regulan:

a) El Estatuto del Personal de las Cortes Generales.
b) Sus Reglamentos.
c) Sus presupuestos.

100. El Presidente del Senado es elegido por:

a) Ambas Cámaras, de común acuerdo.
b) Por los miembros del Senado.
c) Por el Presidente del Gobierno.

Solución al test n.º 4

1. c) Está limitada.

2. a) Cualquier persona nombrada por las Cortes, en su caso.

3. c) Al acceder a Rey su padre, si no tiene hermano varón.

4. c) Las respuestas a) y b) son correctas.

5. c) Gobierno de la Nación.

6. a) Su irresponsabilidad política.

7. c) Nada de lo anterior es cierto.

8. c) Se nombraría Princesa heredera a su hermana mayor, si la hubiere.

9. b) Ha de efectuarse a petición del Presidente del Gobierno de la Nación

10. a) Cortes Generales.

11. b) Proveerá a la sucesión en la Corona por las Cortes Generales.

12. c) Cortes Generales.

13. b) Cortes Generales.

14. b) 300.

15. c) Ministro.

16. c) Uno.

17. c) Congreso de los Diputados.

18. c) Presidente de la Cámara.

19. c) No se establece.

20. c) Mesa de cada Cámara.

21. c) En diciembre.

22. c) Orgánica.

23. c) Las Cortes Generales.

24. c) Una, tres o cinco personas.

25. c) Quince días.

26. a) Cada una de ellas por un Diputado.

27. c) Las Comunidades Autónomas designarán, además, un Senador y otro más por cada medio millón de habitantes de su respectivo territorio.

28. c) La potestad legislativa del Estado.

29. a) Individuales y colectivas, siempre por escrito.

30. a) Aprobado un proyecto de ley ordinaria u orgánica por el Congreso de los Diputados, su Presidente dará inmediata cuenta del mismo al Presidente del Senado, el cual lo someterá a la deliberación de este.

31. b) La propuesta, el nombramiento y el cese del Presidente del Gobierno.

32. a) El Rey no puede ser demandado ante la jurisdicción ordinaria.

33. c) Deben ser refrendados, excepto los relativos al nombramiento y cese de los miembros civiles y militares de la Casa Real.

34. c) En relación con la sucesión del trono, es preferida en el mismo grado el varón a la mujer.

35. c) Le va a suceder el niño, por el mero hecho de ser varón.

36. c) Siempre tendrá dignidad de Príncipe de Asturias desde su nacimiento o desde que se produzca el hecho que origine el llamamiento; así como de los demás títulos vinculados tradicionalmente al sucesor de la Corona de España.

37. c) Las Cortes Generales proveerán a la sucesión en la Corona en la forma que más convenga a los intereses de España.

38. a) Quedará excluida en la sucesión a la Corona por sí y sus descendientes.

39. c) Va a quedar dicha persona excluida de la sucesión a la Corona, así como sus descendientes.

40. b) Se resuelve a través de ley orgánica.

41. b) Se resuelve a través de ley orgánica.

42. a) Las mujeres solamente tienen acceso al trono si no tienen hermanos varones.

43. c) No se requiere permiso expreso de las Cortes Generales.

44. c) No afecta al Rey.

45. c) La Reina consorte no puede asumir funciones constitucionales.

46. c) Solamente para aquello dispuesto para la Regencia.

47. c) El padre o la madre del Rey o, en su defecto, el pariente mayor de edad más próximo a suceder en la Corona.

48. b) Entrará a ejercer inmediatamente la Regencia el Príncipe heredero de la Corona, si fuere mayor de edad.

49. b) Se establecerá la Regencia hasta que el Príncipe heredero alcance la mayoría de edad.

50. c) Está será nombrada por las Cortes Generales, y se compondrá de una, tres o cinco personas.

51. a) Ser español y mayor de edad.

52. a) Se ejerce por mandato constitucional y siempre en nombre del Rey.

53. a) La permanencia.

54. b) La minoría de edad del Rey y la inhabilitación de su persona.

55. b) La persona que el Rey difunto nombrara en testamento, si es mayor de edad y español de nacimiento.

56. b) Será tutor el padre o la madre mientras permanezcan viudos.

57. c) Solamente pueden acumularse los cargos de Regente y de tutor en el padre, la madre o ascendientes directos del Rey.

58. c) Es incompatible con todo cargo o representación política.

59. a) Únicamente para el caso de un Rey menor.

60. b) Ante las Cortes Generales.

61. c) Prestar juramento de desempeñar eficientemente sus funciones.

62. c) Prestar juramento de acceder al trono llegado el momento.

63. c) Sancionar y promulgar las leyes.

64. b) Convocar a referéndum en los casos previstos en la Constitución.

65. a) Acudir regularmente a las sesiones del Consejo de Ministros.

66. b) Podrá acumular el acta de una Asamblea de Comunidad Autónoma con la de Senador.

67. a) No están ligados por mandato imperativo.

68. c) Un mínimo de 300 y un máximo de 400 Diputados.

69. b) La provincia.

70. b) Cada una de ellas por un Diputado.

71. b) Cuatro años.

72. c) Todos los españoles que estén en pleno uso de sus derechos políticos.

73. a) Es reconocido por la ley y el Estado tiene la obligación de facilitarlo.

74. c) Entre los 30 días y 60 días desde la terminación del mandato.

75. b) Los 25 días siguientes a la celebración de las elecciones.

76. a) Asignando una representación mínima inicial a cada circunscripción y distribuyendo los demás en proporción a la población.

77. c) Por sufragio universal, libre, igual, directo y secreto, en los términos que establece la ley.

78. c) Cuatro años después de su elección o el día de la disolución de la Cámara.

79. a) Territorial.

80. a) Por sufragio universal, libre, igual, directo y secreto por los votantes de cada una de las provincias, en los términos que señala una ley orgánica.

81. c) Dos cada una.

82. c) Tres en cada una de las islas mayores.

83. b) La designación corresponderá a la Asamblea legislativa o, en su defecto, al órgano colegiado superior de la Comunidad Autónoma, de acuerdo con lo que establezcan los Estatutos.

84. a) Se asegurará, en todo caso, la adecuada representación proporcional.

85. c) Cuatro años después de su elección o el día de la disolución de la Cámara.

86. a) Cada una de ellas, por un Diputado y por dos Senadores.

87. c) Dentro de veinticinco días siguientes a la celebración de las elecciones.

88. c) En la ley electoral.

89. c) Los Fiscales en excedencia.

90. c) Al control judicial, en los términos que establezca la ley electoral.

91. a) Los miembros del Gobierno.

92. c) Inviolabilidad.

93. b) Solo podrán ser detenidos en caso de flagrante delito.

94. c) La Sala de lo Penal del Tribunal Supremo.

95. b) Con la previa autorización del Senado.

96. b) Por el Congreso de los Diputados.

97. c) Inviolabilidad.

98. b) Inmunidad.

99. a) El Estatuto del Personal de las Cortes Generales.

100. b) Por los miembros del Senado.

TEST N.º 5

**El Gobierno de España. Composición y Funciones.
Control jurisdiccional. Audiencia de los ciudadanos.
La organización territorial del Estado**

1. El Poder Ejecutivo se conforma del:

a) Gobierno.
b) Las Cortes Generales.
c) La Administración y el Gobierno.

2. El Gobierno está constituido:

a) Por la totalidad de los Ministros.
b) Por la Administración y el Presidente.
c) Por el Presidente, del Vicepresidente o Vicepresidentes, en su caso, y de los Ministros.

3. Señala la respuesta correcta. El Gobierno:

a) Está sometido a lo establecido por la monarquía.
b) Solo está sometido a la Constitución y al Tribunal Constitucional.
c) Está sometido a la Constitución y al resto del ordenamiento jurídico.

4. ¿Cuál de los siguientes no es un principio que rige el funcionamiento del Gobierno?

a) El principio de dirección presidencial.
b) La colegialidad y consecuente responsabilidad solidaria de sus miembros.
c) El principio de competitividad.

5. Los miembros del Gobierno se reúnen en:

a) Consejo de Ministros y en Comisiones Delegadas del Gobierno.
b) Consejo de Ministros y Congreso de los Diputados.
c) Solo en Comisiones Delegadas del Gobierno.

6. Dirige la acción del Gobierno y coordina las funciones de los demás miembros del mismo:

a) El Presidente.
b) El Primer Ministro.
c) El Secretario General.

7. ¿Cuál de las siguientes es una función del Presidente del Gobierno?

a) Representar al Gobierno.
b) Establecer el programa político del Gobierno y determinar las directrices de la política interior y exterior y velar por su cumplimiento.
c) Son correctas las respuestas a) y b).

8. Los Ministros:

a) Siempre son titulares de un Departamento.
b) Puede existir sin cartera.
c) Existen Ministros sin cartera y Ministros sin funciones.

9. En relación con los Ministros sin cartera:

a) Se les atribuirá la responsabilidad de determinadas funciones gubernamentales.
b) Por Real Decreto se determinará el ámbito de sus competencias, la estructura administrativa, así como los medios materiales y personales que queden adscritos al mismo.
c) Son correctas las respuestas a) y b).

10. En relación con el nombramiento del Presidente del Gobierno podemos distinguir las siguientes fases:

a) Proposición del candidato y otorgamiento de la confianza.
b) Proposición del candidato y exposición del programa político.
c) Proposición del candidato, exposición del programa político, otorgamiento de la confianza y el caso de no otorgamiento de la confianza.

11. El primer otorgamiento de confianza hacia el candidato a la Presidencia, se entiende alcanzado con:

a) El voto de la mayoría simple de los miembros del Congreso de los Diputados.
b) El voto de la mayoría simple, más diez, de los miembros del Congreso de los Diputados.
c) El voto de la mayoría absoluto de los miembros del Congreso de los Diputados.

12. Si de una primera votación no se obtienen los votos necesarios para el otorgamiento de la confianza al candidato a la Presidencia del Gobierno, se va a realizar una segunda votación:

a) A las veinte y cuatro horas después de la anterior.
b) A las cuarenta y ocho horas después de la anterior.
c) A las treinta y seis horas después de la anterior.

13. Si el Congreso de los Diputados, por el voto de la mayoría absoluta de sus miembros, otorgare su confianza a dicho candidato:

a) El Rey le nombrará Presidente:
b) El Presidente de la Mesa le nombrará Presidente.
c) El Congreso de los Diputados le nombrará Presidente.

14. En caso de requerirse una segunda votación para otorgar la confianza al candidato a la Presidencia del Gobierno, esta se entenderá otorgada si cuenta con:

a) El voto de la mayoría simple de los miembros del Congreso de los Diputados.
b) El voto de la mayoría simple, más diez, de los miembros del Congreso de los Diputados.
c) El voto de la mayoría absoluto de los miembros del Congreso de los Diputados.

15. Si transcurrido el plazo de dos meses, a partir de la primera votación de investidura, ningún candidato hubiere obtenido la confianza del Congreso:

a) El Rey disolverá ambas Cámaras y convocará nuevas elecciones con el refrendo del Presidente del Congreso.
b) Se procederá a otra votación, y la confianza se otorgará por mayoría simple.
c) El Presidente del Congreso disolverá ambas Cámaras y convocará nuevas elecciones con el refrendo del Presidente del Congreso.

16. Los Vicepresidentes:

a) Serán nombrados y separados por el Rey, a propuesta del Presidente del Gobierno.
b) Serán nombrados por el Presidente del Gobierno.
c) Serán separados por el Presidente del Gobierno.

17. Los Ministros:

a) Serán nombrados y separados por el Rey, a propuesta del Presidente del Gobierno.
b) Serán nombrados por el Presidente del Gobierno
c) Serán separados por el Presidente del Gobierno.

18. La separación de los Vicepresidentes del Gobierno llevará aparejada la extinción de dichos órganos:

a) Siempre y en todo caso.
b) Siempre, salvo el caso en que simultáneamente se designe otro vicepresidente en sustitución del separado.
c) Solo de forma excepcional.

19. Señala la respuesta correcta. Es el órgano colegiado del Gobierno:

a) La Presidencia.
b) El Consejo de Ministros.
c) Los Ministerios.

20. A las reuniones del Consejo de Ministros:

a) Podrán asistir los Secretarios de Estado.
b) De forma excepcional, podrán asistir otros altos cargos, cuando sean convocados para ello.
c) Son correctas las respuestas a) y b).

21. Las deliberaciones del Consejo de Ministros:

a) Son públicas.
b) Se publican.
c) Serán secretas.

22. La creación de las Comisiones Delegadas del Gobierno:

a) Se acuerda por el Presidente del Gobierno.
b) Se acuerda por el Consejo de Ministros mediante Real Decreto, a propuesta del Presidente del Gobierno.
c) Se acuerda por el Consejo de Ministros mediante Ley, a propuesta del Presidente del Gobierno.

23. Es el órgano superior de la Administración General del Estado, directamente responsable de la ejecución de la acción del Gobierno en un sector de actividad específica de un Departamento o de la Presidencia del Gobierno:

a) Los Secretarios de Estado.
b) El Consejo de Ministros.
c) La Comisión General de Secretarios de Estado.

24. La asistencia al Ministro-Secretario del Consejo de Ministros es función de:

a) El Secretario del Gobierno.
b) La Comisión General de Secretarios de Estado.
c) El Consejo de Estado.

25. El supremo órgano consultivo del Gobierno es:

a) El Consejo de Estado.
b) El Secretario del Gobierno.
c) La Comisión General de Secretarios de Estado.

26. El Gobierno se compone de:

a) El/la Presidente/a, los/las Vicepresidentes/as, en su caso y del Consejo de Ministros.
b) El/la Presidente/a, los/las Vicepresidentes/as, en su caso, el Consejo de Ministros y los/las secretarios/as de Estado.
c) El/la Presidente/a, los/las Vicepresidentes/as, en su caso, de los/las Ministros/as y de los demás miembros que establezca la ley.

27. ¿Qué carácter atribuye la Constitución de 1978 a la figura de los/las Vicepresidentes/as?

a) Un carácter disponible, cuya existencia real en cada formación concreta del Gobierno dependerá de la decisión del/de la Presidente/a.

b) Un carácter no disponible, cuyo nombramiento en cada formación concreta del Gobierno corresponderá al/a la Presidente/a.

c) Un carácter preceptivo, en los mismos términos que el de los/las Ministros/as.

28. Además de los/las Ministros/as, ¿cuál de los siguientes constituyen un engarce fundamental entre el Gobierno y la Administración?

a) Los/las Vicepresidentes/as del Gobierno.

b) Los/las secretarios/as de Estado.

c) Las Comisiones Delegadas del Gobierno.

29. La competencia y responsabilidad de la gestión que realicen los miembros del Gobierno recae directamente:

a) En el/la Presidente/a del Gobierno.

b) En el/la Presidente/a del Gobierno o en el/la Vicepresidente/a autorizado/a para realizar el control de gestión.

c) En cada uno de los miembros del Gobierno.

30. La Constitución de 1978 establece que: *"la ley regulará el estatuto e incompatibilidades de los miembros del Gobierno".* **Desde el punto de vista formal, ¿qué tipo de ley es la Ley del Gobierno?**

a) Una ley ordinaria.

b) Una ley de armonización.

c) Una ley parcialmente básica.

31. Señala la respuesta INCORRECTA. El estatuto de los miembros del Gobierno contiene:

a) Los requisitos de acceso al cargo.

b) El nombramiento y cese.

c) El control de los actos del Gobierno.

32. Un miembro del Gobierno, ¿puede ejercer la función de parlamentario?

a) No, en ningún caso.

b) No puede ejercer otra función pública que no derive de su cargo.

c) Sí, son funciones compatibles.

33. Será de aplicación, asimismo, a los miembros del Gobierno el régimen de incompatibilidades de los altos cargos de la Administración General del Estado. ¿Cuál de las siguientes normas contiene el desarrollo legislativo de este régimen de incompatibilidades?

a) La Ley 40/2015, de 1 de octubre.
b) La Ley 50/1997, de 27 de noviembre.
c) La Ley 3/2015, de 30 de marzo.

34. Uno de los principios que configuran el funcionamiento del Gobierno es el principio de dirección presidencial. ¿A qué se refiere?

a) A la colegialidad del Gobierno.
b) Es el principio que otorga al titular de cada Departamento una amplia autonomía y responsabilidad en el ámbito de su respectiva gestión.
c) Es el principio que otorga al/a la Presidente/a del Gobierno la competencia para determinar las directrices políticas que deberá seguir el Gobierno y cada uno de los Departamentos.

35. De los principios que configuran el funcionamiento del Gobierno, el principio que otorga al titular de cada Departamento una amplia autonomía y responsabilidad en el ámbito de su respectiva gestión, se conoce como:

a) Principio de colegialidad.
b) Principio departamental.
c) Principio de responsabilidad solidaria.

36. Después de cada renovación del Congreso de los Diputados, y en los demás supuestos constitucionales en que así proceda, el Rey, previa consulta con los representantes designados por los grupos políticos con representación parlamentaria, propondrá un/a candidato/a a la Presidencia del Gobierno. ¿Quién refrendará esta actuación real?

a) El/la Presidente/a del Gobierno en funciones.
b) El/la Ministro/a en funciones de mayor edad.
c) El/la Presidente/a del Congreso.

37. Además del artículo 99 de la Constitución de 1978, ¿en qué otra norma se regula el procedimiento de investidura de la Presidencia del Gobierno?

a) En la Ley 50/1997, de 27 de noviembre, del Gobierno.
b) En el Reglamento del Congreso de los Diputados (Resolución de 24 de febrero de 1982).
c) En la Ley 40/2015, de 1 de octubre, de régimen jurídico del sector público.

38. ¿Quién nombra al/a la Presidente/a del Gobierno?

a) El/la Rey/Reina.
b) El/la Presidente/a del Gobierno en funciones.
c) El/la Presidente/a del Congreso.

39. Si transcurrido el plazo máximo previsto en la Constitución, a partir de la primera votación de investidura, ningún/a candidato/a obtiene la confianza del Congreso, el Rey disolverá:

a) El Congreso.
b) El Senado.
c) El Congreso y el Senado.

40. ¿A quién se le atribuye la competencia para refrendar la disolución prevista en el artículo 99.5 de la Constitución de 1978?

a) Al/a la Presidente/a del Gobierno.
b) Al/a Ministro/a de la Presidencia.
c) Al/a la Presidente/a del Congreso.

41. ¿Quién refrenda el nombramiento del/de la Presidente/a del Gobierno?

a) El/la Rey/Reina.
b) El/la Presidente/a del Gobierno.
c) El/la Presidente/a del Congreso.

42. En el proceso de investidura, el candidato propuesto conforme a lo previsto en el art. 99.1 de la Constitución de 1978:

a) Expondrá ante el Congreso de los Diputados y el Senado el programa político del Gobierno que pretenda formar y solicitará la confianza de ambas Cámaras.
b) Expondrá ante el Congreso de los Diputados el programa político del Gobierno que pretenda formar y solicitará la confianza de la Cámara.
c) Expondrá ante el Senado el programa político del Gobierno que pretenda formar y solicitará la confianza de la Cámara.

43. Indica cuál es el número mínimo de parlamentarios necesarios para que se otorgue la confianza al/a la candidato/a propuesto/a por el Rey para la Presidencia del Gobierno en la primera votación.

a) 176 diputados/as y 131 senadores/as.
b) Mayoría de diputados/as.
c) 176 diputados/as.

44. Si en la primera votación, el/la candidato/a a la Presidencia del Gobierno no obtiene la mayoría exigida, la misma propuesta se someterá nuevamente a votación. ¿Cuál es el plazo establecido?

a) Dos meses.
b) Veinticuatro horas.
c) Cuarenta y ocho horas.

45. Indica cuál es el número mínimo de parlamentarios necesarios para que se otorgue la confianza al/a la candidato/a propuesto/a por el Rey para la Presidencia del Gobierno en la segunda votación.

a) 176 diputados/as y 131 senadores/as.
b) Mayoría de diputados/as.
c) No se establece un mínimo legal.

46. Si fracasa la votación del/de la candidato/a a la Presidencia del Gobierno en primera y en segunda votación, la Constitución posibilita que se tramiten sucesivas propuestas; ¿cuál es el límite en el número de propuestas que se pueden tramitar?

a) Un máximo de dos propuestas.
b) Un máximo de tres propuestas.
c) No existe ningún límite numérico máximo legalmente establecido.

47. Si no ha transcurrido el plazo de dos meses y dos de los/de las candidatos/as propuestos por el Rey para la Presidencia del Gobierno no han obtenido la confianza para la investidura ni en primera ni en segunda votación, ¿cómo se debe proceder?

a) Se tramitarán sucesivas propuestas.
b) El Rey disolverá el Congreso de los Diputados y convocará nuevas elecciones.
c) El Rey disolverá ambas Cámaras y convocará nuevas elecciones.

48. Indica a partir de qué momento se cuenta el plazo de dos meses a que hace referencia el art. 99.5 de la Constitución de 1978.

a) A partir de la última votación de investidura.
b) A partir de la sesión constitutiva de la Cámara.
c) A partir de la primera votación de investidura.

49. El art. 100 de la Constitución de 1978 dispone lo siguiente: *"los demás miembros del Gobierno serán nombrados y separados por el Rey, a propuesta de su Presidente/a"*. Indica cuál de los siguientes no se considera miembro del Gobierno:

a) El/la Vicepresidente/a del Gobierno.
b) Los/las Ministros/as sin cartera.
c) Los/las Secretarios/as de Estado.

50. ¿Quién refrenda el acto real de nombramiento y separación de los demás miembros del Gobierno?

a) El/la Presidente/a del Gobierno.
b) El/la Presidente/a del Congreso.
c) El/la Ministro/a de la Presidencia.

51. El Gobierno cesa:

a) Tras la celebración de elecciones al Parlamento Europeo.
b) Por incapacidad temporal de su Presidente/a.
c) Por pérdida de una cuestión de confianza.

52. En los casos de pérdida de la confianza parlamentaria previstos en la Constitución:

a) El Gobierno presentará su dimisión al Rey, procediéndose a continuación a la designación de Presidente/a del Gobierno.
b) El Gobierno presentará su dimisión al Rey y el candidato incluido en la cuestión de confianza se entenderá investido de la confianza de la Cámara a los efectos previstos en el artículo 99 de la Constitución.
c) Se aplicará lo establecido en el artículo 114 de la Constitución de 1978.

53. ¿En cuál de los siguientes supuestos NO se considera que el Gobierno está en funciones?

a) Tras la celebración de elecciones generales.
b) Por dimisión de un/a Ministro/a titular de Departamento.
c) Por fallecimiento del/de la Presidente/a del Gobierno.

54. Indica ante qué Sala del Tribunal Supremo será exigible la responsabilidad criminal del/de la Presidente/a y los demás miembros del Gobierno.

a) Sala primera.
b) Sala segunda.
c) Sala tercera.

55. Indica cuál de las siguientes acciones se tipifica dentro del delito de traición:

a) El que, con actos ilegales o que no estén debidamente autorizados, provocare o diere motivo a una declaración de guerra contra España por parte de otra potencia, o expusiere a los españoles a experimentar vejaciones o represalias en sus personas o en sus bienes.
b) El que, durante una guerra en que no intervenga España, ejecutare cualquier acto que comprometa la neutralidad del Estado o infringiere las disposiciones publicadas por el Gobierno para mantenerla.
c) El español que, con el propósito de favorecer a una potencia extranjera, asociación u organización internacional, se procure, falsee, inutilice o revele información clasificada como reservada o secreta, susceptible de perjudicar la seguridad nacional o la defensa nacional.

Solución al test n.º 5

1. c) La Administración y el Gobierno.

2. c) Por el Presidente, del Vicepresidente o Vicepresidentes, en su caso, y de los Ministros.

3. c) Está sometido a la Constitución y al resto del ordenamiento jurídico.

4. c) El principio de competitividad.

5. a) Consejo de Ministros y en Comisiones Delegadas del Gobierno.

6. a) El Presidente.

7. c) Son correctas las respuestas a) y b).

8. b) Puede existir sin cartera.

9. c) Son correctas las respuestas a) y b).

10. c) Proposición del candidato, exposición del programa político, otorgamiento de la confianza y el caso de no otorgamiento de la confianza.

11. c) El voto de la mayoría absoluto de los miembros del Congreso de los Diputados.

12. b) A las cuarenta y ocho horas después de la anterior.

13. a) El Rey le nombrará Presidente:

14. c) El voto de la mayoría absoluto de los miembros del Congreso de los Diputados.

15. a) El Rey disolverá ambas Cámaras y convocará nuevas elecciones con el refrendo del Presidente del Congreso.

16. a) Serán nombrados y separados por el Rey, a propuesta del Presidente del Gobierno.

17. a) Serán nombrados y separados por el Rey, a propuesta del Presidente del Gobierno.

18. b) Siempre, salvo el caso en que simultáneamente se designe otro vicepresidente en sustitución del separado.

19. b) El Consejo de Ministros.

20. c) Son correctas las respuestas a) y b).

21. c) Serán secretas.

22. b) Se acuerda por el Consejo de Ministros mediante Real Decreto, a propuesta del Presidente del Gobierno.

23. a) Los Secretarios de Estado.

24. a) El Secretario del Gobierno.

25. a) El Consejo de Estado.

26. c) El/la Presidente/a, los/las Vicepresidentes/as, en su caso, de los/las Ministros/as y de los demás miembros que establezca la ley.

27. a) Un carácter disponible, cuya existencia real en cada formación concreta del Gobierno dependerá de la decisión del/de la Presidente/a.

28. b) Los/las secretarios/as de Estado.

29. c) En cada uno de los miembros del Gobierno.

30. a) Una ley ordinaria.

31. c) El control de los actos del Gobierno.

32. c) Sí, son funciones compatibles.

33. c) La Ley 3/2015, de 30 de marzo.

34. c) Es el principio que otorga al/a la Presidente/a del Gobierno la competencia para determinar las directrices políticas que deberá seguir el Gobierno y cada uno de los Departamentos.

35. b) Principio departamental.

36. c) El/la Presidente/a del Congreso.

37. b) En el Reglamento del Congreso de los Diputados (Resolución de 24 de febrero de 1982).

38. a) El/la Rey/Reina.

39. c) El Congreso y el Senado.

40. c) Al/a la Presidente/a del Congreso.

41. c) El/la Presidente/a del Congreso.

42. b) Expondrá ante el Congreso de los Diputados el programa político del Gobierno que pretenda formar y solicitará la confianza de la Cámara.

43. c) 176 diputados/as.

44. c) Cuarenta y ocho horas.

45. c) No se establece un mínimo legal.

46. c) No existe ningún límite numérico máximo legalmente establecido.

47. a) Se tramitarán sucesivas propuestas.

48. c) A partir de la primera votación de investidura.

49. c) Los/las Secretarios/as de Estado.

50. a) El/la Presidente/a del Gobierno.

51. c) Por pérdida de una cuestión de confianza.

52. c) Se aplicará lo establecido en el artículo 114 de la Constitución de 1978.

53. b) Por dimisión de un/a Ministro/a titular de Departamento.

54. b) Sala segunda.

55. c) El español que, con el propósito de favorecer a una potencia extranjera, asociación u organización internacional, se procure, falsee, inutilice o revele información clasificada como reservada o secreta, susceptible de perjudicar la seguridad nacional o la defensa nacional.

TEST N.º 6

El Poder Judicial. El Ministerio Fiscal: composición y funciones. El Tribunal Constitucional: composición y funciones. El Tribunal Supremo. El Tribunal Superior de Justicia de Canarias: composición y funciones

1. Es un principio básico del Poder Judicial:

a) La independencia.
b) La gratuidad.
c) La motivación de las sentencias.

2. Es principio de funcionamiento del Poder Judicial:

a) El origen popular de la Justicia.
b) El sometimiento pleno a la ley.
c) La publicidad.

3. El Estado se organiza territorialmente, a efectos judiciales, en:

a) Municipios y partidos.
b) Municipios y provincias.
c) Municipios, partidos, provincias y Comunidades Autónomas.

4. Es la unidad territorial integrada por uno o más Municipios limítrofes, pertenecientes a una misma Provincia:

a) Partido.
b) Comarca.
c) Comunidad Autónoma.

5. Será el ámbito territorial de los Tribunales Superiores de Justicia:

a) Partido.
b) Comarca.
c) Comunidad Autónoma.

6. Por lo que respecta a la Jurisdicción Militar, la Ley 44/1998, de 15 de diciembre, divide el territorio español en:

a) Tres territorios.
b) Cuatro territorios.
c) Cinco territorios.

7. ¿Cuál de las siguientes es una sede del Tribunal Militar Territorial?

a) Pontevedra.
b) Valencia.
c) Sevilla.

8. Los Fiscales forman:

a) Un Cuerpo único.
b) Un Cuerpo organizado jerárquicamente.
c) Son correctas las respuestas a) y b).

9. Es una función del Fiscal:

a) Promover la acción de la justicia en defensa de la legalidad.
b) La defensa de los derechos de los ciudadanos.
c) Son correctas las respuestas a) y b).

10. Opera como intérprete supremo de la Constitución:

a) La Audiencia Nacional.
b) El Tribunal Superior de Justicia.
c) El Tribunal Constitucional.

11. El Tribunal Constitucional se compone de:

a) Ocho miembros.
b) Diez miembros.
c) Doce miembros.

12. Los miembros del Tribunal Constitucional serán designados por un período de:

a) Tres años.
b) Cinco años.
c) Nueve años.

13. Indica la respuesta correcta, el Presidente del Tribunal Constitucional:

a) Será nombrado entre sus miembros por el Rey.
b) Es nombrado a propuesta del mismo Tribunal en Pleno.
c) Todas las respuestas anteriores son correctas.

14. Los miembros del Tribunal Constitucional se distribuyen en:

a) Dos Salas.
b) Tres Salas.
c) Cuatro Salas.

15. El Vicepresidente del Tribunal Constitucional:

a) Presidirá la Sala Primera.
b) Presidirá la Sala Segunda.
c) Presidirá la Sala Tercera.

16. El control de la constitucionalidad de las Leyes se puede efectuar a través de:

a) La cuestión de constitucionalidad.
b) El recurso de amparo.
c) El conflicto de competencias.

17. Fue creado por las Cortes de Cádiz de 1812:

a) El Tribunal de Primera Instancia.
b) El Tribunal Superior de Justicia.
c) El Tribunal Supremo.

18. Es el órgano jurisdiccional superior en todos los órdenes, salvo lo dispuesto en materia de garantías constitucionales:

a) El Tribunal de Primera Instancia.
b) El Tribunal Superior de Justicia.
c) El Tribunal Supremo.

19. La Sala Primera del Tribunal Supremo es:

a) La Sala de lo Civil.
b) La Sala de lo Penal.
c) La Sala de lo Contencioso-Administrativo.

20. En términos general, es el órgano judicial en que culmina la organización judicial en Canarias:

a) El Tribunal Supremo.
b) La Audiencia Nacional.
c) El Tribunal Superior de Justicia de Canarias.

21. Es la última instancia jurisdiccional de todos los procesos judiciales seguidos ante los órganos judiciales competentes de Canarias, así como de todos los recursos que se tramiten en su ámbito territorial, sea cual fuere el derecho invocado como aplicable, de acuerdo con la Ley Orgánica del Poder Judicial y sin perjuicio de la competencia reservada al Tribunal Supremo:

a) La Audiencia Provincial.
b) La Audiencia Nacional.
c) El Tribunal Superior de Justicia de Canarias.

22. El Tribunal Superior de Justicia de Canarias tendrá su sede en:

a) La ciudad de Las Palmas de Gran Canaria.
b) La ciudad de Santa Cruz de Las Palmas.
c) La ciudad de Santa Cruz de Tenerife.

23. Es el representante del Poder Judicial en Canarias:

a) El Rey.
b) El Presidente del Gobierno.
c) El Presidente del Tribunal Superior de Justicia de Canarias.

24. Los Presidentes de Sala del Tribunal Superior de Justicia de Canarias serán nombrados a propuesta:

a) Del Consejo General del Poder Judicial.
b) Del Rey.
c) Del Tribunal Supremo.

25. Corresponde al Tribunal Superior de Justicia de Canarias:

a) Conocer de los recursos relacionados con los procesos electorales de la Comunidad Autónoma con arreglo a las leyes.
b) Resolver las cuestiones de competencia entre órganos judiciales de Canarias, en todos los casos que no exista un superior común.
c) Son correctas las correctas a) y b).

26. El Título VI de la Constitución de 1978 lleva por título:

a) De la Administración de Justicia.
b) De la Administración del Poder Judicial.
c) Del Poder Judicial.

27. Según la Constitución de 1978, ¿quién administra la justicia?

a) El pueblo.
b) El Rey.
c) Los Jueces y Magistrados integrantes del Poder Judicial, en nombre del Rey.

28. La función del Estado atribuida a los Juzgados y Tribunales con la finalidad de aplicar el derecho se califica como:

a) Poder judicial.
b) Potestad jurisdiccional.
c) Potestad jurídica.

29. ¿De dónde emana el Poder Judicial?

a) Del pueblo español.
b) Del Rey.
c) De los Jueces y Magistrados.

30. ¿Qué norma se aprobó para dar cumplimiento al mandato constitucional contenido en el art. 122.1 de la Constitución de 1978?

a) La Ley Provisional sobre organización del Poder Judicial.
b) La Ley Orgánica del Poder Judicial.
c) La Ley de Bases para la reforma de la Justicia Municipal.

31. Indica cuál de los siguientes preceptos constitucionales no contiene una manifestación del principio de legalidad relacionado con la institución del poder judicial.

a) Artículo 117.1.
b) Artículo 25.1.
c) Artículo 125.

32. De los principios que se consagran en la Constitución de 1978, ¿cuál constituye la característica esencial del Poder Judicial en cuanto tal?

a) El principio de responsabilidad.
b) El principio de unidad jurisdiccional.
c) El principio de independencia.

33. Según la Constitución de 1978, ¿a quién corresponde ejercer la potestad jurisdiccional?

a) Al Rey.
b) Al pueblo español.
c) A los Juzgados y Tribunales determinados por las leyes.

34. El Tribunal del Jurado fue suspendido:

a) En el año 1812.
b) En el año 1869.
c) En el año 1936.

35. El derecho fundamental de participación directa de los ciudadanos en los asuntos públicos, reconocido en el art. 23.1 de la Constitución de 1978 enlaza con:

a) El principio de independencia judicial.
b) El Tribunal del Jurado.
c) La responsabilidad por error judicial.

36. Indica de qué precepto constitucional es una manifestación la institución del Jurado:

a) Artículo 117.1.
b) Artículo 1.2.
c) Artículo 24.

37. Indica con qué elemento se vincula la regulación establecida en el artículo 117.2 de la Constitución de 1978: *"los Jueces y Magistrados no podrán ser separados, suspendidos, trasladados ni jubilados, sino por alguna de las causas y con las garantías previstas en la ley"*:

a) Régimen de incompatibilidades de los miembros del Poder Judicial.
b) Inmunidad.
c) Inamovilidad.

38. Señala el enunciado correcto referido a la inmunidad judicial:

a) Los Jueces y Magistrados no podrán ser separados, suspendidos, trasladados ni jubilados, sino por alguna de las causas y con las garantías previstas en la ley.
b) Los Jueces y Magistrados así como los Fiscales, mientras se hallen en activo, no podrán desempeñar otros cargos públicos, ni pertenecer a partidos políticos o sindicatos.
c) Los Jueces y Magistrados en servicio activo solo podrán ser detenidos por orden de Juez competente o en caso de flagrante delito.

39. El artículo 127.1 de la Constitución de 1978 dispone que la ley establecerá el sistema y modalidades de asociación profesional de los Jueces, Magistrados y Fiscales. Indica cuál de las siguientes reglas sobre el ejercicio del derecho de libre asociación profesional de jueces y magistrados integrantes de la carrera judicial es INCORRECTO:

a) Podrán tener como fines lícitos la defensa de los intereses profesionales de sus miembros en todos los aspectos y la realización de actividades encaminadas al servicio de la Justicia en general. No podrán llevar a cabo actividades políticas ni tener vinculaciones con partidos políticos o sindicatos.
b) Los jueces y magistrados deberán asociarse libremente a la asociación profesional que sea de su interés.
c) Las asociaciones de jueces y magistrados deberán tener ámbito nacional, sin perjuicio de la existencia de secciones cuyo ámbito coincida con el de un Tribunal Superior de Justicia.

40. Un magistrado en excedencia, ¿puede formar parte de una asociación profesional?

a) No, solo podrán formar parte de las asociaciones profesionales quienes ostenten la condición de jueces y magistrados en servicio activo.
b) Sí, al igual que los que ostenten la condición de jueces y magistrados en servicio activo.
c) Sí, siempre que no esté afiliado a más de una asociación profesional.

41. El cargo de Juez o Magistrado es compatible:

a) Con todo tipo de asesoramiento jurídico no retribuido.
b) Con el ejercicio de funciones docentes en la Escuela Judicial.
c) Con los empleos o cargos dotados o retribuidos por la Administración del Estado, las Cortes Generales, la Casa Real, Comunidades Autónomas, Provincias, Municipios y cualesquiera entidades, organismos o empresas dependientes de unos u otras.

42. Los Jueces o Magistrados, ¿pueden pertenecer a partidos políticos o sindicatos?

a) No, pero podrán tener empleo al servicio de los mismos.
b) Sí, en ejercicio de su derecho de libre asociación profesional.
c) No, en ningún caso.

43. ¿A quién corresponde la competencia para la autorización, reconocimiento o denegación de compatibilidades de los Jueces y Magistrados?

a) A la Presidencia del Tribunal o Audiencia respectiva.
b) Al Rey.
c) Al Consejo General del Poder Judicial.

44. ¿Cuál de los siguientes principios es la base de la organización y funcionamiento de los Tribunales?

a) El principio de independencia.
b) El principio de unidad jurisdiccional.
c) El principio de legalidad.

45. El Tribunal Militar Central:

a) Es una jurisdicción ordinaria.
b) Es una jurisdicción de excepción.
c) Es una jurisdicción especial.

46. Señala la respuesta incorrecta. La competencia de la jurisdicción militar se circunscribe en tiempo de paz:

a) Al conocimiento de las conductas tipificadas como delito en el Código Penal Militar.
b) A cualquier clase de delito en el supuesto de tropas desplazadas fuera del territorio nacional.
c) En los supuestos de estado de excepción.

47. Indica en cuál de los siguientes supuestos podrá ejercer la jurisdicción militar:

a) Situaciones de desabastecimiento de productos de primera necesidad.

b) Cuando se produzca o amenace producirse una insurrección o acto de fuerza contra la soberanía o independencia de España, su integridad territorial o el ordenamiento constitucional, que no pueda resolverse por otros medios.

c) Cuando el libre ejercicio de los derechos y libertades de los ciudadanos, el normal funcionamiento de las instituciones democráticas, el de los servicios públicos esenciales para la comunidad, o cualquier otro aspecto del orden público, resulten tan gravemente alterados que el ejercicio de las potestades ordinarias fuera insuficiente para restablecerlo y mantenerlo.

48. Las circunstancias extraordinarias que concurrieron en el año 2010 por el cierre del espacio aéreo español como consecuencia de la situación desencadenada por el abandono de sus obligaciones por parte de los controladores civiles de tránsito aéreo, ¿justificaron la intervención de la jurisdicción militar?

a) Sí, y por ello se declaró el estado de sitio.

b) No, porque no se llegó a declarar el estado de sitio, aunque concurrieron los supuestos normativamente previstos.

c) No, en tanto se declaró el estado de alarma.

49. ¿Qué autoridad declara el estado de sitio?

a) El Gobierno, dando cuenta al Congreso de los Diputados.

b) El Congreso de los Diputados, por mayoría absoluta, a propuesta exclusiva del Gobierno.

c) Las Cortes Generales, por mayoría absoluta de cada Cámara, a propuesta exclusiva del Gobierno.

50. ¿Qué Tribunales prohíbe la Constitución de 1978?

a) Los Tribunales ordinarios.

b) Los Tribunales especializados.

c) Los Tribunales de excepción.

51. En relación con la existencia de los Tribunales de Honor en la Administración de Justicia:

a) Se prohíben en el ámbito de la Administración militar.

b) Se permiten en el ámbito de las organizaciones profesionales.

c) Se prohíben en la Administración de Justicia.

52. ¿En qué caso la justicia será gratuita?

a) Cuando así lo disponga la Ley Orgánica 6/1985, de 1 de julio.

b) En todo caso.

c) En todo caso, respecto de quienes acrediten insuficiencia de recursos para litigar.

53. El sistema de justicia gratuita da efectividad al derecho declarado en los artículos 119 y ... de la Constitución:

a) 14.
b) 24.
c) 54.

54. La evaluación del cumplimiento de los requisitos para gozar del derecho a la asistencia jurídica gratuita:

a) Es una actividad esencialmente administrativa.
b) Es una función jurisdiccional en sentido estricto.
c) No es susceptible de impugnación.

55. ¿A quién se atribuye la obligación de prestar la colaboración requerida por los Jueces y Tribunales en el curso del proceso y en la ejecución de lo resuelto?

a) A las Administraciones Públicas, las autoridades y funcionarios, las corporaciones y todas las entidades públicas y privadas y los particulares.
b) A los ciudadanos.
c) A todas las personas y entidades públicas y privadas.

56. Es obligado cumplir:

a) Las sentencias y demás resoluciones de los Jueces y Tribunales.
b) Las sentencias y las demás resoluciones judiciales, sean firmes o no, pero ejecutables de acuerdo con las leyes.
c) Las sentencias y demás resoluciones firmes de los Jueces y Tribunales.

57. Indica cuál de las siguientes regulaciones contiene el artículo 120 de la Constitución de 1978:

a) El procedimiento será oral en todas las materias.
b) Las actuaciones judiciales serán públicas, sin excepciones.
c) Las sentencias serán siempre motivadas.

58. En sus funciones de averiguación del delito y descubrimiento y aseguramiento del delincuente, ¿de quién depende la policía judicial?

a) Del Ministerio del Interior.
b) Del Consejo General del Poder Judicial.
c) De los Jueces, de los Tribunales y del Ministerio Fiscal.

59. En relación con el principio de responsabilidad, señala la respuesta correcta:

a) El art. 121 de la Constitución de 1978 reconoce la responsabilidad objetiva del Estado por el funcionamiento de la Administración de Justicia.
b) El art. 117.1 de la Constitución de 1978 reconoce la responsabilidad objetiva del Estado por el funcionamiento de la Administración de Justicia.
c) El art. 121 de la Constitución de 1978 reconoce la responsabilidad de los Jueces y Magistrados en la administración de la justicia.

60. La Constitución configura la indemnización por error judicial o por funcionamiento anormal de la Administración de Justicia:

a) Como un derecho fundamental.
b) Como un principio rector.
c) Como un derecho.

61. En el supuesto de error judicial declarado como en el de daño causado por el anormal funcionamiento de la Administración de Justicia, ¿a dónde dirigirá su petición indemnizatoria el interesado?

a) Al Ministerio Fiscal.
b) Al Ministerio de Justicia.
c) Al Consejo General del Poder Judicial.

62. Indica si un perjudicado puede dirigirse directamente a un Juez o Magistrado que, en el ejercicio de sus funciones haya dado lugar a responsabilidad del Estado por error judicial o por funcionamiento anormal de la Administración de Justicia:

a) Sí, el perjudicado puede exigir responsabilidad civil directamente al Juez o Magistrado que le haya causado un daño o perjuicio.
b) No, el perjudicado no puede dirigirse directamente a un Juez o Magistrado que le haya causado un daño o perjuicio en el ejercicio de sus funciones.
c) Sí, el perjudicado puede exigir responsabilidad disciplinaria directamente al Juez o Magistrado que le haya causado un daño o perjuicio.

63. Indica qué tipo de responsabilidad de los Jueces y Magistrados clasifica las faltas cometidas por estos atendiendo a su consideración de leves, graves o muy graves:

a) Responsabilidad penal.
b) Responsabilidad civil.
c) Responsabilidad disciplinaria.

64. Según la Constitución de 1978, ¿cuál es el órgano jurisdiccional en materia de garantías constitucionales?

a) El Tribunal Supremo.
b) El Consejo General del Poder Judicial.
c) El Tribunal Constitucional.

65. La primera autoridad judicial de la Nación es:

a) La persona que ostente la Presidencia del Tribunal Constitucional.
b) La persona titular del Ministerio de Justicia.
c) La persona que ostente la Presidencia del Tribunal Supremo y del Consejo General del Poder Judicial.

66. ¿De cuántos miembros se compone el Tribunal Constitucional?

a) De cinco.
b) De diez.
c) De doce.

67. Los miembros del Tribunal Constitucional son nombrados:

a) Por el Tribunal Supremo.
b) Por el Consejo General del Poder Judicial.
c) Por el Rey.

68. En relación con la designación de los miembros del Tribunal Constitucional:

a) Tres son a propuesta del Senado.
b) Tres son a propuesta del Congreso.
c) Dos son a propuesta del Consejo General del Poder Judicial.

69. La propuesta de los miembros del Tribunal Constitucional realizada por el Congreso se realiza con la aprobación:

a) Por mayoría de tres quintos de sus miembros.
b) Por mayoría simple de sus miembros.
c) Por mayoría absoluta de sus miembros.

70. La propuesta de los miembros del Tribunal Constitucional realizada por el Senado se realiza con la aprobación:

a) Por mayoría de tres quintos de sus miembros.
b) Por mayoría simple de sus miembros.
c) Por mayoría absoluta de sus miembros.

71. En relación con la designación de los miembros del Tribunal Constitucional:

a) Son a propuesta del Congreso, del Senado, del Gobierno y del Consejo General del Poder Judicial.
b) Son a propuesta del Congreso, del Senado, del Gobierno y del Congreso de Ministros.
c) Son a propuesta del Congreso, del Senado y de las Comunidades Autónomas.

72. Los miembros del Tribunal Constitucional deberán ser nombrados entre profesionales con:

a) Más de cinco años de ejercicio profesional.
b) Más de siete años de ejercicio profesional.
c) Más de quince años de ejercicio profesional.

73. ¿Cuál de los siguientes profesionales no es citado directamente para ser miembro del Tribunal Constitucional, con base en el artículo 159.2?

a) Magistrados y Fiscales.
b) Abogados del Estado.
c) Profesores de Universidad.

74. Es requisito, para ser miembro del Tribunal Constitucional:

a) Ser mayor de edad o menor emancipado.
b) Tener reconocida competencia con más de quince años de ejercicio profesional.
c) Haber desarrollado una carrera judicial.

75. La designación de los miembros del Tribunal Constitucional se realiza por un periodo de:

a) Tres años.
b) Seis años.
c) Nueve años.

76. La renovación de los miembros del Tribunal Constitucional se realiza de la siguiente manera:

a) Se renovarán por terceras partes cada tres años.
b) Se renovarán por mitades cada tres años.
c) Se renovarán completamente cada tres años.

77. La condición de miembro del Tribunal Constitucional es incompatible:

a) Con algunos mandatos representativos.
b) Con los cargos políticos o administrativos.
c) Con el desempeño de funciones directivas en determinados partidos políticos.

78. Los miembros del Tribunal Constitucional:

a) Serán independientes, pero no inamovibles en el ejercicio de su mandato.
b) Serán inamovibles, pero no independientes en el ejercicio de su mandato.
c) Serán independientes e inamovibles en el ejercicio de su mandato.

79. El Tribunal Constitucional:

a) Carece de presidente.
b) Cuenta con un presidente y un vicepresidente.
c) Cuenta con un presidente que dispone de voto de calidad.

80. El Presidente del Tribunal Constitucional será nombrado:

a) Por el Gobierno.
b) Por el Consejo General del Poder Judicial.
c) Por el Rey.

81. La presidencia del Tribunal Constitucional se otorga a propuesta del:

a) Tribunal en pleno.
b) Presidente del Consejo General del Poder Judicial.
c) Tribunal Supremo.

82. El presidente del Tribunal Constitucional es nombrado por un periodo de:

a) Un año.
b) Tres años.
c) Seis años.

83. Indica la respuesta correcta:

a) El Tribunal Constitucional es parte del Poder Judicial.
b) El Tribunal Constitucional tiene jurisdicción en Madrid.
c) El Tribunal Constitucional tiene jurisdicción en todo el territorio español.

84. Indica la respuesta incorrecta. El Tribunal Constitucional es competente para conocer:

a) Del recurso de inconstitucionalidad contra leyes y disposiciones normativas con fuerza de ley.
b) Del recurso de inconstitucionalidad contra leyes y disposiciones normativas con fuerza de reglamento.
c) Del recurso de amparo por violación de los derechos y libertades fundamentales.

85. La declaración de inconstitucionalidad de una norma jurídica con rango de ley, interpretada por la jurisprudencia:

a) No es posible, solamente puede recaer sobre normas con fuerza de ley.
b) Afectará a esta, si bien la sentencia o sentencias recaídas no perderán el valor de cosa juzgada.
c) Afectará a esta, y a la sentencia o sentencias recaídas, que perderán el valor de cosa juzgada.

86. Conoce de los conflictos de competencia entre el Estado y las Comunidades Autónomas:

a) El Gobierno Central.
b) El Gobierno Central y el de las Comunidades Autónomas.
c) El Tribunal Constitucional.

87. En base al artículo 161.2 de la Constitución Española, podrá impugnar ante el Tribunal Constitucional las disposiciones y resoluciones adoptadas por los órganos de las Comunidades Autónomas:

a) El Parlamento.
b) Las Cortes Generales.
c) El Gobierno.

88. La impugnación de disposiciones y resoluciones adoptadas por los órganos de las Comunidades Autónomas, ante el Tribunal Constitucional:

a) Producirá la suspensión de la disposición o resolución recurrida, en todo caso y durante el tiempo que sea necesario.
b) No producirá la suspensión de la disposición o resolución recurrida.
c) Producirá la suspensión de la disposición o resolución recurrida, pero el Tribunal deberá ratificarla o levantarla en un plazo no superior a cinco meses.

89. Conoce de los conflictos de competencia entre Comunidades Autónomas:

a) El Gobierno Central.
b) El Gobierno Central y el de las Comunidades Autónomas.
c) El Tribunal Constitucional.

90. Indica la respuesta incorrecta. Están legitimados para interponer el recurso de inconstitucionalidad:

a) El Presidente del Gobierno.
b) El Gobierno.
c) El Defensor del Pueblo.

91. Indica la respuesta correcta. Están legitimados para interponer el recurso de amparo:

a) El Abogado del Estado.
b) Toda persona natural, pero no jurídica.
c) El Defensor del Pueblo.

92. Las personas jurídicas:

a) Pueden interponer recurso de amparo, siempre y en todo caso.
b) No pueden interponer recurso de amparo.
c) Pueden interponer recurso de amparo, si invocan un interés legítimo.

93. Las personas naturales:

a) Pueden interponer recurso de amparo, siempre y en todo caso.
b) Pueden interponer recurso de amparo, si invocan un interés legítimo.
c) No pueden interponer recurso de amparo.

94. Son susceptibles de declaración de inconstitucionalidad:

a) Toda ley orgánica, excepto los Estatutos de Autonomía.
b) Los Tratados Internacionales.
c) El Reglamento del Parlamento, pero no el del Senado.

95. Se configura como una vía especial de protección de los derechos fundamentales:

a) El recurso de amparo.
b) La cuestión de inconstitucionalidad.
c) El recurso de inconstitucionalidad.

96. Indica la respuesta correcta:

a) El recurso de amparo es lo mismo que la autocuestión de inconstitucionalidad.
b) La autocuestión de inconstitucionalidad es lo mismo que la cuestión de inconstitucionalidad.
c) Para interponer el recurso de amparo, es necesario que la persona natural justifique un interés legítimo.

97. La cuestión de constitucionalidad es planteada:

a) Por un órgano judicial.
b) Por el Tribunal Constitucional.
c) Por el Gobierno.

98. La cuestión de inconstitucionalidad se puede plantear:

a) Ante el Tribunal Supremo.
b) Ante cualquiera de los Tribunales Superiores de Justicia del territorio español.
c) Ante el Tribunal Constitucional.

99. La cuestión de inconstitucionalidad se puede plantear ante la duda de constitucionalidad:

a) De leyes y reglamentos.
b) De normas con rango de ley.
c) De leyes orgánicas.

100. Para que una norma sea declarada inconstitucional:

a) Es necesario que contravenga cualquier tipo de ley.
b) Es necesario que contravenga una ley orgánica.
c) Es necesario que contravenga la Constitución Española.

Solución al test n.º 6

1. a) La independencia.

2. c) La publicidad.

3. c) Municipios, partidos, provincias y Comunidades Autónomas.

4. a) Partido.

5. c) Comunidad Autónoma.

6. c) Cinco territorios.

7. c) Sevilla.

8. c) Son correctas las respuestas a) y b).

9. c) Son correctas las respuestas a) y b).

10. c) El Tribunal Constitucional.

11. c) Doce miembros.

12. c) Nueve años.

13. c) Todas las respuestas anteriores son correctas.

14. a) Dos Salas.

15. b) Presidirá la Sala Segunda.

16. a) La cuestión de constitucionalidad.

17. c) El Tribunal Supremo.

18. c) El Tribunal Supremo.

19. a) La Sala de lo Civil.

20. c) El Tribunal Superior de Justicia de Canarias.

21. c) El Tribunal Superior de Justicia de Canarias.

22. a) La ciudad de Las Palmas de Gran Canaria.

23. c) El Presidente del Tribunal Superior de Justicia de Canarias.

24. a) Del Consejo General del Poder Judicial.

25. c) Son correctas las correctas a) y b).

26. c) Del Poder Judicial.

27. c) Los Jueces y Magistrados integrantes del Poder Judicial, en nombre del Rey.

28. b) Potestad jurisdiccional.

29. a) Del pueblo español.

30. b) La Ley Orgánica del Poder Judicial.

31. c) Artículo 125.

32. c) El principio de independencia.

33. c) A los Juzgados y Tribunales determinados por las leyes.

34. c) En el año 1936.

35. b) El Tribunal del Jurado.

36. c) Artículo 24.

37. c) Inamovilidad.

38. c) Los Jueces y Magistrados en servicio activo solo podrán ser detenidos por orden de Juez competente o en caso de flagrante delito.

39. b) Los jueces y magistrados deberán asociarse libremente a la asociación profesional que sea de su interés.

40. a) No, solo podrán formar parte de las asociaciones profesionales quienes ostenten la condición de jueces y magistrados en servicio activo.

41. b) Con el ejercicio de funciones docentes en la Escuela Judicial.

42. c) No, en ningún caso.

43. c) Al Consejo General del Poder Judicial.

44. b) El principio de unidad jurisdiccional.

45. c) Es una jurisdicción especial.

46. c) En los supuestos de estado de excepción.

47. b) Cuando se produzca o amenace producirse una insurrección o acto de fuerza contra la soberanía o independencia de España, su integridad territorial o el ordenamiento constitucional, que no pueda resolverse por otros medios.

48. c) No, en tanto se declaró el estado de alarma.

49. b) El Congreso de los Diputados, por mayoría absoluta, a propuesta exclusiva del Gobierno.

50. c) Los Tribunales de excepción.

51. c) Se prohíben en la Administración de Justicia.

52. c) En todo caso, respecto de quienes acrediten insuficiencia de recursos para litigar.

53. b) 24.

54. a) Es una actividad esencialmente administrativa.

55. c) A todas las personas y entidades públicas y privadas.

56. c) Las sentencias y demás resoluciones firmes de los Jueces y Tribunales.

57. c) Las sentencias serán siempre motivadas.

58. c) De los Jueces, de los Tribunales y del Ministerio Fiscal.

59. a) El art. 121 de la Constitución de 1978 reconoce la responsabilidad objetiva del Estado por el funcionamiento de la Administración de Justicia.

60. c) Como un derecho.

61. b) Al Ministerio de Justicia.

62. b) No, el perjudicado no puede dirigirse directamente a un Juez o Magistrado que le haya causado un daño o perjuicio en el ejercicio de sus funciones.

63. c) Responsabilidad disciplinaria.

64. c) El Tribunal Constitucional.

65. c) La persona que ostente la Presidencia del Tribunal Supremo y del Consejo General del Poder Judicial.

66. c) De doce.

67. c) Por el Rey.

68. c) Dos son a propuesta del Consejo General del Poder Judicial.

69. a) Por mayoría de tres quintos de sus miembros.

70. a) Por mayoría de tres quintos de sus miembros.

71. a) Son a propuesta del Congreso, del Senado, del Gobierno y del Consejo General del Poder Judicial.

72. c) Más de quince años de ejercicio profesional.

73. b) Abogados del Estado.

74. b) Tener reconocida competencia con más de quince años de ejercicio profesional.

75. c) Nueve años.

76. a) Se renovarán por terceras partes cada tres años.

77. b) Con los cargos políticos o administrativos.

78. c) Serán independientes e inamovibles en el ejercicio de su mandato.

79. c) Cuenta con un presidente que dispone de voto de calidad.

80. c) Por el Rey.

81. a) Tribunal en pleno.

82. b) Tres años.

83. c) El Tribunal Constitucional tiene jurisdicción en todo el territorio español.

84. b) Del recurso de inconstitucionalidad contra leyes y disposiciones normativas con fuerza de reglamento.

85. b) Afectará a esta, si bien la sentencia o sentencias recaídas no perderán el valor de cosa juzgada.

86. c) El Tribunal Constitucional.

87. c) El Gobierno.

88. c) Producirá la suspensión de la disposición o resolución recurrida, pero el Tribunal deberá ratificarla o levantarla en un plazo no superior a cinco meses.

89. c) El Tribunal Constitucional.

90. b) El Gobierno.

91. c) El Defensor del Pueblo.

92. c) Pueden interponer recurso de amparo, si invocan un interés legítimo.

93. b) Pueden interponer recurso de amparo, si invocan un interés legítimo.

94. b) Los Tratados Internacionales.

95. a) El recurso de amparo.

96. c) Para interponer el recurso de amparo, es necesario que la persona natural justifique un interés legítimo.

97. a) Por un órgano judicial.

98. c) Ante el Tribunal Constitucional.

99. b) De normas con rango de ley.

100. c) Es necesario que contravenga la Constitución Española.

El Estatuto de Autonomía de Canarias. Contenido.
Posición del Estatuto en el sistema de fuentes

1. Según su Estatuto de Autonomía, Canarias se define como:

a) Archipiélago atlántico.
b) Nacionalidad histórica.
c) Estado federado.

2. Las Instituciones de la Comunidad Autónoma y órganos de gobierno, administración y representación de cada Isla se denominan:

a) Municipalidad.
b) Cabildos insulares.
c) Ayuntamientos.

3. Son notas características de Canarias reconocidas por los Tratados constitutivos de la Unión Europea, la Constitución y su Estatuto de Autonomía:

a) El carácter archipielágico, el autogobierno y la ultramar.
b) La insularidad y autonomía.
c) La lejanía, insularidad y ultraperiferia.

4. El ámbito espacial de la Comunidad Autónoma de Canarias comprende:

a) Las islas y los islotes que forman el archipiélago.
b) Las siete islas con administración propia.
c) Las islas, islotes y aguas perimetrales.

5. La sede del Parlamento de la Comunidad Autónoma de Canarias se encuentra en:

a) Las Palmas de Gran Canaria.
b) Santa Cruz de Tenerife.
c) Ambas capitales anteriores, de forma compartida.

6. Gozan de la condición política de canarios:

a) Los que tengan vecindad administrativa en cualquiera de los municipios de Canarias, o sea la última acreditada que hayan tenido en España antes de marcharse al extranjero.
b) Los nacidos en Canarias en todo caso.
c) Los españoles que opten por ello ante el Registro Civil.

7. El Estatuto de Autonomía reconoce como escudo y símbolo de la Comunidad de Canarias:

a) Siete islas de plata ordenadas sobre campo de azur, timbrado con una corona con el lema Atlántico y sostenido por dos dogos de pie.
b) Siete islas de plata ordenadas sobre campo de azur, timbrado con una corona surmontada de una cinta de plata con el lema Océano de sable y como soportes dos canes.
c) Siete islas de plata ordenadas sobre el mar, timbrado con una corona y flanqueado por 4 banderas de España.

8. El Estatuto de Autonomía de Canarias garantiza, expresa y específicamente, y obliga a los poderes públicos a la adopción de las medidas necesarias a tal fin, respecto de los derechos de:

a) Seguridad jurídica y solidaridad.
b) Colaboración y cooperación.
c) Igualdad y cooperación.

9. Entre los derechos reconocidos en el Estatuto de Autonomía de Canarias no se encuentra expresamente contemplado el de:

a) Los menores de edad.
b) Las personas dependientes.
c) Los migrantes.

10. El derecho a declarar libremente de forma anticipada y expresa su voluntad sobre los cuidados y los tratamientos y, en su caso, sobre el destino de su cuerpo y los órganos del mismo, con el objeto de que esta se cumpla si, cuando llegue el momento, la persona no se encuentra en condiciones de expresarla personalmente es reconocido en el Estatuto como:

a) Derecho a una muerte digna.
b) Derecho a la eutanasia.
c) Derecho a formular instrucciones previas.

11. El derecho a una renta de ciudadanía en Canarias:

a) No está reconocido estatutariamente.
b) Es un principio rector de la política económica.
c) Se reconoce estatutariamente a quienes se encuentren en situación de exclusión social.

12. Entre los derechos en el ámbito cultural reconocidos estatutariamente, se garantiza expresamente la protección y defensa:

a) Danza.
b) Silbo gomero.
c) Carnaval.

13. El Estatuto de Autonomía de Canarias reconoce el derecho a promover la convocatoria de consultas populares, así como participar en ellas a quienes:

a) Sean nacidos en Canarias.
b) Residan en el territorio de la Comunidad.
c) Ostenten la condición política de Canarios.

14. La obligación estatutaria impuesta a los poderes públicos de adoptar las inicia-tivas institucionales necesarias para el reconocimiento y la rehabilitación de todos los ciudadanos que han sufrido persecución como consecuencia de la defensa de su identidad cultural, de la democracia y del autogobierno de Canarias se recoge en el derecho a:

a) La identidad cultural.
b) La memoria histórica.
c) Las libertades individuales.

15. En defensa de sus derechos por las posibles lesiones imputables a las administraciones públicas de Canarias, se establece la garantía de que toda persona podrá dirigirse a/al:

a) Los Diputados de su circunscripción electoral.
b) Defensor del Pueblo.
c) La Diputación del Común.

16. Indica cuál de los siguientes no es un principio rector de la política canaria expresamente contemplado en el Estatuto de Autonomía:

a) La transparencia de su actividad y el buen gobierno en la gestión pública.
b) La defensa, promoción y estudio del español de Canarias, como variedad lingüística del español atlántico.
c) La cooperación con las distintas confesiones religiosas en el marco de la aconfesionalidad de los poderes públicos.

17. Según el Estatuto de Autonomía, la política económica y fiscal de Canarias debe ajustarse a criterios de:

a) Justicia social.
b) Maximización de los recursos públicos.
c) Competitividad económica.

18. El órgano representativo del pueblo canario, elegido mediante sufragio universal, directo, igual, libre y secreto es:

a) El Presidente del Gobierno.
b) El Parlamento.
c) El Diputado del Común.

19. Según las bases estatutarias del régimen electoral canario:

a) El número de Diputados será entre 65 y 80.
b) El sistema electoral será el de designación directa.
c) Habrá un porcentaje mínimo de votos que deben obtener las listas electorales para acceder al reparto de escaños.

20. La Mesa del Parlamento canario, en la primera reunión de cada legislatura, estará constituida por:

a) Un Presidente, un Vicepresidente y una Secretaría.
b) Un Presidente, dos Vicepresidentes y dos Secretarías.
c) Un Presidente, dos Vicepresidentes y un Secretaría.

21. ¿Qué es la Comisión General de Cabildos Insulares?

a) Un órgano consultivo para la atención de los asuntos insulares.
b) El órgano de participación parlamentaria de los Cabildos Insulares.
c) El órgano que reúne a todos los presidentes de los Cabildos Insulares.

22. Cuando dos tercios o más de los Diputados representantes de una Isla se opusieran en el Pleno del Parlamento canario a la adopción de un acuerdo por considerarlo perjudicial para la misma:

a) El asunto se pospondrá a la sesión siguiente.
b) El acuerdo será nulo.
c) La aprobación del asunto la decidirá el Presidente.

23. Las sesiones extraordinarias del Parlamento canario serán convocadas por:

a) La Diputación Permanente.
b) Su Presidente.
c) Una cuarta parte de los Diputados o del número de grupos parlamentarios que el Reglamento determine.

24. Indica cuál de las siguientes no es una función que estatutariamente se atribuya al Parlamento de Canarias:

a) Designar, para cada legislatura del Parlamento, a los senadores representantes de la Comunidad Autónoma.
b) Elegir a la persona titular de la Presidencia de Canarias.
c) La potestad reglamentaria.

25. La iniciativa legislativa en la comunidad Autónoma de Canarias corresponde:

a) Al Gobierno y a los Diputados.
b) A los Cabildos Insulares.
c) A todos los anteriores.

26. El Parlamento de Canarias podrá delegar en el Gobierno autonómico la potestad de dictar normas con rango de ley:

a) En ningún caso.
b) Que requieran mayoría cualificada del Parlamento.
c) Sobre derechos reconocidos estatutariamente.

27. La delegación legislativa deberá otorgarse mediante una ley de bases cuando:

a) Se trate de formar textos articulados.
b) El Gobierno se encuentre en funciones por disolución del Parlamento.
c) Se trate de refundir varios textos legales en uno solo.

28. En caso de extraordinaria y urgente necesidad, el Gobierno podrá dictar normas con rango de ley, que recibirán el nombre de:

a) Decreto Legislativo.
b) Decreto Ley.
c) Reglamento.

29. Las leyes del Parlamento de Canarias y demás normas con fuerza de ley serán publicadas en el «Boletín Oficial de Canarias», desde su aprobación, en el plazo de:

a) 30 días.
b) 20 días.
c) 15 días.

30. Si transcurrido el plazo de dos meses, a partir de la primera votación de investidura, ninguna candidatura hubiera obtenido la confianza del Parlamento de Canarias:

a) Quedará disuelto el mismo.
b) Se procederá a nueva votación y la confianza se entenderá otorgada si obtuviera mayoría simple.
c) Se propondrán otros candidatos.

31. La alta representación de Canarias y la ordinaria del Estado en la Comunidad Autónoma la ostenta:

a) El Presidente del Parlamento.
b) El Presidente del Gobierno.
c) El Diputado del Común.

32. No es función atribuida estatutariamente al Gobierno de Canarias:

a) La planificación de la política económica.
b) Las funciones ejecutivas y administrativas.
c) Aprobar los presupuestos de la misma.

33. Cuando quien ostenta la Presidencia cesa por dimisión, incapacidad permanente, condena penal firme o pérdida de la condición de Diputado:

a) Se procede a nombrar Presidente a la persona que ostentase la Vicepresidencia en ese momento.
b) Se produce el cese del Gobierno también.
c) Se inicia el procedimiento para la cuestión de confianza.

34. La moción de censura al Gobierno de Canarias será presentada por:

a) El Presidente del Parlamento.
b) El quince por ciento de los miembros del Parlamento.
c) Mayoría simple del Parlamento.

35. La Diputación del Común de Canarias es:

a) La última instancia judicial en la Comunidad Autónoma.
b) El Presidente del Parlamento.
c) La alta instancia del Parlamento para la defensa de los Derechos Fundamentales.

36. El supremo órgano de la Comunidad Autónoma de Canarias encargado de dictaminar sobre la adecuación a la Constitución y al Estatuto de Autonomía de las iniciativas legislativas y otras cuestiones es:

a) La Comisión General de Cabildos Insulares.
b) El Consejo Consultivo de Canarias.
c) El Comisionado parlamentario.

37. El órgano encargado de la fiscalización externa de la gestión económica, financiera y contable del sector público de la Comunidad Autónoma de Canarias es:

a) El Comisionado de Cuentas.
b) El Consejo de Cuentas.
c) La Audiencia de Cuentas.

38. El Comisionado de Transparencia y Acceso a la Información Pública es elegido por el Parlamento de Canarias por:

a) Mayoría de tres quintas partes.
b) Mayoría simple.
c) Mayoría de dos tercios.

39. En el ejercicio de sus competencias, la Comunidad Autónoma gozará de las potestades y privilegios propios de la Administración del Estado, excepto:

a) La potestad sancionadora.
b) La inembargabilidad de sus bienes y derechos.
c) La potestad para dictar leyes orgánicas.

40. Las normas sin rango de ley de los órganos de la Comunidad Autónoma de Canarias precisarán para su plena validez:

a) Del refrendo parlamentario.
b) De publicación en el BOC.
c) De la firma del Rey.

41. Depende del Cabildo Insular con sede en Puerto del Rosario, el islote de:

a) Alegranza.
b) Roque del Oeste.
c) Lobos.

42. No son órganos necesarios de los Cabildos Insulares de Canarias:

a) El Pleno.
b) La Presidencia y Vicepresidencias.
c) Ninguna respuesta anterior es correcta.

43. Los cabildos insulares, como instituciones de la Comunidad Autónoma, ejercerán funciones ejecutivas de carácter insular, en las siguientes materias:

a) Ordenación del territorio.
b) Transporte por carretera, por cable y ferrocarril.
c) Gestión de centros sanitarios insulares.

44. El foro institucional de colaboración del Gobierno de Canarias y los cabildos insulares que tiene la función de servir de encuentro y debate de los grandes asuntos de interés común se llama:

a) Comisión General de Cabildos Insulares.
b) Diputación del Común.
c) Conferencia de Presidentes.

45. El órgano de participación y colaboración de la Administración de la Comunidad Autónoma de Canarias y los ayuntamientos canarios es el:

a) Comité de Municipios de Canarias.
b) Consejo Municipal de Canarias.
c) Comisionado de Municipio de Canarias.

46. La unificación de la interpretación del Derecho propio de Canarias corresponde a la/al:

a) Tribunal Superior de Justicia de Canarias.
b) Conferencia de Presidentes.
c) Consejo Consultivo de Canarias.

47. El Fiscal jefe del Tribunal Superior de Justicia de Canarias es:

a) El Presidente de Sala del Tribunal Superior de Justicia.
b) El Presidente del Tribunal Superior de Justicia.
c) El Fiscal Superior de Canarias.

48. Según el Estatuto de Autonomía de Canarias, en el marco del derecho constitucional a la propiedad privada, la riqueza de Canarias está subordinada al:

a) Carácter ultraperiférico de la Comunidad.
b) Interés general.
c) Hecho insular.

49. El régimen económico-fiscal de Canarias sólo podrá ser modificado de acuerdo con lo establecido en la Constitución, previo informe del/de la:

a) Gobierno estatal.
b) Parlamento Canario.
c) Comisión Bilateral de Cooperación.

50. Las transferencias procedentes del Fondo de Compensación Interterritorial son recursos de:

a) La hacienda autonómica canaria.
b) Las islas.
c) Las opciones a) y b) son correctas.

51. La participación de la Comunidad Autónoma de Canarias en la recaudación en todo el territorio español de los impuestos estatales no cedidos es:

a) Inexistente.
b) De un porcentaje.
c) De una cantidad fija determinada.

52. La gestión, ejecución y, en su caso, la planificación de los fondos europeos destinados a Canarias corresponde:

a) A la Comunidad Autónoma de Canarias.
b) A los Cabildos Insulares.
c) Al Estado.

53. El Gobierno de Canarias elaborará, en el ámbito de sus competencias, los proyectos de planificación económica a través del/de la:

a) Audiencia de Cuentas.
b) Consejo Económico y Social de Canarias.
c) Consejo Consultivo de Canarias.

54. Entre los instrumentos de solidaridad que se prevén estatutariamente para velar por su propio equilibrio territorial, la Comunidad Autónoma de Canarias cuenta con el:

a) Fondo de Solidaridad Interinsular.
b) Fondo de Cohesión Interterritorial.
c) Fondo Económico Insular.

55. La aprobación y fiscalización de los Presupuestos Generales de la Comunidad Autónoma de Canarias corresponde:

a) A las Cortes Generales.
b) Al Parlamento.
c) Al Gobierno de Canarias.

56. El conjunto de los bienes y derechos de cada isla y de los organismos públicos que se encuentren en relación de dependencia o vinculación con la misma, cualquiera que sea su naturaleza y el título de su adquisición o aquel en virtud del cual les hayan sido atribuidos conforma el:

a) Patrimonio de la Comunidad Autónoma.
b) Patrimonio del Estado.
c) Patrimonio Insular.

57. ¿Cuál de los siguientes tributos no está cedido por el Estado a la Comunidad Autónoma de Canarias?

a) Impuesto sobre Transmisiones Patrimoniales y Actos Jurídicos Documentados.
b) Impuesto sobre Sucesiones y Donaciones.
c) Impuesto Especial sobre Hidrocarburos.

58. La aplicación de los tributos propios de la Comunidad Autónoma de Canarias, de los derivados del régimen económico y fiscal de Canarias y de los cedidos totalmente por el Estado corresponde al/a la:

a) Consejo Económico y Social de Canarias.
b) Audiencia de Cuentas.
c) La Agencia Tributaria de Canarias.

59. Los acuerdos y convenios de cooperación con el Estado que estime conveniente celebrar la comunidad Autónoma de Canarias se encauzarán a través del/de la:

a) Comisión Bilateral de Cooperación.
b) La Audiencia de Cuentas.
c) Consejo Económico y Social de Canarias.

60. Cuando una propuesta legislativa europea pudiera afectar a las competencias de la Comunidad Autónoma de Canarias, al régimen económico y fiscal de Canarias o a la condición de región ultraperiférica:

a) Se oirá, en todo caso, al Gobierno canario.
b) Deberá ser refrendada por el Parlamento Canario.
c) Deberá consultarse previamente al Parlamento canario.

61. El Estatuto de Autonomía en el sistema de fuentes del ordenamiento jurídico español:

a) Ostenta rango constitucional.
b) Se integra como parte del mismo, debiendo atemperarse a él las normas dictadas en la Comunidad Autónoma en la que rige.
c) Es la norma fundamental en la Comunidad Autónoma.

62. La propuesta de reforma del Estatuto de Autonomía de Canarias será sometida a referéndum:

a) En ningún caso.
b) En todo caso.
c) En el procedimiento de reforma general siempre.

63. La reforma del Estatuto de Autonomía de Canarias será aprobada mediante: Audiencia a los cabildos insulares

a) Ley orgánica en todo caso.
b) Ley orgánica cuando sólo afecte al capítulo II del título I del Estatuto (Derechos y deberes), y ordinaria en otro caso.
c) Ley del Parlamento de Canarias si sólo afecta al capítulo II del título I del Estatuto (Derechos y deberes).

64. Señala la respuesta incorrecta. Según el artículo 2 del Estatuto de Autonomía de Canarias (LO 1/2018) los poderes de la Comunidad Autónoma de Canarias se ejercen a través de:

a) El Presidente.
b) El Parlamento.
c) El Tribunal Superior de Justicia de Canarias.

65. Según el artículo 38.1 del Estatuto de Autonomía, el Parlamento Canario es:

a) Inviolable.
b) Irresponsable.
c) Inmune.

66. El Parlamento Canario contará con:

a) 50 diputados.
b) 60 diputados.
c) 70 diputados.

67. Según el artículo 6 del Estatuto de Autonomía de Canarias, gozan de la condición política de canarios:

a) Los ciudadanos españoles que, de acuerdo con las Leyes generales del Estado, tengan vecindad administrativa en cualquiera de los municipios de Canarias.
b) Todos los nacidos dentro del territorio de la Comunidad Autónoma de Canarias.
c) Los ciudadanos españoles nacidos en territorio de la Comunidad Autónoma de Canarias.

68. La convocatoria de elecciones se realizará por decreto del Presidente de la Comunidad Autónoma, conforme a los plazos que determine la Ley Orgánica del Régimen Electoral General, a fin de que se celebren elecciones, al Parlamento de Canarias, con carácter ordinario:

a) El primer domingo del mes de mayo del año en que finalice su mandato.
b) El tercer domingo del mes de mayo del año en que finalice su mandato.
c) El cuarto domingo del mes de mayo del año en que finalice su mandato.

69. La Junta Electoral de Canarias por conducto de su Presidencia, remitirá al Parlamento la lista de los diputados proclamados electos por cada una de las circunscripciones electorales y expedirá a cada uno de ellos la credencial correspondiente. Asimismo, procederá a su publicación en el Boletín Oficial de Canarias, en un plazo de:

a) 15 días.
b) 20 días.
c) 40 días.

70. La Disposición transitoria 1ª del Estatuto de Autonomía estableció que en tanto no se disponga otra cosa por una Ley del Parlamento Canario aprobada por mayoría de tres quintos de sus miembros, solo serán tenidas en cuenta aquellas listas de partido o coalición que hubieran obtenido al menos, el X por 100 de los votos válidos emitidos en la circunscripción insular o, sumando los de todas las circunscripciones insulares, al menos, el Y por 100 de los votos válidos emitidos en la totalidad de la Comunidad Autónoma. Señala los valores de X e Y:

a) 25 y 10.
b) 30 y 6.
c) 15 y 4.

71. A efectos de la elección en la circunscripción autonómica, sólo serán tenidas en cuenta aquellas listas de partido o coalición que hubieran obtenido, al menos:

a) El 3 por 100 de los votos válidos emitidos en la totalidad de la Comunidad Autónoma.
b) El 4 por 100 de los votos válidos emitidos en la totalidad de la Comunidad Autónoma.
c) El 5 por 100 de los votos válidos emitidos en la totalidad de la Comunidad Autónoma.

72. Respecto a los Diputados del Parlamento Canario, el Estatuto de Autonomía señala que:

a) Su mandato será de 5 años.
b) Estarán sujetos a mandato imperativo.
c) Serán inviolables por los votos y opiniones que emitan en el ejercicio de su cargo.

73. Los diputados del Parlamento Canario tendrán el tratamiento de:

a) Excelencia.
b) Ilustrísimo.
c) Honorable.

74. ¿Qué ley tiene por objeto la regulación de los cabildos insulares, de acuerdo con la Constitución y el Estatuto de Autonomía de Canarias en el marco de la legislación básica estatal sobre régimen jurídico de las Administraciones Públicas?

a) La Ley 6/2013, de 15 de mayo.
b) La Ley 8/2015, de 1 de abril.
c) La Ley 12/2015, de 24 de abril.

Solución al test n.º 7

1. a) Archipiélago atlántico.

2. b) Cabildos insulares.

3. c) La lejanía, insularidad y ultraperiferia.

4. c) Las islas, islotes y aguas perimetrales.

5. b) Santa Cruz de Tenerife.

6. a) Los que tengan vecindad administrativa en cualquiera de los municipios de Canarias, o sea la última acreditada que hayan tenido en España antes de marcharse al extranjero.

7. b) Siete islas de plata ordenadas sobre campo de azur, timbrado con una corona surmontada de una cinta de plata con el lema Océano de sable y como soportes dos canes.

8. c) Igualdad y cooperación.

9. c) Los migrantes.

10. c) Derecho a formular instrucciones previas.

11. c) Se reconoce estatutariamente a quienes se encuentren en situación de exclusión social.

12. b) Silbo gomero.

13. c) Ostenten la condición política de Canarios.

14. b) La memoria histórica.

15. c) La Diputación del Común.

16. c) La cooperación con las distintas confesiones religiosas en el marco de la aconfesionalidad de los poderes públicos.

17. a) Justicia social.

18. b) El Parlamento.

19. c) Habrá un porcentaje mínimo de votos que deben obtener las listas electorales para acceder al reparto de escaños.

20. b) Un Presidente, dos Vicepresidentes y dos Secretarías.

21. b) El órgano de participación parlamentaria de los Cabildos Insulares.

22. a) El asunto se pospondrá a la sesión siguiente.

23. b) Su Presidente.

24. c) La potestad reglamentaria.

25. c) A todos los anteriores.

26. c) Sobre derechos reconocidos estatutariamente.

27. a) Se trate de formar textos articulados.

28. b) Decreto Ley.

29. c) 15 días.

30. a) Quedará disuelto el mismo.

31. b) El Presidente del Gobierno.

32. c) Aprobar los presupuestos de la misma.

33. b) Se produce el cese del Gobierno también.

34. b) El quince por ciento de los miembros del Parlamento.

35. c) La alta instancia del Parlamento para la defensa de los Derechos Fundamentales.

36. b) El Consejo Consultivo de Canarias.

37. c) La Audiencia de Cuentas.

38. a) Mayoría de tres quintas partes.

39. c) La potestad para dictar leyes orgánicas.

40. b) De publicación en el BOC.

41. c) Lobos.

42. c) Ninguna respuesta anterior es correcta.

43. c) Gestión de centros sanitarios insulares.

44. c) Conferencia de Presidentes.

45. b) Consejo Municipal de Canarias.

46. a) Tribunal Superior de Justicia de Canarias.

47. c) El Fiscal Superior de Canarias.

48. b) Interés general.

49. c) Comisión Bilateral de Cooperación.

50. c) Las opciones a) y b) son correctas.

51. b) De un porcentaje.

52. a) A la Comunidad Autónoma de Canarias.

53. b) Consejo Económico y Social de Canarias.

54. a) Fondo de Solidaridad Interinsular.

55. b) Al Parlamento.

56. c) Patrimonio Insular.

57. c) Impuesto Especial sobre Hidrocarburos.

58. c) La Agencia Tributaria de Canarias.

59. a) Comisión Bilateral de Cooperación.

60. c) Deberá consultarse previamente al Parlamento canario.

61. b) Se integra como parte del mismo, debiendo atemperarse a él las normas dictadas en la Comunidad Autónoma en la que rige.

62. c) En el procedimiento de reforma general siempre.

63. a) Ley orgánica en todo caso.

64. c) El Tribunal Superior de Justicia de Canarias.

65. a) Inviolable.

66. c) 70 diputados.

67. a) Los ciudadanos españoles que, de acuerdo con las Leyes generales del Estado, tengan vecindad administrativa en cualquiera de los municipios de Canarias.

68. c) El cuarto domingo del mes de mayo del año en que finalice su mandato.

69. c) 40 días.

70. c) 15 y 4.

71. b) El 4 por 100 de los votos válidos emitidos en la totalidad de la Comunidad Autónoma.

72. c) Serán inviolables por los votos y opiniones que emitan en el ejercicio de su cargo.

73. a) Excelencia.

74. b) La Ley 8/2015, de 1 de abril.

TEST N.º 8

**La Administración del Estado. Estructura y funciones.
Las Comunidades Autónomas. La Administración autonómica.
Distribución competencial entre el Estado y las Comunidades
Autónomas. La Administración Local. Colaboración,
cooperación y coordinación entre Administraciones**

1. ¿Qué rango ostentan los Delegados del Gobierno en las Comunidades Autónomas?

a) Subdirector General.
b) Subsecretario General.
c) Subsecretario.

2. Los Secretarios Generales Técnicos tienen categoría de:

a) Subsecretario.
b) Director General.
c) Secretario de Estado.

3. El nombramiento de los Delegados del Gobierno en las Comunidades Autónomas es competencia del:

a) Parlamento Autonómico.
b) Presidente del Gobierno.
c) Consejo de Ministros.

4. El Jefe Superior de un Departamento Ministerial, después del Ministro, en el supuesto de que no exista un Secretario de Estado, es el:

a) Director General.
b) Subsecretario.
c) Secretario General.

5. ¿Quién nombra a los Subdelegados del Gobierno?

a) El Delegado del Gobierno.
b) El Ministro de Hacienda y Función Pública.
c) El Consejo de Ministros.

6. ¿Qué rango ostentan los Subdelegados del Gobierno?

a) Subdirector General.
b) Secretario General.
c) Secretario General Técnico.

7. Indica cuál de las siguientes no es una de las competencias de los Secretarios de Estado:

a) Nombrar y separar a los Subdirectores Generales de la Secretaría de Estado.
b) Autorizar las comisiones de servicio con derecho a indemnización por cuantía exacta para los altos cargos dependientes de la Secretaría de Estado.
c) Desempeñar la jefatura superior de todo el personal del Departamento.

8. Una vez declarado el estado de excepción no se puede suspender el derecho/libertad de:

a) Huelga.
b) Enseñanza.
c) Adopción de medidas de conflicto colectivo.

9. Indica cuál de los siguientes no es un órgano directivo de la Administración General del Estado:

a) Los Secretarios Generales Técnicos.
b) Los Secretarios Generales.
c) Los Secretarios de Estado.

10. Las Administraciones Públicas actúan para el cumplimiento de sus fines con:

a) Personalidad jurídica única.
b) Personalidad jurídica plural.
c) Personalidad jurídica colectiva.

11. A los Delegados del Gobierno de la Nación en las Comunidades Autónomas se refiere el siguiente artículo de la Constitución:

a) 137.
b) 103.
c) 154.

12. El Delegado del Gobierno de la Nación en una Comunidad Autónoma se nombra por el:

a) Consejo de Ministros.
b) Rey.
c) Presidente del Gobierno de la Nación.

13. La propuesta del nombramiento del Delegado del Gobierno de la Nación en las Comunidades Autónomas corresponde al/a los:

a) Presidente del Gobierno de la Nación.
b) Parlamento Autonómico.
c) Subdelegados del Gobierno en las provincias afectadas.

14. El Consejo de Ministros, en el nombramiento de Subdelegados del Gobierno en las provincias:

a) Delibera previamente.
b) Lo confiere.
c) No interviene.

15. Los Subdelegados del Gobierno en las provincias, salvo en las Comunidades Autónomas uniprovinciales, tienen nivel orgánico de:

a) Director General.
b) Subsecretario.
c) Subdirector General.

16. Los Ministerios contarán, en todo caso, con una Subsecretaría, y dependiendo de ella:

a) Una Dirección Técnica.
b) Una Secretaría General Técnica.
c) Una Subsecretaría General.

17. Los órganos directivos de la Administración General del Estado se ordenan jerárquicamente entre sí de la siguiente forma:

a) Subdirector general, Subsecretario y Director general.
b) Director general, Subsecretario y Subdirector general.
c) Subsecretario, Director general y Subdirector general.

18. Señala cuál de las siguientes no es una función de los Ministros:

a) Dirigir la actuación de los titulares de los órganos superiores y directivos del Ministerio.
b) Otorgar premios y recompensas propios del Departamento.
c) Autorizar las comisiones de servicio sin derecho a indemnización para altos cargos dependientes del Ministro.

19. De las siguientes materias, ¿cuáles no son competencia exclusiva del Estado?

a) Legislación sobre propiedad intelectual e industrial.
b) Fomento y coordinación general de la investigación científica y técnica.
c) Los montes y aprovechamientos forestales.

20. Según la Constitución, las Entidades que forman parte de la organización territorial del Estado tienen la nota común de:

a) Autogobierno.
b) Independencia.
c) Autonomía.

21. La titularidad de la soberanía española radica en el/las:

a) Cortes Generales como representantes del pueblo español.
b) Rey como Jefe del Estado.
c) Pueblo mismo.

22. No pueden constituirse en Comunidades Autónomas los territorios:

a) Que no estén integrados en la organización provincial.
b) Que, no siendo superiores a una Provincia, tengan entidad regional histórica.
c) Interinsulares.

23. La vía ordinaria de acceso a la autonomía por el artículo 143 de la Constitución se sigue por los/las:

a) Provincias con entidad regional histórica.
b) Territorios que en el pasado hubieren plebiscitado afirmativamente proyecto de Estatuto de Autonomía.
c) Provincia sin entidad regional histórica directamente.

24. Entre las determinaciones de los Estatutos de Autonomía no es necesario incluir la:

a) Delimitación de su territorio.
b) Denominación de las instituciones autónomas propias.
c) Denominación, organización y sede de sus instituciones administrativas.

25. En las Comunidades Autónomas que siguen la vía común, el Proyecto de Estatuto será elaborado por la/los:

a) Asamblea de Parlamentarios que se constituye al efecto.
b) Comisión Constitucional del Congreso de los Diputados.
c) Miembros de la Diputación u órgano interinsular y por los Diputados y Senadores elegidos por ellas.

26. El voto de ratificación por los Plenos del Senado y del Congreso de los Diputados se dará en el/las:

a) Comunidades Autónomas que siguen la vía común.
b) Comunidades Autónomas que siguen la vía especial.
c) Acceso a la autonomía de Ceuta y Melilla.

27. La responsabilidad política del Presidente de una Comunidad Autónoma se exige por el/la:

a) Sala de lo Penal del Tribunal Supremo.
b) Congreso de los Diputados.
c) Asamblea Legislativa de la Comunidad Autónoma.

28. La Asamblea Legislativa de las Comunidades Autónomas se elige:

a) Con criterios de representación territorial.
b) Con criterios de representación proporcional.
c) Por sufragio individual.

29. Con el fin de corregir los desequilibrios económicos interterritoriales y hacer efectivo el principio de solidaridad, se constituye:

a) El Fondo de Compensación Interterritorial.
b) El Comité Económico Interterritorial.
c) El Consejo de Política Fiscal y Financiera.

30. Los Estatutos de Autonomía deberán contener el/la/las:

a) Competencias que se dejan al Estado y las que asume la Comunidad.
b) Competencias que, en función de la Constitución, asume cada Comunidad Autónoma.
c) Desarrollo de la Administración Autonómica.

31. En la reforma de los Estatutos intervienen las Cortes Generales:

a) Siempre.
b) Nunca.
c) Solo cuanto se trata de Comunidades Autónomas que accedieron por la vía común.

32. Los miembros de las Diputaciones u órganos interinsulares intervienen en la elaboración de los Estatutos de Autonomía:

a) En todo caso.
b) Nunca.
c) En las Comunidades Autónomas de vía común.

33. Los Estatutos de Autonomía en la vía común se aprueban por el:

a) Congreso de los Diputados mediante ley orgánica.
b) Congreso de los Diputados y Senado por ley orgánica.
c) Congreso de los Diputados y Senado por ley ordinaria.

34. La más alta representación de una Comunidad Autónoma la ostenta el:

a) Presidente del Parlamento Autonómico.
b) Presidente de la Comunidad Autónoma.
c) Rey.

35. La asunción de competencias y de mayor autonomía por las Comunidades Autónomas es, como regla general:

a) Regresiva.
b) Progresiva.
c) Automática.

36. En la elaboración por la vía común de los Estatutos de Autonomía:

a) No intervienen los Municipios afectados.
b) Intervendrán en todo caso.
c) Solo intervienen las Diputaciones Provinciales u órganos interinsulares.

37. El principio de solidaridad consagrado por el artículo 138 de la Constitución exige una atención especial a:

a) Las Comunidades Autónomas de economía más deprimida.
b) Las Entidades de ámbito territorial inferior al municipal.
c) Las Islas.

38. La federación de Comunidades Autónomas, según la Constitución:

a) Solo se permite respecto de las limítrofes.
b) Requiere Ley Orgánica de las Cortes Generales.
c) Está absolutamente prohibida.

39. Los elementos del Municipio son:

a) El territorio, la población y la financiación.
b) El territorio, las instituciones y la organización.
c) La población, la organización y el territorio.

40. Son fines propios y específicos de la Provincia:

a) Asegurar la prestación integral y adecuada en la totalidad del territorio provincial de los servicios de competencia regional.

b) Participar en la coordinación de la Comunidad Autónoma y el Estado.

c) Garantizar los principios de solidaridad y equilibrio intermunicipales.

Solución al test n.º 8

1. c) Subsecretario.

2. b) Director General.

3. c) Consejo de Ministros.

4. b) Subsecretario.

5. a) El Delegado del Gobierno.

6. a) Subdirector General.

7. c) Desempeñar la jefatura superior de todo el personal del Departamento.

8. b) Enseñanza.

9. c) Los Secretarios de Estado.

10. a) Personalidad jurídica única.

11. c) 154.

12. a) Consejo de Ministros.

13. a) Presidente del Gobierno de la Nación.

14. c) No interviene.

15. c) Subdirector General.

16. b) Una Secretaría General Técnica.

17. c) Subsecretario, Director general y Subdirector general.

18. c) Autorizar las comisiones de servicio sin derecho a indemnización para altos cargos dependientes del Ministro.

19. c) Los montes y aprovechamientos forestales.

20. c) Autonomía.

21. c) Pueblo mismo.

22. c) Interinsulares.

23. a) Provincias con entidad regional histórica.

24. c) Denominación, organización y sede de sus instituciones administrativas.

25. c) Miembros de la Diputación u órgano interinsular y por los Diputados y Senadores elegidos por ellas.

26. b) Comunidades Autónomas que siguen la vía especial.

27. c) Asamblea Legislativa de la Comunidad Autónoma.

28. b) Con criterios de representación proporcional.

29. a) El Fondo de Compensación Interterritorial.

30. b) Competencias que, en función de la Constitución, asume cada Comunidad Autónoma.

31. a) Siempre.

32. c) En las Comunidades Autónomas de vía común.

33. b) Congreso de los Diputados y Senado por ley orgánica.

34. b) Presidente de la Comunidad Autónoma.

35. b) Progresiva.

36. a) No intervienen los Municipios afectados.

37. c) Las Islas.

38. c) Está absolutamente prohibida.

39. c) La población, la organización y el territorio.

40. c) Garantizar los principios de solidaridad y equilibrio intermunicipales.

TEST N.º 9

El acto administrativo. Validez, nulidad y anulabilidad del acto administrativo. Notificación de los actos administrativos y cómputo de los plazos. El procedimiento y los recursos administrativos

1. Es un acto administrativo:

a) La concesión de una licencia administrativa.
b) Los actos materiales o de pura ejecución.
c) Los actos de la Administración cuando actúa como persona jurídica de Derecho Privado.

2. Se denomina actos complejos:

a) Los que provengan de un órgano de la Administración General del Estado.
b) Los que provengan de dos o más órganos administrativos.
c) Los que provengan de un órgano de la Administración de las Comunidades Autónomas.

3. Los actos que se dirijan a una persona o un grupo determinado de personas se denominan:

a) Actos generales.
b) Actos singulares.
c) Actos complejos.

4. Los actos que se manifiesten formalmente se denominan:

a) Actos formales.
b) Actos singulares.
c) Actos expresos.

5. Los actos surgidos del silencio administrativo:

a) No se consideran actos.
b) No son legales.
c) Se denominan tácitos.

6. La declaración de excedencia voluntaria realizada por el Alcalde respecto de un funcionario es un:

a) Acto general.
b) Acto simple.
c) Acto complejo.

7. El acuerdo que adoptan varios Ayuntamientos para mancomunarse es un:

a) Acto general.
b) Acto simple.
c) Acto complejo.

8. La declaración de excedencia voluntaria es un:

a) Acto general.
b) Acto complejo.
c) Acto singular.

9. La convocatoria de unas oposiciones es un:

a) Acto general.
b) Acto singular.
c) Acto presunto.

10. Cuando la Administración, al dictar un acto, se limite a aplicar una norma que le señala claramente la decisión a adoptar en el supuesto del hecho de que se trate, el acto se denomina:

a) Legal.
b) Reglado.
c) Discrecional.

11. Los actos que forman parte de un expediente administrativo, como fase del mismo, sin carácter resolutivo, se denominan:

a) Arbitrarios.
b) Definitivos.
c) De trámite.

12. La concesión de la licencia de obras solicitada por un particular es un acto:

a) Arbitrario.
b) Definitivo.
c) De trámite.

13. El informe de un Técnico sobre la adecuación urbanística del proyecto presentado con la solicitud de licencia de obras es un acto:

a) Arbitrario.
b) Definitivo.
c) De trámite.

14. Los actos que reconozcan al administrado un derecho se conocen como:

a) Favorables.
b) De gravamen.
c) Constitutivos.

15. Los actos que extingan relaciones o situaciones jurídicas se conocen como:

a) Favorables.
b) De gravamen.
c) Constitutivos.

16. Una orden de ejecución dictada por un Ayuntamiento para que un particular revoque la fachada de un edificio de su propiedad que se encuentra en mal estado es un acto:

a) Favorable.
b) De gravamen.
c) Constitutivo.

17. Serán motivados, con sucinta referencia de hechos y fundamentos de derecho:

a) Los actos que limiten derechos subjetivos o intereses legítimos.
b) Los actos que resuelvan procedimientos de revisión de oficio de disposiciones o actos administrativos, recursos administrativos y procedimientos de arbitraje y los que declaren su inadmisión.
c) Son correctas las respuestas a) y b).

18. La expedición de una certificación sobre el empadronamiento de un administrado es un acto administrativo:

a) Favorable.
b) De gravamen.
c) Declarativo.

19. Según la doctrina, es una forma de clasificación de la competencia del órgano administrativo:

a) La territorial.
b) La funcional.
c) Son correctas las respuestas a) y b).

20. El sujeto pasivo de un acto administrativo:

a) Es el órgano de la Administración pública.
b) Es la persona física de la Administración pública que lo realiza.
c) Es el destinatario del acto.

21. Atendiendo a lo dispuesto en el artículo 39.1 de la Ley 39/2015, de 1 de octubre:

a) Los actos de las Administraciones Públicas sujetos al Derecho Administrativo se presumirán válidos y producirán efectos desde la fecha en que se dicten, salvo que en ellos se disponga otra cosa.
b) Los actos de las Administraciones Públicas sujetos al Derecho Administrativo se siempre son válidos.
c) Los actos de las Administraciones Públicas sujetos al Derecho Administrativo se presumirán condicionales.

22. Esta presunción de legitimidad y validez del acto administrativo:

a) No admite prueba en contra.
b) Admite prueba en contra.
c) En realidad, no es una presunción.

23. En el caso en el que el acto administrativo adolezca de vicios o no se ajuste exactamente a lo que el ordenamiento jurídico determina en cada caso podemos encontrarnos ante:

a) La nulidad absoluta o de pleno derecho del acto administrativo.
b) La nulidad relativa o anulabilidad del mismo.
c) Son correctas las respuestas a) y b).

24. Es el que necesariamente forma parte del acto administrativo y sirve para individualizarlo respecto de los demás:

a) El contenido natural del acto.
b) El contenido implícito del acto.
c) El contenido eventual del acto.

25. Son aquellas cláusulas que el órgano administrativo puede introducir en el acto:

a) El contenido natural del acto.
b) El contenido implícito del acto.
c) El contenido eventual del acto.

26. Es el medio utilizado por la Administración para el cobro de las cantidades líquidas adeudadas a la misma que voluntariamente no han sido abonadas por los obligados a ello:

a) El apremio sobre el patrimonio.
b) La ejecución subsidiaria.
c) La multa coercitiva.

27. Cuando se trate de actos que por no ser personalísimos puedan ser realizados por sujeto distinto del obligado se procede a:

a) El apremio sobre el patrimonio.
b) La ejecución subsidiaria.
c) La multa coercitiva.

28. Las fases en que se plasma el procedimiento administrativo son, sobre la base de la derogada Ley 30/1992, de 26 de noviembre, las siguientes:

a) Iniciación y desarrollo.
b) Desarrollo y terminación.
c) Iniciación, desarrollo, terminación y ejecución.

29. El conjunto ordenado de documentos y actuaciones que sirven de antecedente y fundamento a la resolución administrativa, así como las diligencias encaminadas a ejecutarla es:

a) Expediente administrativo.
b) Procedimiento administrativo.
c) Biblioteca.

30. El plazo máximo en el que debe notificarse la resolución expresa:

a) No podrá exceder de seis meses salvo que una norma con rango de ley establezca uno mayor o así venga previsto en el Derecho de la Unión Europea.
b) No podrá exceder de seis meses en ningún caso.
c) No podrá exceder de tres meses salvo que una norma con rango de ley establezca uno mayor o así venga previsto en el Derecho de la Unión Europea.

Solución al test n.º 9

1. a) La concesión de una licencia administrativa.

2. b) Los que provengan de dos o más órganos administrativos.

3. b) Actos singulares.

4. c) Actos expresos.

5. c) Se denominan tácitos.

6. b) Acto simple.

7. c) Acto complejo.

8. c) Acto singular.

9. a) Acto general.

10. b) Reglado.

11. c) De trámite.

12. b) Definitivo.

13. c) De trámite.

14. a) Favorables.

15. c) Constitutivos.

16. b) De gravamen.

17. c) Son correctas las respuestas a) y b).

18. c) Declarativo.

19. c) Son correctas las respuestas a) y b).

20. c) Es el destinatario del acto.

21. a) Los actos de las Administraciones Públicas sujetos al Derecho Administrativo se presumirán válidos y producirán efectos desde la fecha en que se dicten, salvo que en ellos se disponga otra cosa.

22. b) Admite prueba en contra.

23. c) Son correctas las respuestas a) y b).

24. a) El contenido natural del acto.

25. c) El contenido eventual del acto.

26. a) El apremio sobre el patrimonio.

27. b) La ejecución subsidiaria.

28. c) Iniciación, desarrollo, terminación y ejecución.

29. a) Expediente administrativo.

30. a) No podrá exceder de seis meses salvo que una norma con rango de ley establezca uno mayor o así venga previsto en el Derecho de la Unión Europea.

TEST N.º 10

La jurisdicción contencioso-administrativa. Procedimientos ordinarios y especiales. El proceso contencioso-administrativo. Las partes, actos impugnables. La ejecución de la sentencia

1. El plazo previsto por la Ley reguladora de la Jurisdicción Contencioso-Administrativa para interponer el recurso contencioso-administrativo contra un acto presunto es de:

a) Un mes.
b) Dos meses.
c) Seis meses.

2. La Jurisdicción Contencioso-Administrativa, en cuanto a la responsabilidad patrimonial de la Administración Pública cuando esta actúe como persona de Derecho privado:

a) Solo actúa subsidiariamente, tras la Jurisdicción Ordinaria.
b) Es plenamente competente.
c) Carece de competencia alguna.

3. El reconocimiento a una persona de la condición de parte en un proceso concreto deriva de su:

a) Capacidad procesal.
b) Legitimación.
c) Postulación.

4. La impugnación indirecta, en vía jurisdiccional, de un Reglamento, cuando previamente no se ha impugnado directamente:

a) Es perfectamente válida.
b) Solo se permite cuando incurra en nulidad de pleno derecho.
c) Está prohibida en nuestro ordenamiento jurídico.

5. La declaración de lesividad, a efectos del recurso contencioso-administrativo, se considera:

a) Diligencia preliminar.
b) Alegación previa.
c) Recurso previo.

6. Los actos administrativos que sean reproducción de otros anteriores definitivos y firmes, a efectos del recurso contencioso-administrativo:

a) No son susceptibles del mismo.
b) Son perfectamente impugnables.
c) Solo pueden impugnarse si producen indefensión.

7. El plazo que se concede para alegaciones previas se computa desde el/la:

a) Emplazamiento de las partes.
b) Emplazamiento para contestar a la demanda.
c) Escrito de interposición del recurso.

8. Contra el Auto desestimatorio de las alegaciones previas, es posible recurso de:

a) Ningún tipo.
b) Revisión.
c) Casación.

9. Si de la contestación a la demanda resultaran nuevos hechos de trascendencia para la resolución del pleito, el recurrente podrá pedir el recibimiento a prueba y expresar los medios de prueba que se propongan dentro de los siguientes días a aquel en que se haya dado traslado de la misma:

a) Veinte días.
b) Dos meses.
c) Cinco días.

10. En defecto de vista, se efectúa/an:

a) Alegaciones.
b) Prueba documental.
c) Conclusiones escritas.

11. En el caso de que un recurso recayere sobre cosa juzgada, se:

a) Declarará su inadmisibilidad.
b) Reiterará la sentencia anterior.
c) Estimará, en su caso.

12. La condena en costas, en caso de desistimiento:

a) Está prohibida.
b) Se impone solo a la Administración Pública.
c) Es posible.

13. Cuando no exista crédito para hacer efectivo de cantidad líquida a que es condenada la Administración Pública:

a) Se inejecuta la sentencia.
b) Se libra un anticipo de tesorería.
c) Nada de lo expuesto es cierto.

14. Respecto de los actos y disposiciones en materia de personal del Tribunal de Cuentas, la Sala de lo Contencioso–Administrativo del Tribunal Supremo conoce:

a) En segunda instancia.
b) En única instancia.
c) Por vía de casación.

15. La postulación por los funcionarios en un proceso contencioso–administrativo en defensa de sus derechos estatutarios, cuando se refieran a cuestiones de personal que no impliquen separación de empleados públicos inamovibles:

a) Podrán comparecer por sí mismos.
b) Lo anterior es cierto solo cuando los funcionarios de que se traten sean Abogados o Licenciados en Derecho.
c) Ha de encomendarse a la Junta de Personal.

16. Como regla general, sobre los recursos contra actos de los Secretarios de Estado, es competente el/la:

a) Tribunal Supremo.
b) Tribunal Superior de Justicia de Madrid.
c) Audiencia Nacional.

17. Tras la admisión de un recurso contencioso–administrativo, el siguiente trámite es el/la:

a) El requerimiento a la Administración Pública para que remita el expediente y para que emplace a las partes.
b) Diligencias preliminares.
c) Presentación de la demanda.

18. El plazo que se concede para alegaciones previas es de:

a) Quince días.
b) Diez días.
c) Cinco días.

19. Por su parte para los escritos de conclusiones se conceden:

a) Diez días.
b) Tres días.
c) Cinco días.

20. En caso de que se estime un recurso contencioso-administrativo y se haya pretendido en la demanda el resarcimiento de daños, la sentencia:

a) No se pronunciará sobre los mismos.
b) Deberá fijarlos en todo caso.
c) Nada de lo anterior es cierto.

Solución al test n.º 10

1. c) Seis meses.

2. b) Es plenamente competente.

3. b) Legitimación.

4. a) Es perfectamente válida.

5. a) Diligencia preliminar.

6. a) No son susceptibles del mismo.

7. b) Emplazamiento para contestar a la demanda.

8. a) Ningún tipo.

9. c) Cinco días.

10. c) Conclusiones escritas.

11. a) Declarará su inadmisibilidad.

12. c) Es posible.

13. c) Nada de lo expuesto es cierto.

14. b) En única instancia.

15. a) Podrán comparecer por sí mismos.

16. c) Audiencia Nacional.

17. a) El requerimiento a la Administración Pública para que remita el expediente y para que emplace a las partes.

18. c) Cinco días.

19. a) Diez días.

20. c) Nada de lo anterior es cierto.

TEST N.º 11

Las Administraciones Públicas Canarias: Comunidad Autónoma, Cabildos Insulares y Ayuntamientos. La Administración Pública de la Comunidad Autónoma de Canarias: organización y competencias

1. Según el Estatuto de Autonomía de Canarias:

a) Las Islas gozan de autonomía plena para el ejercicio de los intereses propios.
b) Los Cabildos constituyen los órganos de Gobierno, administración y representación de cada Isla.
c) Las respuestas a) y b) son correctas.

2. ¿Con qué frecuencia remitirá el Gobierno de Canarias al Parlamento una Memoria explicativa del grado de cumplimiento de los objetivos trazados por el Plan Cuatrienal en el que se fijen los objetivos de ingresos, los máximos gastos y los límites de endeudamiento de las Administraciones canarias?

a) Semestralmente.
b) Anualmente.
c) Cada dos años.

3. La organización, funcionamiento y régimen competencial de las Administraciones Públicas de Canarias responde a los principios de:

a) Eficacia, economía, descoordinación y máxima proximidad a los ciudadanos.
b) Eficiencia, economía, desconcentración y proximidad a los ciudadanos.
c) Eficacia, economía, descentralización y máxima proximidad a los ciudadanos.

4. Los Cabildos Insulares son, simultáneamente, órganos de gobierno y administración de cada isla e Instituciones de la Comunidad Autónoma. Esta afirmación, según el Estatuto de Autonomía de Canarias, es:

a) Falsa: son órganos de gobierno y administración de cada isla, pero no son instituciones de la Comunidad Autónoma de Canarias.
b) Falsa: son únicamente instituciones desconcentradas de la Comunidad Autónoma de Canarias para el gobierno de las Islas.
c) Verdadera.

5. El ejercicio de una determinada competencia corresponderá a la Administración propia de la Comunidad Autónoma de Canarias, si:

a) En ella está implicado un interés general de la Región.
b) La adecuada satisfacción del interés público y la defensa de los principios rectores del Estatuto de Autonomía lo hacen preciso.
c) Todas son correctas acumulativamente.

6. Las entidades locales canarias actuarán en los convenios de colaboración a través de su Presidente, previa autorización expresa del Pleno de la Corporación otorgada por:

a) La mayoría absoluta del número legal de miembros de la Corporación, salvo que el convenio se refiera a materia en la que se exija el voto favorable de la mayoría simple de los asistentes a la sesión.
b) La mayoría simple de los asistentes a la sesión, salvo que el convenio se refiera a materia en la que se exija el voto favorable de la mayoría absoluta del número legal de miembros de la Corporación.
c) La mayoría de dos tercios del número legal de miembros de la Corporación, salvo que el convenio se refiera a materia en la que se exija el voto favorable de la mayoría simple de los asistentes a la sesión.

7. El Gobierno de Canarias podrá coordinar el ejercicio de las competencias propias de los Cabildos Insulares:

a) En cuanto afecte directamente el interés general de la Comunidad.
b) Cuando sea expresamente autorizado para ello por Ley del Parlamento de Canarias.
c) Las respuestas a) y b) son correctas.

8. ¿Cada cuánto tiempo se dará cuenta a la Comisión de Desarrollo Autonómico y Administración Territorial del Parlamento canario de los convenios de colaboración suscritos por el Gobierno de Canarias con las entidades locales?

a) Anualmente.
b) Semestralmente.
c) Trimestralmente.

9. La coordinación de la actividad de los Cabildos Insulares se realizará por el Gobierno de Canarias, respetando la potestad autoorganizatoria de los mismos, pudiendo definir para ello los adecuados planes sectoriales de interés general que, una vez aprobados, serán objeto de examen por:

a) El Gobierno de la Nación.
b) El Parlamento de Canarias.
c) Las Cortes Generales.

10. ¿Qué carácter tienen los Cabildos Insulares de Canarias?

a) Son los órganos de gobierno de cada isla.
b) Son Instituciones de la Comunidad Autónoma.
c) Las respuestas a) y b) son correctas.

11. La coordinación por la Comunidad Autónoma de las políticas fiscales, financieras, presupuestarias y de endeudamiento de los Cabildos Insulares y de los Ayuntamientos se realizará mediante la aprobación de:

a) Un Plan Bienal.
b) Un Plan Cuatrienal.
c) Un Plan Quinquenal.

12. El Proyecto del Plan en el que se fijen los objetivos de ingresos, los máximos gastos y los límites de endeudamiento de las Administraciones canarias será elaborado por:

a) El Parlamento canario, previo informe preceptivo de la Comisión de Administración Territorial.
b) La Comisión de Administración Territorial, previo informe preceptivo del Gobierno de Canarias.
c) El Gobierno de Canarias, previo informe preceptivo de la Comisión de Administración Territorial.

13. ¿Qué es la Comisión de Administración Territorial?

a) Un órgano de colaboración permanente entre la Administración de la Comunidad Autónoma y la de las entidades locales.
b) Un órgano de representación de las entidades locales de la Comunidad Autónoma de Canarias.
c) Un órgano consultivo de la Administración Canaria.

14. ¿Quién preside la Comisión de Administración Territorial?

a) El Presidente del Gobierno de Canarias.
b) El Vicepresidente del Gobierno de Canarias.
c) El Consejero competente en materia de Régimen Local.

15. No son miembros de la Comisión de Administración Territorial:

a) Los Consejeros competentes en materia de Régimen Autonómico y Local, con carácter temporal.
b) Los Presidentes de los siete Cabildos Insulares.
c) Los Alcaldes de los dos municipios que son sede de la capitalidad regional.

16. Señala la respuesta incorrecta:

a) La Comunidad Autónoma de Canarias podrá ejercer sus funciones administrativas directamente o por delegación o encomienda a los Cabildos Insulares y Ayuntamientos, de conformidad con las leyes del Parlamento canario.

b) Serán delegables, en todo caso, en los Cabildos funciones normativas, de planificación y coordinación en relación con competencias de carácter regional.

c) Los Cabildos Insulares, como Corporaciones Locales Territoriales, tienen atribuido el gobierno, la administración y representación de cada isla.

17. La armonización de criterios en la política de inversiones públicas de la Comunidad Autónoma, los Cabildos Insulares y municipios, es función de:

a) El Consejero competente en materia de Régimen Local.
b) La Comisión de Administración Territorial.
c) El Gobierno de Canarias.

18. Cuando la Administración de la Comunidad Autónoma considere, en el ámbito de sus competencias, que un acuerdo de una entidad local infringe el ordenamiento jurídico, podrá requerirle para que anule dicho acuerdo. Este requerimiento deberá ser formulado en el plazo de:

a) 15 días hábiles a partir de la recepción de la comunicación del acuerdo.
b) 15 días naturales a partir de la recepción de la comunicación del acuerdo.
c) 10 días hábiles a partir de la recepción de la comunicación del acuerdo.

19. ¿A qué órgano le corresponde resolver los conflictos de competencias entre los diversos Entes Locales de la Comunidad Autónoma de Canarias?

a) Al Parlamento de Canarias.
b) Al Tribunal Constitucional.
c) Al Gobierno de Canarias.

20. A quién corresponde establecer previsiones en relación al endeudamiento público, autonómico e insular, así como el seguimiento y evaluación de resultados de los mismos:

a) Al Gobierno de Canarias.
b) Al Consejero competente en materia de Régimen Local.
c) A la Comisión de Administración Territorial.

21. La estructura central y territorial de las Consejerías de la Administración Pública de la Comunidad Autónoma de Canarias será aprobada por:

a) Ley.
b) Real Decreto.
c) Ninguna es correcta.

22. La sede de las Consejerías de la Administración Pública de la Comunidad Autónoma de Canarias se determinará según el principio de capitalidad:

a) Única.
b) Solidaria.
c) Compartida.

23. No corresponde a los Consejeros de la Comunidad Autónoma de Canarias:

a) Suscitar cuestiones de competencia.
b) Nombrar y cesar a los titulares de puestos de trabajo de libre designación.
c) Aprobar los Planes Insulares de Obras y Servicios elaborados en colaboración con los Ayuntamientos de cada isla.

24. En el ejercicio de sus competencias, la Administración de la Comunidad Autónoma de Canarias gozará de las potestades y privilegios reconocidos a la Administración del Estado y, en todo caso, de:

a) La facultad de utilización del procedimiento de apremio.
b) La presunción de legitimidad y la ejecutoriedad de sus actos.
c) Las respuestas a) y b) son correctas.

25. En relación con la Administración Pública de la Comunidad Autónoma de Canarias, indica la opción falsa:

a) El número, denominación y competencias de las Consejerías se establecerán mediante Ley del Parlamento canario.
b) El ejercicio de las competencias propias podrá ser delegado en el órgano que, por la aplicación del principio de eficacia, sea más idóneo para ello.
c) La Administración Pública de la Comunidad se establece, funciona y actúa bajo el principio de ordenación jerárquica de sus órganos.

Solución al test n.º 11

1. c) Las respuestas a) y b) son correctas.

2. b) Anualmente.

3. c) Eficacia, economía, descentralización y máxima proximidad a los ciudadanos.

4. c) Verdadera.

5. c) Todas son correctas acumulativamente.

6. b) La mayoría simple de los asistentes a la sesión, salvo que el convenio se refiera a materia en la que se exija el voto favorable de la mayoría absoluta del número legal de miembros de la Corporación.

7. c) Las respuestas a) y b) son correctas.

8. c) Trimestralmente.

9. b) El Parlamento de Canarias.

10. c) Las respuestas a) y b) son correctas.

11. b) Un Plan Cuatrienal.

12. c) El Gobierno de Canarias, previo informe preceptivo de la Comisión de Administración Territorial.

13. a) Un órgano de colaboración permanente entre la Administración de la Comunidad Autónoma y la de las entidades locales.

14. b) El Vicepresidente del Gobierno de Canarias.

15. a) Los Consejeros competentes en materia de Régimen Autonómico y Local, con carácter temporal.

16. b) Serán delegables, en todo caso, en los Cabildos funciones normativas, de planificación y coordinación en relación con competencias de carácter regional.

17. b) La Comisión de Administración Territorial.

18. a) 15 días hábiles a partir de la recepción de la comunicación del acuerdo.

19. c) Al Gobierno de Canarias.

20. c) A la Comisión de Administración Territorial.

21. c) Ninguna es correcta.

22. c) Compartida.

23. c) Aprobar los Planes Insulares de Obras y Servicios elaborados en colaboración con los Ayuntamientos de cada isla.

24. c) Las respuestas a) y b) son correctas.

25. a) El número, denominación y competencias de las Consejerías se establecerán mediante Ley del Parlamento canario.

TEST N.º 12

Elementos del municipio. Territorio y población. Organización municipal. Competencias municipales. Atribuciones del Alcalde. Atribuciones del Pleno del Ayuntamiento. Junta de Gobierno Local, composición y atribuciones

1. La pertenencia de un Municipio a dos Provincias:

a) Se admite excepcionalmente.
b) Ha de estar prevista en norma con rango de ley.
c) Está prohibida en nuestro ordenamiento jurídico.

2. La división del término municipal en distritos, barrios, etc., es competencia del/de la:

a) Instituto Geográfico Nacional.
b) Diputación Provincial.
c) Ayuntamiento respectivo.

3. Para ser vecino de un Municipio:

a) Hay que estar empadronado como tal en él.
b) Basta con la residencia habitual en el mismo.
c) No es necesario ser mayor de edad.

4. No es posible la consulta popular en la siguiente materia:

a) Sobre competencias municipales.
b) Hacienda Local.
c) Servicios municipales.

5. En el ámbito local el único órgano que puede someter a consulta popular un asunto es el:

a) Presidente de la Diputación Provincial.
b) Alcalde.
c) Gobierno de la Nación.

6. En el Padrón no debe constar respecto de un vecino su:

a) Sexo.
b) Domicilio habitual.
c) Debe figurar todo lo anterior.

7. El Consejo de Empadronamiento está adscrito al/a la:

a) Presidencia del Gobierno de la Nación.
b) Ministerio del Interior.
c) Ministerio de Economía, Comercio y Empresa.

8. La confección del Padrón de españoles residentes en el extranjero es competencia del/de la:

a) Ayuntamiento de su último domicilio en España.
b) Comunidad Autónoma donde hubieren nacido.
c) Administración General del Estado.

9. Las directrices e instrucciones técnicas para la formación, mantenimiento y rectificación del Padrón corresponde emanarlas al/a la:

a) Propio Ayuntamiento Pleno.
b) Administración General del Estado.
c) Comunidad Autónoma.

10. La organización municipal complementaria que establezca una Comunidad Autónoma con carácter general, respecto a los Municipios de la misma:

a) Se aplica preferentemente a la establecida con tal carácter por el Estado.
b) Se aplica preferentemente a la establecida por el Reglamento Orgánico de cada Municipio.
c) Se aplica después de la del Estado y la del Reglamento Orgánico.

11. La elección de un Alcalde, tras unas elecciones locales, se efectúa:

a) Directamente en las elecciones locales.
b) En sesión extraordinaria al efecto.
c) En la sesión constitutiva de la Corporación.

12. La destitución del Presidente de una Corporación Local se efectúa a través de la:

a) Cuestión de confianza.
b) Moción de censura.
c) Las respuestas a) y b) son ciertas.

13. ¿Se puede presentar más de una moción de censura contra el mismo Presidente de una Entidad Local?

a) Sí, cuando prospere una de ellas.
b) Solo en distintos períodos de sesiones.
c) Nada de lo expuesto es cierto.

14. En una moción de censura contra un Presidente de una Entidad Local, puede ser candidato:

a) Los cabezas de lista.
b) Los portavoces de los Grupos Políticos.
c) Cualquier miembro de la Corporación.

15. Si un Alcalde pierde una cuestión de confianza:

a) Quedan cesados todos sus miembros.
b) Se procede al nombramiento de otro según las normas aplicadas en el nombramiento del dimitido.
c) Se nombra como tal al primer Teniente de Alcalde.

16. La convocatoria de consultas populares debe autorizarla el/la:

a) Gobierno de la Nación.
b) Presidente de la Corporación.
c) Comunidad Autónoma.

17. La denominada competencia residual, en virtud de la cual se le atribuyen aquellas competencias que no estén expresamente asignadas a otro órgano, la tiene en un Ayuntamiento el/la/las:

a) Pleno.
b) Comisiones Informativas.
c) Presidente.

18. Las cuestiones que se susciten entre Municipios sobre deslinde de sus términos municipales serán resueltas por:

a) La correspondiente Comunidad Autónoma.
b) El Gobierno de España.
c) Las Diputaciones Provinciales.

19. El voto de calidad del Presidente de una Corporación Local:

a) Inclina la votación al sector en el que él haya votado, en caso de empate producido en la reunión de un órgano colegiado.
b) Da fe del resultado de la votación.
c) Significa que es muy importante quien emite el voto.

20. La delegación de competencias de un Alcalde:

a) Se efectúa por acuerdo de Pleno.
b) Se reviste formalmente en forma de Decreto de dicho Pleno.
c) Nada de lo anterior es correcto.

21. Los nombramientos de funcionarios en los Ayuntamientos de Municipios de régimen común corresponden al/a la:

a) Pleno.
b) Junta de Gobierno Local.
c) Presidente.

22. La aprobación de las formas de gestión de los servicios públicos en los Ayuntamientos de Municipios de régimen común corresponde genuinamente al/a la:

a) Pleno.
b) Presidente.
c) Junta de Gobierno Local.

23. En un Municipio de 7.000 habitantes, ¿cuántos Concejales habrá de elegirse para su Ayuntamiento?

a) Siete.
b) Diez.
c) Trece.

24. La representación del Ayuntamiento compete al/a la/a los:

a) Alcalde.
b) Pleno.
c) Junta de Gobierno Local.

25. La protección civil es servicio mínimo a prestar por los Municipios de más de:

a) 5.000 habitantes.
b) 20.000 habitantes.
c) 50.000 habitantes.

26. No es servicio mínimo de un Ayuntamiento de menos de 5.000 habitantes el de:

a) Acceso a los núcleos de población.
b) Alumbrado público.
c) Transporte colectivo urbano de viajeros.

27. Es servicio mínimo de un Ayuntamiento de menos de 5.000 habitantes el de:

a) Servicios funerarios.
b) Medio ambiente urbano.
c) Limpieza viaria.

28. El transporte colectivo urbano de viajeros debe prestarse obligatoriamente en los Municipios de más de:

a) 5.000 habitantes.
b) 10.000 habitantes.
c) 50.000 habitantes.

29. La evaluación e información de situaciones de necesidad social y la atención inmediata a personas en situación o riesgo de exclusión social, debe prestarse en los Municipios que tengan una población, como mínimo, superior a:

a) 50.000 habitantes.
b) 5.000 habitantes.
c) 20.000 habitantes.

30. Si se plantea un conflicto de competencias entre dos Ayuntamientos de distintas Provincias de una misma Comunidad Autónoma, se resuelve por el/la/las:

a) Pleno de cada uno de ellos.
b) Ministerio de la Presidencia, Justicia y Relaciones con las Cortes.
c) Comunidad Autónoma.

31. La creación de nuevos municipios solo podrá realizarse sobre la base de núcleos de población territorialmente diferenciados, de al menos:

a) 3.000 habitantes.
b) 5.000 habitantes.
c) 10.000 habitantes.

32. ¿Cuál de los siguientes no es uno de los tres elementos que, conforme al artículo 11.2.º LRL, constituyen el Municipio?

a) La Organización.
b) La Población.
c) Las Competencias (propias o delegadas).

33. La inscripción en el Padrón Municipal solo surtirá efecto por el tiempo que subsista el hecho que la motivó y, en todo caso, cuando se trate de la inscripción de extranjeros no comunitarios sin autorización de residencia permanente, deberá ser objeto de renovación periódica:

a) Cada año.
b) Cada dos años.
c) Cada tres años.

34. ¿Cuál de los siguientes datos no es obligatorio a la hora de la inscripción en el Padrón municipal?

a) Lugar y fecha de nacimiento.
b) Sexo.
c) Número de teléfono.

35. Señala cuál de los siguientes no es un servicio que se deba prestar en todos los Municipios:

a) Biblioteca pública.
b) Pavimentación de las vías públicas.
c) Limpieza viaria.

36. No es una competencia que pueda ser ejercida como propia por el Municipio:

a) La protección y gestión del Patrimonio histórico.
b) Policía nacional y protección civil.
c) La protección contra la contaminación acústica.

Solución al test n.º 12

1. c) Está prohibida en nuestro ordenamiento jurídico.

2. c) Ayuntamiento respectivo.

3. a) Hay que estar empadronado como tal en él.

4. b) Hacienda Local.

5. b) Alcalde.

6. c) Debe figurar todo lo anterior.

7. c) Ministerio de Economía, Comercio y Empresa.

8. c) Administración General del Estado.

9. b) Administración General del Estado.

10. b) Se aplica preferentemente a la establecida por el Reglamento Orgánico de cada Municipio.

11. c) En la sesión constitutiva de la Corporación.

12. c) Las respuestas a) y b) son ciertas.

13. c) Nada de lo expuesto es cierto.

14. c) Cualquier miembro de la Corporación.

15. b) Se procede al nombramiento de otro según las normas aplicadas en el nombramiento del dimitido.

16. a) Gobierno de la Nación.

17. c) Presidente.

18. a) La correspondiente Comunidad Autónoma.

19. a) Inclina la votación al sector en el que él haya votado, en caso de empate producido en la reunión de un órgano colegiado.

20. c) Nada de lo anterior es correcto.

21. c) Presidente.

22. a) Pleno.

23. c) Trece.

24. a) Alcalde.

25. b) 20.000 habitantes.

26. c) Transporte colectivo urbano de viajeros.

27. c) Limpieza viaria.

28. c) 50.000 habitantes.

29. c) 20.000 habitantes.

30. c) Comunidad Autónoma.

31. b) 5.000 habitantes.

32. c) Las Competencias (propias o delegadas).

33. b) Cada dos años.

34. c) Número de teléfono.

35. a) Biblioteca pública.

36. b) Policía nacional y protección civil.

TEST N.º 13

El estatuto de los miembros de las Corporaciones Locales. Personal al servicio de las Entidades locales. Adquisición y pérdida de la condición de funcionario. Incompatibilidades. Régimen estatutario

1. No es una característica de los funcionarios de la Administración Local:

a) Profesionalidad.
b) Retribución con cargo a la Entidad Local.
c) Realización de servicios de carácter ocasional.

2. Son funcionarios:

a) El personal eventual.
b) El personal directivo profesional.
c) El personal estatutario.

3. NO es una subescala de la escala de funcionarios de administración local con habilitación de carácter nacional:

a) Administración Especial.
b) Secretaría.
c) Intervención-Tesorería.

4. ¿Qué categorías pueden ostentar los funcionarios integrados en la subescala de Secretaría-Intervención?

a) Entrada y Superior.
b) Básica y Especializada.
c) En la subescala de Secretaría-Intervención no existe diferenciación de categorías.

5. Quienes superen la primera fase (oposición) de acceso a una de las Subescalas de la escala de funcionarios de administración local con habilitación de carácter nacional serán nombrados:

a) Funcionarios en prácticas.
b) Funcionarios de carrera.
c) Funcionarios interinos.

6. Para el ingreso en la escala de funcionarios de Administración Local con habilitación de carácter nacional, en cualquiera de sus subescalas, se exigirá, en todo caso:

a) La licenciatura de Derecho.
b) La nacionalidad española.
c) La residencia en la localidad correspondiente.

7. Salvo que el Ministerio competente en la materia (o, según la Ley de Coordinación de Policías Locales autonómica, la Consejería competente) autorice su creación en los de censo inferior, la Policía Local solo existirá en los Municipios con población superior a:

a) 5.000 habitantes.
b) 10.000 habitantes.
c) 20.000 habitantes.

8. El personal de oficios se encuadra en la siguiente subescala de la Administración Especial de las Entidades Locales:

a) Servicios Especiales.
b) Subescala Técnica.
c) Subescala Subalterna.

9. Los Ayuntamientos de Municipios con población superior a 20.000 y no superior a 50.000 habitantes podrán incluir en sus plantillas puestos de trabajo de personal eventual por un número que no podrá exceder de:

a) 3.
b) 5.
c) 7.

10. Respecto al ingreso en las subescalas en que se estructura la habilitación de carácter nacional la gestión y ejecución de los procesos selectivos corresponde:

a) A la Administración local.
b) A la Comunidad Autónoma.
c) Al Instituto Nacional de Administración Pública.

11. El acceso a la categoría superior en las subescalas de Secretaría e Intervención-Tesorería exigirá, en todo caso, tener una antigüedad de servicio activo en la categoría de entrada, de al menos:

a) 2 años.
b) 3 años.
c) 4 años.

12. El acceso a la categoría superior en las subescalas de Secretaría e Intervención-Tesorería se llevará a cabo mediante procedimiento de:

a) Concurso-oposición.
b) Curso selectivo.
c) Concurso de méritos o pruebas de aptitud.

13. Las tres subescalas en que se estructura la escala de habilitación de carácter nacional se integran:

a) En el grupo A, subgrupo A1.
b) En el grupo A, subgrupos A1 o A2.
c) En el grupo A, subgrupo A2.

14. Las plantillas y puestos de trabajo de todo el personal de la Administración Local se fijarán anualmente a través de:

a) La relación de puestos de trabajo.
b) Una Ordenanza.
c) Su Presupuesto.

15. Conforme a los arts. 91 LRL y 128.1 TR/86, las Corporaciones Locales formularán y aprobarán pública y anualmente su Oferta de Empleo, dentro del plazo desde la aprobación de su Presupuesto, de:

a) 1 mes.
b) 2 meses.
c) 3 meses.

16. Señala la respuesta incorrecta respecto al régimen jurídico del personal laboral de la Administración Local:

a) La Jurisdicción competente en esta materia es la Contencioso-Administrativa.
b) Dentro de este personal, por razón de la fijeza de su vinculación a la Entidad de que se trate, se distingue entre los contratados indefinidamente y los contratados temporalmente.
c) La selección de este personal se hará por concurso, concurso-oposición u oposición libre.

17. La renuncia voluntaria a la condición de funcionario:

a) Inhabilita para ingresar de nuevo en la Administración Pública.
b) No requiere aceptación expresa por la Administración.
c) Debe ser manifestada por escrito.

18. No es una causa de pérdida de la condición de funcionario:

a) La sanción disciplinaria de suspensión firme de funciones.
b) La pena principal o accesoria de inhabilitación absoluta o especial para cargo público que tuviere carácter firme.
c) La renuncia a la condición de funcionario.

19. La pérdida de la nacionalidad española supone la pérdida de la condición de funcionario:

a) En todo caso.
b) Salvo que simultáneamente se adquiera la nacionalidad de cualquier otro Estado miembro de la Unión Europea o la de aquellos Estados a los que, en virtud de tratados internacionales celebrados por la Unión Europea y ratificados por España, les sea de aplicación la libre circulación de trabajadores.
c) En ningún caso.

20. Será aceptada expresamente por la Administración la renuncia voluntaria a la condición de funcionario en el siguiente caso:

a) Cuando el funcionario esté sujeto a expediente disciplinario.
b) Cuando contra el funcionario haya sido dictado auto de procesamiento por la comisión de algún delito.
c) Cuando el funcionario se encuentre en la situación de excedencia forzosa.

21. La pena principal o accesoria de inhabilitación especial cuando hubiere adquirido firmeza la sentencia que la imponga produce la pérdida de la condición de funcionario respecto a:

a) Todos los empleos o cargos que tuviere.
b) Aquellos empleos o cargos especificados en la sentencia.
c) El empleo o cargo que estuviera desempeñando desde el que se cometió la falta o delito.

22. ¿Pueden los órganos de gobierno de las Administraciones Públicas conceder la rehabilitación de quien hubiera perdido la condición de funcionario por haber sido condenado a la pena principal o accesoria de inhabilitación?

a) No, en ningún caso.
b) Excepcionalmente, atendiendo a las circunstancias y entidad del delito cometido.
c) Solo cuando se trate de una inhabilitación provisional.

23. Los empleados públicos tienen derecho a la libertad de expresión:

a) En los términos que establezca una ley.
b) En los términos que se establezcan reglamentariamente.
c) Dentro de los límites del ordenamiento jurídico.

24. Para tener derecho a la promoción interna, los funcionarios deberán tener una antigüedad de servicio activo en el inferior subgrupo o grupo de clasificación profesional, de al menos:

a) Dos años.
b) Tres años.
c) Cuatro años.

25. Según el EBEP, la continuidad en un puesto de trabajo obtenido por concurso quedará vinculada a:

a) La evaluación del desempeño.
b) La idoneidad.
c) La antigüedad.

26. Las retribuciones de los funcionarios en prácticas:

a) Se corresponderán a las del sueldo del Subgrupo o Grupo, en el supuesto de que este no tenga Subgrupo, en que aspiren a ingresar.
b) No podrán superar las del sueldo del Subgrupo o Grupo, en el supuesto de que este no tenga Subgrupo, en que aspiren a ingresar.
c) Como mínimo, se corresponderán a las del sueldo del Subgrupo o Grupo, en el supuesto de que este no tenga Subgrupo, en que aspiren a ingresar.

27. ¿Podrá percibirse participación en tributos o en cualquier otro ingreso de las Administraciones Públicas como contraprestación de cualquier servicio, participación o premio en multas impuestas?

a) No, en ningún caso.
b) Sí, en cualquier caso.
c) No, excepto cuando estuviesen normativamente atribuidas a los servicios.

28. Las Juntas de Personal se constituirán en unidades electorales que cuenten con un censo mínimo de:

a) 15 funcionarios.
b) 25 funcionarios.
c) 50 funcionarios.

29. Será objeto de negociación, en su ámbito respectivo y en relación con las competencias de cada Administración Pública y con el alcance que legalmente proceda:

a) La determinación concreta de los procedimientos de acceso al empleo público.
b) La regulación concreta de los criterios de promoción profesional.
c) Las materias referidas a calendario laboral.

30. Están legitimados para convocar una reunión los empleados públicos de las Administraciones respectivas en número no inferior al siguiente porcentaje del colectivo convocado:

a) 25 %.
b) 30 %.
c) 40 %.

31. Según el artículo 32.2 del EBEP:

a) No se puede garantizar el cumplimiento de los convenios colectivos y acuerdos que afecten al personal laboral.

b) Los convenios colectivos y acuerdos que afecten al personal laboral son de obligado cumplimiento, sin excepciones.

c) Se garantiza el cumplimiento de los convenios colectivos y acuerdos que afecten al personal laboral, salvo cuando excepcionalmente y por causa grave de interés público derivada de una alteración sustancial de las circunstancias económicas, los órganos de gobierno de las Administraciones Públicas suspendan o modifiquen el cumplimiento de convenios colectivos o acuerdos ya firmados en la medida estrictamente necesaria para salvaguardar el interés público.

32. Según el EBEP, por accidente o enfermedad graves de un familiar de primer grado de consanguinidad o afinidad, los funcionarios públicos tendrán derecho a un permiso de:

a) 2 días.
b) 3 días.
c) 5 días.

33. ¿Cuál es el preaviso mínimo para cada período de disfrute, en caso de disfrute interrumpido del permiso por nacimiento para la madre biológica?

a) 7 días.
b) 10 días.
c) 15 días.

34. Los Empleados Públicos:

a) Podrán voluntariamente acatar la Constitución y el resto de normas que integran el ordenamiento jurídico.

b) Podrán abstenerse en aquellos asuntos en los que tengan un interés personal.

c) Guardarán secreto de las materias clasificadas.

35. ¿Cuál de los siguientes es un principio de conducta de los empleados públicos?

a) Cumplir con diligencia las tareas que les correspondan o se les encomienden y, en su caso, resolver dentro de plazo los procedimientos o expedientes de su competencia.

b) No aceptar ningún trato de favor o situación que implique privilegio o ventaja injustificada, por parte de personas físicas o entidades privadas.

c) Realizar el desempeño de las tareas correspondientes a su puesto de trabajo de forma diligente y cumpliendo la jornada y el horario establecidos.

36. ¿Qué ley regula las incompatibilidades del Personal al Servicio de las Administraciones Públicas?

a) Ley 53/1984, de 26 de diciembre.

b) Ley 84/2003, de 5 de marzo.

c) Ley 34/2008, de 23 de septiembre.

37. El incumplimiento de las normas sobre incompatibilidades, cuando suponga el mantenimiento de una situación de incompatibilidad, tendrá la consideración de:

a) Falta leve.

b) Falta grave.

c) Falta muy grave.

38. El incumplimiento de los plazos u otras disposiciones de procedimiento en materia de incompatibilidades, cuando no suponga el mantenimiento de una situación de incompatibilidad:

a) Tendrá la consideración de falta leve.

b) Tendrá la consideración de falta grave.

c) Tendrá la consideración de falta muy grave.

39. Será requisito necesario para autorizar la compatibilidad de actividades públicas el que la cantidad total percibida por ambos puestos o actividades no supere la remuneración prevista en los Presupuestos Generales del Estado para:

a) El cargo de Director General.

b) El nivel 30.

c) El cargo de Jefe de Servicio.

40. Quienes accedan por cualquier título a un nuevo puesto del sector público que con arreglo a la Ley 53/1984 resulte incompatible con el que vinieran desempeñando habrán de optar por uno de ellos dentro del plazo:

a) De 10 días tras la toma de posesión en el segundo puesto.

b) De 3 días tras la incorporación al segundo puesto.

c) De toma de posesión.

Solución al test n.º 13

1. c) Realización de servicios de carácter ocasional.

2. c) El personal estatutario.

3. a) Administración Especial.

4. c) En la subescala de Secretaría-Intervención no existe diferenciación de categorías.

5. a) Funcionarios en prácticas.

6. b) La nacionalidad española.

7. a) 5.000 habitantes.

8. a) Servicios Especiales.

9. c) 7.

10. c) Al Instituto Nacional de Administración Pública.

11. a) 2 años.

12. c) Concurso de méritos o pruebas de aptitud.

13. a) En el grupo A, subgrupo A1.

14. c) Su Presupuesto.

15. a) 1 mes.

16. a) La Jurisdicción competente en esta materia es la Contencioso-Administrativa.

17. c) Debe ser manifestada por escrito.

18. a) La sanción disciplinaria de suspensión firme de funciones.

19. b) Salvo que simultáneamente se adquiera la nacionalidad de cualquier otro Estado miembro de la Unión Europea o la de aquellos Estados a los que, en virtud de tratados internacionales celebrados por la Unión Europea y ratificados por España, les sea de aplicación la libre circulación de trabajadores.

20. c) Cuando el funcionario se encuentre en la situación de excedencia forzosa.

21. b) Aquellos empleos o cargos especificados en la sentencia.

22. b) Excepcionalmente, atendiendo a las circunstancias y entidad del delito cometido.

23. c) Dentro de los límites del ordenamiento jurídico.

24. a) Dos años.

25. a) La evaluación del desempeño.

26. c) Como mínimo, se corresponderán a las del sueldo del Subgrupo o Grupo, en el supuesto de que este no tenga Subgrupo, en que aspiren a ingresar.

27. a) No, en ningún caso.

28. c) 50 funcionarios.

29. c) Las materias referidas a calendario laboral.

30. c) 40 %.

31. c) Se garantiza el cumplimiento de los convenios colectivos y acuerdos que afecten al personal laboral, salvo cuando excepcionalmente y por causa grave de interés público derivada de una alteración sustancial de las circunstancias económicas, los órganos de gobierno de las Administraciones Públicas suspendan o modifiquen el cumplimiento de convenios colectivos o acuerdos ya firmados en la medida estrictamente necesaria para salvaguardar el interés público.

32. c) 5 días.

33. c) 15 días.

34. c) Guardarán secreto de las materias clasificadas.

35. c) Realizar el desempeño de las tareas correspondientes a su puesto de trabajo de forma diligente y cumpliendo la jornada y el horario establecidos.

36. a) Ley 53/1984, de 26 de diciembre.

37. c) Falta muy grave.

38. b) Tendrá la consideración de falta grave.

39. a) El cargo de Director General.

40. c) De toma de posesión.

TEST N.º 14

Las Ordenanzas municipales. Reglamentos y Bandos. Procedimiento de elaboración y aprobación. Régimen sancionador. Clasificación de las infracciones. Sanciones. Licencias o autorizaciones municipales: tipos y actividades sujetas

1. Los proyectos de ordenanzas y reglamentos municipales se aprueban por:

a) El Pleno de la Corporación.
b) El Alcalde.
c) La Diputación.

2. Los proyectos de ordenanzas se aprobarán inicialmente:

a) Con un quórum especial al efecto.
b) El voto de la mayoría de sus miembros.
c) El voto de la mayoría absoluta de sus miembros.

3. Una vez aprobada inicialmente la ordenanza:

a) Se expondrá al público durante un plazo mínimo de cinco días.
b) Se expondrá al público durante un plazo mínimo de diez días.
c) Se expondrá al público durante un plazo mínimo de treinta días.

4. Si se hubieren presentado reclamaciones a la ordenanza dentro del plazo antes señalado, serán resueltas por el Pleno:

a) Previo informe de los órganos administrativos y corporativos pertinentes.
b) Deben ser aceptadas completamente o rechazadas.
c) Solo de forma excepcional se pueden aceptar modificaciones parciales.

5. ¿Cuál de los siguientes supuestos sigue un procedimiento de aprobación especial?

a) Las normas urbanísticas.
b) El reglamento orgánico de cada corporación.
c) Las respuestas a) y b) son correctas.

6. En el caso de la aprobación del reglamento orgánico de cada corporación es necesario:

a) El voto favorable de la mayoría simple del número legal de miembros de la Corporación para su aprobación o modificación.
b) El voto favorable de la mayoría absoluta del número legal de miembros de la Corporación para su aprobación o modificación.
c) El voto favorable de la mayoría simple del número de miembros asistentes de la Corporación para su aprobación o modificación.

7. Las Ordenanzas Fiscales:

a) Siguen el procedimiento de aprobación ordinario.
b) Deben ser aprobados por la mayoría absoluta de los miembros del Pleno de la Corporación.
c) Entran en vigor en el momento de su publicación definitiva en el Boletín Oficial de la Provincia o, en su caso, de la Comunidad Autónoma uniprovincial, salvo que en las mismas se señale otra fecha.

8. Los vecinos que gocen del derecho de sufragio activo en las elecciones municipales podrán ejercer la iniciativa popular, presentando propuestas de acuerdos o actuaciones o proyectos de reglamentos en materias de la competencia municipal. Dichas iniciativas deberán ir suscritas al menos por el siguiente porcentaje de vecinos del Municipio:

a) Hasta 5.000 habitantes, el 20 por ciento.
b) De 5001, a 20.000 habitantes, el 25 por ciento.
c) A partir de 20.001 habitantes, el 30 por ciento.

9. Se limitan a recordar el cumplimiento de disposiciones vigentes de carácter legal, publicándose en fechas fijadas de antemano por la Ley y en todos los Municipios:

a) Bandos periódicos.
b) Bandos de urgencia.
c) Bandos de Policía y Buen Gobierno.

10. Dictados para hacer frente a situaciones imprevistas:

a) Bandos periódicos.
b) Bandos de urgencia.
c) Bandos de Policía y Buen Gobierno.

11. Dictados para hacer frente a situaciones de carácter calamitoso:

a) Bandos periódicos.
b) Bandos de urgencia.
c) Bandos de Policía y Buen Gobierno.

12. Dictados en desarrollo de las atribuciones del Alcalde para mejor regir y gobernar la vida de la comunidad:

a) Bandos periódicos.

b) Bandos de urgencia.

c) Bandos de Policía y Buen Gobierno.

13. Un bando regula, en general:

a) Medidas temporales y de carácter instrumental.

b) Medidas de carácter modificatorio o innovador.

c) Mandatos o normas destinados a regular situaciones innovativas con vocación de permanencia.

14. Las infracciones a las ordenanzas locales se clasificarán en:

a) Leves y graves.

b) Graves y muy graves.

c) Muy graves, graves y leves.

15. El impedimento del uso de un servicio público por otra u otras personas con derecho a su utilización, es una infracción:

a) Leve.

b) Grave.

c) Muy grave.

16. El impedimento del uso de un espacio público por otra u otras personas con derecho a su utilización, es una infracción:

a) Leve.

b) Moderada.

c) Muy grave.

17. La intensidad de la perturbación ocasionada en la tranquilidad o en el pacífico ejercicio de los derechos de otras personas o actividades ayuda a clasificar la infracción entre:

a) Leve y moderada.

b) Moderada y grave.

c) Leve y grave.

18. La intensidad de la perturbación causada a la salubridad u ornato públicos ayuda a clasificar la infracción entre:

a) Leve y moderada.

b) Moderada y grave.

c) Leve y grave.

19. La intensidad de los daños ocasionados a los equipamientos, infraestructuras, instalaciones o elementos de un servicio o de un espacio público ayuda a clasificar la infracción entre:

a) Leve y moderada.
b) Moderada y grave.
c) Leve y grave.

20. El límite de una sanción económica, en relación con una infracción muy grave es de:

a) 1000 euros.
b) 3000 euros.
c) 5000 euros.

21. El límite de una sanción económica, en relación con una infracción grave es de:

a) 1000 euros.
b) 1500 euros.
c) 2000 euros.

22. El límite de una sanción económica, en relación con una infracción grave es de:

a) 100 euros.
b) 200 euros.
c) 750 euros.

23. En términos generales, la prescripción de las infracciones muy graves es de:

a) Un año.
b) Dos años.
c) Tres años.

24. En términos generales, la prescripción de las infracciones graves es de:

a) Un año.
b) Dos años.
c) Tres años.

25. En términos generales, la prescripción de las infracciones leves es de:

a) Un mes.
b) Dos meses.
c) Seis meses.

Solución al test n.º 14

1. a) El Pleno de la Corporación.

2. b) El voto de la mayoría de sus miembros.

3. c) Se expondrá al público durante un plazo mínimo de treinta días.

4. a) Previo informe de los órganos administrativos y corporativos pertinentes.

5. c) Las respuestas a) y b) son correctas.

6. b) El voto favorable de la mayoría absoluta del número legal de miembros de la Corporación para su aprobación o modificación.

7. c) Entran en vigor en el momento de su publicación definitiva en el Boletín Oficial de la Provincia o, en su caso, de la Comunidad Autónoma uniprovincial, salvo que en las mismas se señale otra fecha.

8. a) Hasta 5.000 habitantes, el 20 por ciento.

9. a) Bandos periódicos.

10. b) Bandos de urgencia.

11. b) Bandos de urgencia.

12. c) Bandos de Policía y Buen Gobierno.

13. a) Medidas temporales y de carácter instrumental.

14. c) Muy graves, graves y leves.

15. c) Muy grave.

16. c) Muy grave.

17. c) Leve y grave.

18. c) Leve y grave.

19. c) Leve y grave.

20. b) 3000 euros.

21. b) 1500 euros.

22. c) 750 euros.

23. c) Tres años.

24. b) Dos años.

25. c) Seis meses.

TEST N.º 15

Los Municipios Canarios. Sesiones de los órganos municipales. Adopción de acuerdos. Información y participación ciudadana

1. Dentro de la clasificación de las sesiones del Pleno de una Corporación Local, no existen las:

a) Ordinarias.
b) Extraordinarias.
c) Excepcionales.

2. La periodicidad de las sesiones ordinarias se fija por el/la:

a) Sesión constitutiva de la Corporación.
b) Pleno de la misma en sesión extraordinaria.
c) Presidente de la Corporación.

3. Las convocatorias de las sesiones del Pleno de la Corporación deben efectuarse por/por el:

a) Propio Pleno.
b) Secretario General.
c) Presidente de la Corporación.

4. Deberá convocarse sesión extraordinaria cuando lo solicite:

a) El Secretario General.
b) Una cuarta parte, como mínimo, del número legal de miembros de la Corporación.
c) La décima parte de estos.

5. Como regla general, las sesiones extraordinarias del Pleno deben convocarse con una antelación de:

a) Dos días hábiles.
b) Setenta y dos horas.
c) Cinco días.

6. La fijación del Orden del Día de las sesiones del Pleno compete al:

a) Secretario General.
b) Presidente de la Corporación.
c) Propio Pleno en la sesión inmediata anterior.

7. Cuando se incluyan en el Orden del Día de una sesión asuntos que no hayan sido dictaminados por la correspondiente Comisión Informativa:

a) No podrán ser objeto de acuerdo, siendo sólo deliberados.
b) Debe ratificarse su inclusión en dicho Orden por el propio Pleno.
c) Se dejarán sobre la mesa, hasta que recaiga dicho dictamen.

8. El punto de ruegos y preguntas debe incluirse obligatoriamente en el Orden del Día de las sesiones:

a) Extraordinarias urgentes.
b) Extraordinarias.
c) Ordinarias.

9. Para que pueda adoptarse acuerdo sobre un asunto no incluido en el Orden del Día de una sesión del Pleno se requiere:

a) Previa declaración de urgencia del mismo.
b) Que haya sido, al menos, dictaminado por la correspondiente Comisión Informativa.
c) Que así lo ordene el Presidente.

10. La documentación de los asuntos incluidos en el Orden del Día debe estar a disposición de los miembros de la Corporación:

a) En la Presidencia de la misma.
b) Mediante envío de copia de la misma a los Grupos Políticos.
c) En la Secretaría General.

11. En el caso de que termine el día en que se celebra una sesión y no se haya concluido el debate de los asuntos incluidos en el Orden del Día de la misma:

a) Deberá continuar la sesión hasta agotar el Orden del Día.
b) Se levantará la sesión necesariamente, incluyendo los asuntos en el Orden del Día de la siguiente sesión.
c) Podrá continuarse la sesión hasta agotar dicho Orden del Día.

12. Son necesaria y generalmente públicas las sesiones de/del/de la/de las:

a) Pleno de la Corporación.
b) Junta de Gobierno Local.
c) Comisiones Informativas.

13. Los debates y votaciones serán secretos cuando:

a) Así lo disponga el Presidente.
b) Se refieran a expedientes disciplinarios.
c) Así se acuerde por mayoría absoluta, en determinados supuestos tasados.

14. Cuando se permita un turno de consultas al público asistente a una sesión:

a) Deberán efectuarse inmediatamente antes de proceder a la votación.
b) Constarán en acta tanto las consultas como las respuestas dadas.
c) Se levantará la sesión durante las mismas.

15. Para la válida constitución del Pleno de una Corporación Local debe reunirse, como mínimo, el siguiente quórum del número legal de miembros de la Corporación:

a) Mayoría absoluta.
b) Mayoría simple.
c) Un tercio.

16. Los miembros de una Corporación Local deberán comunicar anticipadamente las ausencias del término municipal que excedan de:

a) Veinticuatro horas.
b) Tres días.
c) Ocho días.

17. La comunicación a que se refiere la pregunta anterior debe efectuarse a/al:

a) Portavoz de su Grupo Político.
b) Presidente de la Corporación.
c) Secretario General.

18. Las sesiones ordinarias comenzarán por el siguiente punto:

a) Asuntos declarados de urgencia.
b) Expedientes que requieran quórum cualificado en la adopción del acuerdo de que se trate.
c) Aprobación del acta de la sesión anterior.

19. Cuando se solicite la retirada de un asunto que figure en el Orden del Día de una sesión:

a) Se hará así inmediato.
b) Se requerirá mayoría absoluta para así hacerlo.
c) Basta con que lo apruebe la mayoría simple para que se actúe de esta forma.

20. Podrá el Presidente de la Corporación ordenar el abandono del local a un miembro de la Corporación:

a) Después de tres llamadas al orden en la sesión de que se trate.
b) Cuando lo solicite cualquier Grupo Político.
c) Si se abstiene de votar.

21. La actuación de un miembro de la Corporación en el debate y votación de un asunto, debiendo abstenerse, cuando su voto es determinante de la adopción del acuerdo, comporta:

a) La validez del acuerdo.
b) Su invalidez.
c) Una mera irregularidad.

22. La propuesta que se somete a directamente a conocimiento del Pleno, sobre un asunto no comprendido en el Orden del Día y que no tiene cabida en el punto de ruegos y preguntas, se denomina:

a) Enmienda.
b) Proposición.
c) Moción.

23. Por su parte, la propuesta que se somete al Pleno relativa a un asunto incluido en el Orden del Día sin haber pasado por la Comisión Informativa, se llama:

a) Proposición.
b) Moción.
c) Voto particular.

24. En defecto de previsión expresa en el Reglamento Orgánico de cada Corporación, la Junta de Gobierno Local de un Ayuntamiento de Municipio de régimen común debe celebrar sesión ordinaria, como mínimo, cada:

a) Mes.
b) Semana.
c) Quincena.

25. Para la válida constitución de la Junta de Gobierno Local en primera convocatoria se requiere el siguiente quórum de asistencia de sus miembros:

a) Un tercio.
b) Mayoría absoluta.
c) Mayoría simple.

26. El resultado de las deliberaciones de la Junta de Gobierno Local, cuando se limita a ejercer la facultad de asistencia al Presidente, se plasma en:

a) Dictámenes.
b) Acuerdos.
c) Resoluciones.

27. El órgano competente para crear las Comisiones Informativas es:

a) Un mínimo de dos Grupos Políticos.
b) El Pleno de la Corporación.
c) El Presidente de la misma.

28. La votación en la que se responde "sí, no o me abstengo" es la:

a) Solemne.
b) Nominal.
c) Ordinaria.

29. Se requiere el voto favorable de la mayoría absoluta del número legal de miembros de la Corporación, para la adopción de un acuerdo en la siguiente materia:

a) Constitución de un Municipio en régimen de Concejo Abierto.
b) Aprobación de la delimitación del término municipal.
c) Cesión del aprovechamiento de un bien comunal.

30. El órgano competente para expedir certificaciones de los acuerdos de un Ayuntamiento de un Municipio de régimen común es el:

a) Presidente.
b) Propio órgano que los adoptó.
c) Secretario General.

31. El carácter público de las sesiones de las Comisiones Informativas:

a) Es la regla general.
b) Se deja al arbitrio del Pleno de la Corporación.
c) No se admite en nuestro ordenamiento.

32. Está prevista la edición de un Boletín Informativo de una Entidad Local con la siguiente periodicidad mínima:

a) Semanal.
b) Mensual.
c) Trimestral.

33. La solicitud de copias y certificaciones de acuerdos municipales debe efectuarse ante el/la:

a) Alcalde.
b) Registro General de la Corporación.
c) Oficina de Información.

34. La iniciativa popular presentando una propuesta de acuerdo municipal en un Municipio de 8.000 habitantes ha de ir suscrita, como mínimo, por el siguiente porcentaje de vecinos del mismo:

a) Veinticinco por ciento.
b) Veinte por ciento.
c) Quince por ciento.

35. En el supuesto de que el Municipio cuente con 30.000 habitantes, dicha iniciativa debe suscribirse, como mínimo, por el siguiente porcentaje de vecinos:

a) Treinta por ciento.
b) Veinte por ciento.
c) Diez por ciento.

36. En la tramitación de la iniciativa popular, es inexcusable:

a) Informe de legalidad del Secretario del Ayuntamiento.
b) Informe de la Intervención de Fondos.
c) Informe de la Comunidad Autónoma.

Solución al test n.º 15

1. c) Excepcionales.

2. b) Pleno de la misma en sesión extraordinaria.

3. c) Presidente de la Corporación.

4. b) Una cuarta parte, como mínimo, del número legal de miembros de la Corporación.

5. a) Dos días hábiles.

6. b) Presidente de la Corporación.

7. b) Debe ratificarse su inclusión en dicho Orden por el propio Pleno.

8. c) Ordinarias.

9. a) Previa declaración de urgencia del mismo.

10. c) En la Secretaría General.

11. c) Podrá continuarse la sesión hasta agotar dicho Orden del Día.

12. a) Pleno de la Corporación.

13. c) Así se acuerde por mayoría absoluta, en determinados supuestos tasados.

14. c) Se levantará la sesión durante las mismas.

15. c) Un tercio.

16. c) Ocho días.

17. b) Presidente de la Corporación.

18. c) Aprobación del acta de la sesión anterior.

19. c) Basta con que lo apruebe la mayoría simple para que se actúe de esta forma.

20. a) Después de tres llamadas al orden en la sesión de que se trate.

21. b) Su invalidez.

22. c) Moción.

23. a) Proposición.

24. c) Quincena.

25. b) Mayoría absoluta.

26. a) Dictámenes.

27. b) El Pleno de la Corporación.

28. b) Nominal.

29. b) Aprobación de la delimitación del término municipal.

30. c) Secretario General.

31. c) No se admite en nuestro ordenamiento.

32. c) Trimestral.

33. c) Oficina de Información.

34. c) Quince por ciento.

35. c) Diez por ciento.

36. a) Informe de legalidad del Secretario del Ayuntamiento.

PARTE ESPECÍFICA

Régimen Jurídico de la Policía: Cuerpos y Fuerzas de Seguridad

TEST N.º 1

Normativa sobre los Cuerpos y fuerzas de seguridad. Disposiciones generales. Principios básicos de actuación. Disposiciones estatutarias comunes. Los Cuerpos y fuerzas de seguridad del Estado. Las funciones. Escalas. Sistema de acceso. Los derechos de representación colectiva. El Régimen disciplinario

1. La Escala Ejecutiva se clasifica en:

a) El Grupo A, subgrupo A1.
b) El Grupo A, subgrupo A2.
c) El Grupo B, subgrupo B1.

2. A tenor de la distribución material de competencias establecida en la Ley Orgánica 2/1986, de 13 de marzo, de Fuerzas y Cuerpos de Seguridad será ejercida por el Cuerpo Nacional de Policía:

a) La expedición del documento nacional de identidad y de los pasaportes, el control de entrada y salida del territorio nacional de españoles y extranjeros, la investigación y persecución de los delitos relacionados con la droga y lo derivado de la legislación vigente sobre armas y explosivos.

b) La expedición del documento nacional de identidad y de los pasaportes, el control de entrada y salida del territorio nacional de españoles y extranjeros, la investigación y persecución de los delitos relacionados con la droga y lo previsto en la legislación sobre extranjería, refugio y asilo, extradición, expulsión, emigración e inmigración.

c) La expedición del documento nacional de identidad y de los pasaportes, la investigación y persecución de los delitos relacionados con la droga, la conducción interurbana de presos y detenidos, y lo previsto en la legislación sobre extranjería, refugio y asilo, extradición, expulsión, emigración e inmigración.

3. La Ley Orgánica 2/1986, de 13 de marzo, de Fuerzas y Cuerpos de Seguridad contempla que el órgano que podrá establecer el número máximo de efectivos de los Cuerpos de Policía de las Comunidades Autónomas, será:

a) El Consejo de Política de Seguridad.
b) El Director General de la Policía.
c) La Dirección Adjunta Operativa.

4. ¿Qué principio básico de actuación dispone que solamente deberán utilizar las armas en las situaciones en que exista un riesgo racionalmente grave para su vida, su integridad física o las de terceras personas, o en aquellas circunstancias que puedan suponer un grave riesgo para la seguridad ciudadana?

a) Relaciones con la comunidad.
b) Adecuación al ordenamiento jurídico.
c) Responsabilidad.

5.¿ A quién corresponde, según dispone la LO 2/86, velar por la protección y seguridad de altas personalidades?

a) A las Fuerzas y Cuerpos de Seguridad.
b) A las Fuerzas y Cuerpos de Seguridad del Estado.
c) Exclusivamente a la Policía Nacional.

6. ¿En qué artículo de la LO 2/86, se establece la distribución material de competencias entre las Fuerzas y Cuerpos de Seguridad del Estado?

a) En el art. 10.
b) En el art. 12.
c) En el art. 16.

7. Una función específica de la Guardia Civil es:

a) La vigilancia del tráfico en vías urbanas.
b) El delito fiscal.
c) Las armas y explosivos.

8. La LO 2/86 dice textualmente que los miembros de las Fuerzas y Cuerpos de Seguridad deberán identificarse debidamente como tales:

a) En el momento de la detención.
b) Antes de proceder a la detención.
c) Tan pronto como sea posible.

9. La LO 2/86 no incluye como principio a tener en cuenta en la provisión de los puestos de servicio o de trabajo:

a) La objetividad.
b) La capacidad.
c) La antigüedad.

10. ¿A quién compete coordinar la formación profesional de las Policías Locales, mediante la creación de Escuelas de Formación de Mandos y de Formación Básica?

a) A las respectivas Juntas Locales de Seguridad.
b) A los respectivos Ayuntamientos.
c) A las Comunidades autónomas.

11. ¿En qué artículo de la Carta Magna se recoge la misión de las fuerzas y cuerpos de seguridad del Estado?

a) En el art. 104.
b) En el art. 106.
c) En el art. 124.

12. Según dispone la LO 9/2015, de 28 de julio, los Policías Nacionales tienen derecho a constituir organizaciones sindicales:

a) De ámbito nacional e internacional para la defensa de sus intereses profesionales.
b) De ámbito nacional para la defensa de sus intereses profesionales.
c) De ámbito nacional y autonómico para la defensa de sus intereses profesionales.

13. El régimen disciplinario del Cuerpo Nacional de Policía establece como falta muy grave:

a) No prestar servicio, alegando supuesta enfermedad.
b) El incumplimiento de las normas sobre incompatibilidades cuando ello dé lugar a una situación de incompatibilidad.
c) La intervención en un procedimiento administrativo cuando concurra alguna de las causas legales de abstención.

14. Según el Régimen Disciplinario del CNP, la participación en huelgas será castigada como:

a) Falta muy grave.
b) Falta grave.
c) Falta leve.

15. ¿En qué subgrupo de clasificación se integran los técnicos existentes en la Policía Nacional?

a) A1.
b) A2.
c) B1.

16. La realización reiterada, en el marco de una relación de servicio, de actos de acoso psicológico u hostilidad, constituye falta:

a) Muy grave.
b) Grave.
c) Leve.

17. Sobre los delitos que cometan los miembros de las Fuerzas y Cuerpos de Seguridad en el ejercicio de sus funciones es correcto afirmar que:

a) Corresponde la instrucción, procesamiento y fallo a la Audiencia Provincial.
b) El denominado fuero policial, recogido en el artículo 8.1, párrafo segundo, de la Ley Orgánica de Fuerzas y Cuerpos de Seguridad, fue declarado inconstitucional.
c) Corresponde la instrucción al Juez de Instrucción y el fallo al Juzgado de lo Penal.

18. Según el artículo 5 de la Ley Orgánica 2/1986, de 13 de marzo, de Fuerzas y Cuerpos de Seguridad "impedir, en el ejercicio de su actuación profesional, cualquier práctica abusiva, arbitraria o discriminatoria que entrañe violencia física o moral", se encuadra en el principio básico de:

a) Adecuación al ordenamiento jurídico.
b) Relaciones con la comunidad.
c) Dedicación profesional.

19. A la categoría de Comisario Principal se accede por la modalidad de:

a) Únicamente mediante antigüedad selectiva.
b) Tan solo por concurso-oposición sin límite de intentos.
c) Concurso-oposición y antigüedad selectiva.

20. Exhibir armas sin causa justificada, así como utilizarlas en acto de servicio o fuera de él infringiendo las normas que regulan su empleo, se considera:

a) Falta leve.
b) Falta grave.
c) Falta muy grave.

Solución al test n.º 1

1. a) El Grupo A, subgrupo A1.

2. b) La expedición del documento nacional de identidad y de los pasaportes, el control de entrada y salida del territorio nacional de españoles y extranjeros, la investigación y persecución de los delitos relacionados con la droga y lo previsto en la legislación sobre extranjería, refugio y asilo, extradición, expulsión, emigración e inmigración.

3. a) El Consejo de Política de Seguridad.

4. a) Relaciones con la comunidad.

5. b) A las Fuerzas y Cuerpos de Seguridad del Estado.

6. b) En el art. 12.

7. c) Las armas y explosivos.

8. a) En el momento de la detención.

9. a) La objetividad.

10. c) A las Comunidades autónomas.

11. a) En el art. 104.

12. b) De ámbito nacional para la defensa de sus intereses profesionales.

13. b) El incumplimiento de las normas sobre incompatibilidades cuando ello dé lugar a una situación de incompatibilidad.

14. a) Falta muy grave.

15. b) A2.

16. a) Muy grave.

17. b) El denominado fuero policial, recogido en el artículo 8.1, párrafo segundo, de la Ley Orgánica de Fuerzas y Cuerpos de Seguridad, fue declarado inconstitucional.

18. b) Relaciones con la comunidad.

19. c) Concurso-oposición y antigüedad selectiva.

20. b) Falta grave.

TEST N.º 2

Sistema Canario de Seguridad y Emergencias: Sistema Canario de Seguridad. Las policías de las Comunidades Autónomas: previsión estatutaria. Funciones. Régimen estatutario. La coordinación y la colaboración entre las Fuerzas y Cuerpos de Seguridad del Estado y los Cuerpos de Policía de las Comunidades Autónomas. Órganos de coordinación

1. Según la Ley 9/2007, de 13 de abril, del Sistema Canario de Seguridad y Emergencias uno de los principios básicos del Sistema Canario de Seguridad es la coordinación institucional entre las Administraciones y con los servicios relacionados con la seguridad pública y los demás agentes sociales bajo los principios de:

a) Solidaridad y lealtad institucional, eficacia, información recíproca, colaboración y cooperación.

b) Solidaridad y lealtad institucional, información recíproca, colaboración y cooperación.

c) Solidaridad y lealtad institucional, información recíproca, igualdad, colaboración y cooperación.

2. ¿Cuál es el máximo órgano de coordinación de las políticas de seguridad en Canarias sin perjuicio de las competencias del Estado?

a) La Comisión Canaria de Seguridad Pública.
b) La Comisión Interdepartamental del Gobierno de Canarias.
c) La Junta de Seguridad.

3. ¿Cómo se denomina el instrumento de coordinación entre las Fuerzas y Cuerpos de Seguridad del Estado y el Cuerpo General de la Policía Canaria?

a) Consejo de Seguridad.
b) Comité de Seguridad.
c) Junta de Seguridad.

4. A tenor del artículo 38 de la LOFCS, las Comunidades Autónomas podrán ejercer, a través de sus cuerpos de policía, la siguiente función con carácter de propia:

a) La inspección de las actividades sometidas a la ordenación o disciplina de la Comunidad Autónoma, denunciando toda actividad ilícita.

b) Vigilar los espacios públicos, proteger las manifestaciones y mantener el orden en grandes concentraciones humanas.

c) Velar por el cumplimiento de las leyes y demás disposiciones del Estado y garantizar el funcionamiento de los servicios públicos esenciales.

5. Señala una competencia de prestación simultánea e indiferenciada del Cuerpo de Policía de Canarias con las Fuerzas y Cuerpos de Seguridad del Estado:

a) Velar por el cumplimiento de las disposiciones y órdenes singulares dictadas por los órganos de la Comunidad Autónoma.

b) El uso de la coacción en orden a la ejecución forzosa de los actos o disposiciones de la propia Comunidad Autónoma.

c) La cooperación a la resolución amistosa de los conflictos privados cuando sean requeridos para ello.

6. ¿Cómo se denomina el órgano creado para garantizar la coordinación entre las políticas de seguridad del Estado y de las Comunidades Autónomas?

a) Junta de Seguridad.
b) Comisión de Política de Seguridad.
c) Consejo de Política de Seguridad.

7. Quién preside el Consejo de Política de Seguridad:

a) El Ministro del Interior.
b) El Secretario de Estado de Seguridad.
c) El Director General de la Policía.

8. ¿Cuántos representantes integran el Comité de Expertos del Consejo de Política de Seguridad?

a) Diez.
b) Ocho.
c) Seis.

9. ¿Qué nombre recibe el órgano competente para resolver las incidencias que pudieran surgir en la colaboración entre los miembros de las Fuerzas y Cuerpos de Seguridad del Estado y de los Cuerpos de Policía de la Comunidad Autónoma?

a) Consejo de Política de Seguridad.
b) Junta de Seguridad.
c) Comisión de Seguridad.

10. ¿Con qué nombre se designa al conjunto de cuerpos de policía dependientes de las administraciones públicas canarias?

a) Cuerpo de Policía Local Canaria.
b) Cuerpo General de Policía Canaria
c) Policía Canaria.

11. En el ejercicio de sus funciones los miembros del Cuerpo General de la Policía Canaria gozarán, a todos los efectos legales, de la condición de:

a) Autoridad.
b) Agentes de la autoridad.
c) Delegados de la autoridad.

12. ¿Qué principio básico de actuación de los miembros de las Fuerzas y Cuerpos de Seguridad establece que los mismos han de sujetarse en su actuación profesional, a los principios de jerarquía y subordinación?

a) Adecuación al ordenamiento jurídico.
b) Relaciones con la comunidad.
c) Responsabilidad.

13. ¿A quién le corresponde la labor de informar los convenios de cooperación, que el Estado y las CCAA celebren en materia de seguridad?

a) Al Consejo de Política de Seguridad.
b) Al Comité de Expertos.
c) A las Juntas de Seguridad.

14. ¿Qué principio básico de actuación dispone que solamente deberán utilizar las armas en las situaciones en que exista un riesgo racionalmente grave para su vida, su integridad física o las de terceras personas, o en aquellas circunstancias que puedan suponer un grave riesgo para la seguridad ciudadana?

a) Relaciones con la comunidad.
b) Adecuación al ordenamiento jurídico.
c) Responsabilidad.

15. Las Comunidades Autónomas en cuyos Estatutos esté previsto crear Cuerpos de Policía, podrán ejercer, a través de ellos, la siguiente función con carácter propio:

a) Vigilar los espacios públicos.
b) Mantener el orden en grandes concentraciones humanas.
c) El uso de la coacción en orden a la ejecución forzosa de los actos o disposiciones de la propia Comunidad Autónoma.

16. ¿Entre quiénes se designarán a los Mandos de los Cuerpos de Policía de las Comunidades Autónomas por las Autoridades competentes de las mismas?

a) Entre Jefes, Oficiales y Mandos de las Fuerzas Armadas.
b) Entre Jefes, Oficiales y Mandos de las Fuerzas y Cuerpos de Seguridad del Estado.
c) Ambas respuestas son correctas.

17. ¿Qué principio básico de actuación de los miembros de las Fuerzas y Cuerpos de Seguridad establece que los mismos en el ejercicio de sus funciones deberán actuar con la decisión necesaria, y sin demora cuando de ello dependa evitar un daño grave, inmediato e irreparable?

a) Relaciones con la comunidad.
b) Adecuación al ordenamiento jurídico.
c) Responsabilidad.

18. ¿Qué principio básico de actuación dispone que los miembros de las Fuerzas y Cuerpos de Seguridad deberán intervenir siempre, en cualquier tiempo y lugar, se hallaren o no de servicio, en defensa de la Ley y de la seguridad ciudadana?

a) Responsabilidad.
b) Dedicación profesional.
c) Tratamiento de detenidos.

19. ¿Qué principio básico de actuación dispone que en todas sus intervenciones los miembros de las Fuerzas y Cuerpos de Seguridad, proporcionarán información cumplida, y tan amplia como sea posible, sobre las causas y finalidad de las mismas?

a) Relaciones con la comunidad.
b) Adecuación al ordenamiento jurídico.
c) Responsabilidad.

20. La pérdida o sustracción del arma de fuego por negligencia simple de un componente del Cuerpo General de la Policía Canaria, constituye una infracción disciplinaria de carácter:

a) Muy grave.
b) Grave.
c) Leve.

Solución al test n.º 2

1. b) Solidaridad y lealtad institucional, información recíproca, colaboración y cooperación.

2. a) La Comisión Canaria de Seguridad Pública.

3. c) Junta de Seguridad.

4. a) La inspección de las actividades sometidas a la ordenación o disciplina de la Comunidad Autónoma, denunciando toda actividad ilícita.

5. c) La cooperación a la resolución amistosa de los conflictos privados cuando sean requeridos para ello.

6. c) Consejo de Política de Seguridad.

7. a) El Ministro del Interior.

8. b) Ocho.

9. b) Junta de Seguridad.

10. c) Policía Canaria.

11. b) Agentes de la autoridad.

12. a) Adecuación al ordenamiento jurídico.

13. a) Al Consejo de Política de Seguridad.

14. a) Relaciones con la comunidad.

15. c) El uso de la coacción en orden a la ejecución forzosa de los actos o disposiciones de la propia Comunidad Autónoma.

16. c) Ambas respuestas son correctas.

17. a) Relaciones con la comunidad.

18. b) Dedicación profesional.

19. a) Relaciones con la comunidad.

20. b) Grave.

TEST N.º 3

Las Policías Locales de Canarias: estructura y organización. Derechos y deberes de sus miembros. Acceso, promoción y movilidad. Régimen disciplinario: faltas y sanciones. Procedimiento sancionador. Coordinación de las Policías Locales de Canarias. Modificación de la Ley 6/1997, de 4 de julio, de Coordinación de las Policías Locales de Canarias. La Academia Canaria de Seguridad

1. Los miembros de la Escala Ejecutiva de los Cuerpos de la Policía Local de Canarias se clasifican en el Grupo:

a) A.
b) B.
c) C.

2. Los empleos de Comisario Jefe y Comisario solo podrán existir:

a) En los municipios de más de 25.000 habitantes o en aquellos de inferior población que tengan una plantilla de más de 100 policías o, de tener menos, previo informe de la Comisión de Coordinación de Policías Locales de Canarias.

b) En los municipios de más de 30.000 habitantes o en aquellos de inferior población que tengan una plantilla de más de 125 policías o, de tener menos, previo informe de la Comisión de Coordinación de Policías Locales de Canarias.

c) En los municipios de más de 50.000 habitantes o en aquellos de inferior población que tengan una plantilla de más de 150 policías o, de tener menos, previo informe de la Comisión de Coordinación de Policías Locales de Canarias.

3. La jefatura de la Policía Local será nombrada por el alcalde de entre los miembros de la escala superior de las Policías Locales en virtud del procedimiento de libre designación con convocatoria pública, de acuerdo con los principios de:

a) Objetividad, mérito y capacidad.
b) Igualdad, objetividad, mérito y capacidad.
c) Igualdad, antigüedad, objetividad, mérito y capacidad.

4. Señala cuál de los siguientes no es uno de los principios a los que deberá de ajustarse la selección de los aspirantes al acceso de los diferentes empleos de los Cuerpos de Policía Local de Canarias:

a) Objetividad.
b) Capacidad.
c) Igualdad.

5. El acceso a las categorías de oficial, subinspector e inspector se realizará por promoción interna, mediante concurso-oposición, entre los miembros del Cuerpo que tengan un mínimo de antigüedad en la categoría inmediatamente inferior respectiva de:

a) Cinco años.
b) Tres años.
c) Dos años.

6. A quién corresponde elaborar el plan de carrera profesional de la Academia Canaria de Seguridad:

a) Al Consejero de Seguridad de Canarias.
b) Al Consejo de Gobierno de Canarias.
c) A la Comisión de Coordinación de las Policías Locales.

7. Los Policías Locales podrán pasar, previo acuerdo del Pleno, a la situación de segunda actividad por razón de edad, que en ningún caso será inferior a:

a) 60 años.
b) 58 años.
c) 57 años.

8. Los Policías Locales podrán desarrollar la segunda actividad sin destino, a partir de:

a) Los 63 años de edad.
b) Los 62 años de edad.
c) Los 60 años de edad.

9. El pase a una situación de segunda actividad sin destino representará, como máximo, una disminución de las retribuciones complementarias del empleo de:

a) Un 30 por 100.
b) Un 25 por 100.
c) Un 20 por 100.

10. Las faltas de respeto o consideración graves y manifiestas hacia los superio-res, los compañeros, los subordinados o los ciudadanos, constituyen una infracción de carácter:

a) Muy grave.
b) Grave.
c) Leve.

11. A los miembros de los Cuerpos de Policía Local les podrán ser impuestas la sanción por la comisión de faltas muy graves de suspensión de funciones de:

a) Cuatro a siete años.
b) Tres a seis años.
c) Dos a cinco años.

12. Para establecer la graduación de las sanciones, además de las faltas objeti-vamente cometidas, debe tenerse en cuenta, de acuerdo con el principio de propor-cionalidad:

a) El historial profesional del autor.
b) El grado de participación en la comisión u omisión.
c) El nivel jerárquico del autor de los hechos.

13. ¿A quién corresponde imponer la sanción de separación de servicio por la comisión de una falta muy grave?

a) Al Alcalde.
b) Al Pleno de la corporación.
c) Al Concejal de seguridad.

14. ¿Quién preside la Comisión de Coordinación de Policías Locales?

a) El Consejero competente en materia de coordinación de Policías Locales.
b) El Presidente del Gobierno de Canarias o la persona en quien él delegue.
c) El Director General competente en materia de coordinación de Policías Locales.

15. ¿Cuántos representantes de los ayuntamientos canarios elegidos por la Federación Canaria de Municipios forman parte como vocales de la Comisión de Coordinación de Policías Locales?

a) Cinco.
b) Tres.
c) Dos.

16. Señala la respuesta incorrecta respecto a la Comisión de Coordinación de Policías Locales:

a) Forman parte como vocales de la Comisión de Coordinación de Policías Locales cinco representantes de la Administración pública de la Comunidad Autónoma de Canarias designados por el Consejero, de los que, al menos, uno será de la Academia Canaria de Seguridad.

b) Corresponde a la Comisión proponer a los órganos competentes de las distintas Administraciones públicas la adopción de cuantas medidas consideren convenientes para la mejora de los servicios de los policías locales.

c) En el seno de la Comisión se constituirá una Subcomisión Gobierno de Canarias-Municipios, que sirva de foro de interlocución entre los representantes de ambas Administraciones respecto de los problemas derivados de la coordinación de las Policías Locales de Canarias.

17. ¿Cada cuánto tiempo se reúne, con carácter ordinario, la Comisión de Coordinación de Policías Locales?

a) Cada tres meses.
b) Cada dos meses.
c) Cada mes.

18. La solicitud o consecución de permuta de destino o de cambio de servicios con afán de lucro o con falsedad de las condiciones para tramitarlas, constituye una infracción de carácter:

a) Muy grave.
b) Grave.
c) Leve.

19. ¿Cuándo prescriben las faltas graves?

a) A los dos años a contar desde la fecha en que se hubiesen cometido.
b) Al año a contar desde la fecha en que se hubiesen cometido.
c) A los seis meses a contar desde la fecha en que se hubiesen cometido.

20. Señala la respuesta incorrecta respecto al procedimiento sancionador:

a) Corresponde al Alcalde, o al concejal en quien este delegue, la incoación del expediente disciplinario y el nombramiento de instructor y, en su caso, del secretario.

b) No podrá imponerse sanciones por cualquier tipo de faltas sino en virtud de un expediente instruido al efecto.

c) La imposición de las sanciones por faltas graves y leves corresponde también al Alcalde, o al concejal en quien este delegue.

Solución al test n.º 3

1. b) B.

2. c) En los municipios de más de 50.000 habitantes o en aquellos de inferior población que tengan una plantilla de más de 150 policías o, de tener menos, previo informe de la Comisión de Coordinación de Policías Locales de Canarias.

3. a) Objetividad, mérito y capacidad.

4. a) Objetividad.

5. c) Dos años.

6. b) Al Consejo de Gobierno de Canarias.

7. c) 57 años.

8. a) Los 63 años de edad.

9. c) Un 20 por 100.

10. b) Grave.

11. b) Tres a seis años.

12. b) El grado de participación en la comisión u omisión.

13. b) Al Pleno de la corporación.

14. a) El Consejero competente en materia de coordinación de Policías Locales.

15. a) Cinco.

16. a) Forman parte como vocales de la Comisión de Coordinación de Policías Locales cinco representantes de la Administración pública de la Comunidad Autónoma de Canarias designados por el Consejero, de los que, al menos, uno será de la Academia Canaria de Seguridad.

17. a) Cada tres meses.

18. c) Leve.

19. a) A los dos años a contar desde la fecha en que se hubiesen cometido.

20. b) No podrá imponerse sanciones por cualquier tipo de faltas sino en virtud de un expediente instruido al efecto.

TEST N.º 4

Normativa sobre protección de la seguridad ciudadana. Actividades de la Policía Local en materia de protección de la seguridad ciudadana. Regulación de la utilización de videocámaras por las Fuerzas y Cuerpos de Seguridad en lugares públicos y su normativa de desarrollo

1. Según dispone el artículo 8.1 de la Ley Orgánica 4/2015, de 30 de marzo, de protección de la seguridad ciudadana, los españoles tienen:

a) El deber de solicitar la expedición del Documento Nacional de Identidad.
b) El derecho y el deber a que se les expida el Documento Nacional de Identidad.
c) El derecho a que se les expida el Documento Nacional de Identidad.

2. ¿Qué documento o documentos son los únicos que, a tenor de lo dispuesto en la Ley Orgánica 4/2015, de 30 de marzo, de protección de la seguridad ciudadana, tiene o tienen suficiente valor por sí solos para la acreditación, a todos los efectos, de la identidad y los datos personales de su titular?

a) El Documento Nacional de Identidad.
b) El Documento Nacional de Identidad y el Pasaporte.
c) El Documento Nacional de Identidad y el Carné de Conducir.

3. ¿A partir de qué edad señala la Ley Orgánica 4/2015, de 30 de marzo, de protección de la seguridad ciudadana, que el Documento Nacional de Identidad será obligatorio?

a) A partir de los catorce años.
b) A partir de los quince años.
c) A partir de los dieciséis años.

4. ¿A quién corresponde, según determina la Ley Orgánica 4/2015, de 30 de marzo, de protección de la seguridad ciudadana, la competencia exclusiva para la dirección, organización y gestión de todos los aspectos referentes a la confección y expedición del Documento Nacional de Identidad, conforme a lo dispuesto en la Ley Orgánica 4/2015, de 30 de marzo y en la legislación sobre firma electrónica?

a) Al Ministerio del Interior.
b) Al Ministerio de Asuntos Económicos y Transformación Digital.
c) Conjuntamente al Ministerio del Interior y al Ministerio de Asuntos Económicos y Transformación Digital.

5. La custodia y responsabilidad de los archivos y ficheros relacionados con el Documento Nacional de Identidad es responsabilidad de:

a) La Subsecretaría del Interior.
b) La Dirección General de la Policía.
c) La Subdirección General de los Archivos Estatales.

6. A quién habrá de darse cuenta de manera inmediata de la sustracción o extravío del pasaporte:

a) A la Representación Diplomática o Consular de España en el extranjero.
b) A las Fuerzas y Cuerpos de Seguridad.
c) Las dos respuestas son correctas.

7. Señala la respuesta incorrecta respecto al Documento Nacional de Identidad:

a) Es personal e intransferible.
b) Su expedición es gratuita.
c) De su sustracción o extravío deberá darse cuenta tan pronto como sea posible a la comisaría de Policía o puesto de las Fuerzas y Cuerpos de Seguridad más próximo.

8. ¿Cuál de los siguientes principios habrá de respetar la práctica de los registros corporales?

a) El principio de legalidad.
b) El principio de injerencia mínima.
c) El principio de subsidiariedad.

9. ¿Cuándo podrán los alcaldes imponer las sanciones y adoptar las medidas previstas en la Ley Orgánica de protección de la seguridad ciudadana?

a) En ningún caso.
b) Siempre que las infracciones se cometieran en espacios públicos municipales o afecten a bienes de titularidad local.
c) Cuando las infracciones se cometieran en espacios públicos municipales o afecten a bienes de titularidad local, siempre que ostenten competencia sobre la materia de acuerdo con la legislación específica.

10. ¿Con qué frecuencia remitirá el órgano competente de la Administración al Ministerio Fiscal extracto de las diligencias de identificación con expresión del tiempo utilizado en cada una?

a) Anualmente.
b) Trimestralmente.
c) Mensualmente.

11. Señala la respuesta incorrecta respecto a la acreditación de la identidad de ciudadanos extranjeros:

a) Los extranjeros no podrán ser privados de su documentación de origen, salvo en el curso de investigaciones policiales o judiciales.
b) Los extranjeros que se encuentren en territorio español tienen el derecho y la obligación de conservar y portar consigo la documentación que acredite su identidad expedida por las autoridades competentes del país de origen o de procedencia, así como la que acredite su situación regular en España.
c) Los extranjeros estarán obligados a permitir la comprobación de las medidas de seguridad de su documentación, cuando fueran requeridos por las autoridades o sus agentes de conformidad con lo dispuesto en la ley, y por el tiempo imprescindible para dicha comprobación, sin perjuicio de poder demostrar su identidad por cualquier otro medio si no la llevaran consigo.

12. Según dispone el art. 4.2 de la Ley Orgánica de protección de la seguridad ciudadana, en particular, la actuación de los miembros de las Fuerzas y Cuerpos de Seguridad está sujeta a los principios básicos de actuación regulados en:

a) El artículo 6 de la Ley Orgánica 2/1986, de 13 de marzo, de Fuerzas y Cuerpos de Seguridad del Estado.
b) El artículo 6 de la Ley Orgánica 2/1986, de 13 de marzo, de Fuerzas y Cuerpos de Seguridad.
c) El artículo 5 de la Ley Orgánica 2/1986, de 13 de marzo, de Fuerzas y Cuerpos de Seguridad.

13. ¿Qué tipo de documento se les deberá de expedir a su salida a las personas que hayan sido desplazadas a dependencias policiales a efectos de identificación?

a) No será necesario entregar ningún tipo de volante acreditativo puesto que se remite mensualmente al Ministerio Fiscal copia de las diligencias practicadas.
b) Volante acreditativo del tiempo de permanencia en ellas y su causa.
c) Volante acreditativo del tiempo de permanencia en ellas, la causa y la identidad de los agentes actuantes.

14. Señala la respuesta incorrecta respecto a la entrada y registro en domicilio y edificios de organismos oficiales:

a) Cuando por las causas previstas en el artículo 15 de la LO 4/2015, las Fuerzas y Cuerpos de Seguridad entren en un domicilio particular o edificio de organismos oficiales, remitirán sin dilación el acta o atestado que instruyan a la autoridad judicial competente.

b) Para la entrada en edificios ocupados por organismos oficiales o entidades públicas, no será preciso el consentimiento de la autoridad o funcionario que los tuviere a su cargo.

c) Los agentes de las Fuerzas y Cuerpos de Seguridad sólo podrán proceder a la entrada y registro en domicilio en los casos permitidos por la Constitución y en los términos que fijen las Leyes.

15. Según la naturaleza y funciones del DNI:

a) Ningún español podrá ser privado del DNI, ni siquiera temporalmente.

b) Permite a sus titulares la identificación y la firma electrónica.

c) Tiene suficiente valor por sí solo para acreditar los datos personales de su titular.

16. Señala cuál de los siguientes no es uno de los fines de la Ley Orgánica 4/2015, de 30 de marzo y de la acción de los poderes públicos en su ámbito de aplicación:

a) La igualdad en la actuación de los poderes públicos en materia de seguridad ciudadana.

b) La pacífica utilización de vías y demás bienes demaniales y, en general, espacios destinados al uso y disfrute público.

c) La preservación de la seguridad y la convivencia ciudadanas.

17. Entre los requisitos para la expedición de un pasaporte a un menor de edad, se encuentra:

a) La autorización por escrito de un progenitor.

b) La firma del menor en presencia de sus progenitores.

c) La autorización por escrito de ambos progenitores o quien tenga la tutela del menor.

18. Si reside en el extranjero, ¿dónde puede obtener su DNI?

a) En el Consulado español, si lo hay, del país donde reside.

b) El DNI no puede obtenerse desde el extranjero.

c) Mediante solicitud al Ministerio de Asuntos Exteriores, Unión Europea y Cooperación.

19. Señala la respuesta incorrecta respecto a los registros corporales externos según la Ley Orgánica 4/2015, de 30 de marzo:

a) El registro se realizará en todo caso por un agente del mismo sexo que la persona sobre la que se practique esta diligencia.

b) Podrá practicarse el registro corporal externo y superficial de la persona cuando existan indicios racionales para suponer que puede conducir al hallazgo de instrumentos, efectos u otros objetos relevantes para el ejercicio de las funciones de indagación y prevención que encomiendan las leyes a las Fuerzas y Cuerpos de Seguridad.

c) Salvo que exista una situación de urgencia por riesgo grave e inminente para los agentes y si exigiera dejar a la vista partes del cuerpo normalmente cubiertas por ropa, se efectuará en un lugar reservado y fuera de la vista de terceros.

20. El ejercicio de las potestades y facultades reconocidas por la Ley Orgánica de protección de la seguridad ciudadana a las administraciones públicas y, específicamente, a las autoridades y demás órganos competentes en materia de seguridad ciudadana y a los miembros de las Fuerzas y Cuerpos de Seguridad se someterá al control:

a) Político y judicial.
b) Gubernativo y jurisdiccional.
c) Administrativo y jurisdiccional.

Solución al test n.º 4

1. c) El derecho a que se les expida el Documento Nacional de Identidad.

2. a) El Documento Nacional de Identidad.

3. a) A partir de los catorce años.

4. a) Al Ministerio del Interior.

5. b) La Dirección General de la Policía.

6. c) Las dos respuestas son correctas.

7. b) Su expedición es gratuita.

8. b) El principio de injerencia mínima.

9. c) Cuando las infracciones se cometieran en espacios públicos municipales o afecten a bienes de titularidad local, siempre que ostenten competencia sobre la materia de acuerdo con la legislación específica.

10. c) Mensualmente.

11. a) Los extranjeros no podrán ser privados de su documentación de origen, salvo en el curso de investigaciones policiales o judiciales.

12. c) El artículo 5 de la Ley Orgánica 2/1986, de 13 de marzo, de Fuerzas y Cuerpos de Seguridad.

13. c) Volante acreditativo del tiempo de permanencia en ellas, la causa y la identidad de los agentes actuantes.

14. a) Cuando por las causas previstas en el artículo 15 de la LO 4/2015, las Fuerzas y Cuerpos de Seguridad entren en un domicilio particular o edificio de organismos oficiales, remitirán sin dilación el acta o atestado que instruyan a la autoridad judicial competente.

15. c) Tiene suficiente valor por sí solo para acreditar los datos personales de su titular.

16. a) La igualdad en la actuación de los poderes públicos en materia de seguridad ciudadana.

17. c) La autorización por escrito de ambos progenitores o quien tenga la tutela del menor.

18. b) El DNI no puede obtenerse desde el extranjero.

19. a) El registro se realizará en todo caso por un agente del mismo sexo que la persona sobre la que se practique esta diligencia.

20. c) Administrativo y jurisdiccional.

TEST N.º 5

La policía judicial. Integrantes de la policía judicial y funciones.
El atestado policial: contenido y partes. Conocimiento de la
Autoridad judicial o del Ministerio Fiscal:
plazos y sanciones por incumplimiento

1. ¿Qué artículo de la Carta Magna prevé la existencia de la Policía Judicial?

a) El art. 103.
b) El art. 106.1.
c) El art. 126.

2. Los Cuerpos de Policía Autonómica y Local actúan desarrollando funciones de policía judicial con el carácter de:

a) Competencia propia.
b) Colaboradores de las Fuerzas y Cuerpos de Seguridad del Estado.
c) Los Cuerpos de Policía Autonómica sí pueden desarrollar labores de policía judicial pero los Cuerpos de Policía Local no.

3. Al margen del eventual desarrollo de funciones de Policía Judicial por cualquier miembro de las Fuerzas y Cuerpos de Seguridad, los arts. 30 LOFCS, 548 LOPJ y 6 y siguientes del RD 769/87, regulan la creación de Unidades Orgánicas de Policía Judicial, a quienes compete con carácter:

a) Exclusivo y permanente.
b) Propio y especial.
c) Permanente y especial.

4. Conforme al art. 9 RD 769/87, las Unidades Orgánicas de la Policía Judicial se estructuran con arreglo a criterios de distribución:

a) Territorial sobre una base local.
b) Territorial sobre una base provincial.
c) Territorial sobre una base comarcal.

5. ¿Por qué razones podrán constituirse Unidades Orgánicas de la Policía Judicial con ámbito de actuación que exceda el provincial?

a) Por razones de especialización delictual.
b) Por razones de técnicas de investigación.
c) Las dos respuestas son correctas.

6. ¿Quién podrá asignar con carácter permanente y estable a los Juzgados y Tribunales que por su ritmo de actividades lo requieran Unidades de Policía Judicial especialmente adscritas a los mismos?

a) El Ministro de Justicia.
b) El Ministro del Interior.
c) Los Directores Generales de la Policía y de la Guardia Civil.

7. De conformidad con el art. 549 LOPJ, corresponde específicamente a las Unidades de Policía Judicial:

a) La realización material de las actuaciones que exijan el ejercicio de la coerción y ordenare la Autoridad Judicial o Fiscal.
b) La averiguación acerca de los responsables y circunstancias de los hechos delictivos y la detención de los primeros, dando cuenta seguidamente a la Autoridad Judicial y Fiscal, conforme a lo dispuesto en las leyes.
c) Todas las respuestas son correctas.

8. ¿De quién dependen funcionalmente las Unidades Orgánicas de Policía Judicial?

a) De la Secretaría de Estado de Seguridad.
b) De la Comisaría General de Policía Judicial.
c) De los Jueces, Tribunales o miembros del Ministerio Fiscal que estén conociendo del asunto objeto de su investigación.

9. En las diligencias o actuaciones que lleven a cabo por encargo y bajo la supervisión de los Jueces, Tribunales o Fiscales competentes, los funcionarios integrantes de las Unidades Orgánicas de la Policía Judicial tendrán el carácter de:

a) Agentes de la Autoridad.
b) Autoridad.
c) Comisionados de los Jueces, Tribunales o Fiscales.

10. Los Funcionarios de las Unidades Orgánicas de Policía Judicial no podrán ser removidos o apartados de la investigación concreta que se les hubiere encomendado, hasta que finalice la misma o la fase procesal que la originó, si no es por decisión o con la autorización de:

a) El Juez o Fiscal competente.
b) El Ministro del Interior.
c) El Director Adjunto Operativo.

11. Quién preside la Comisión Nacional de Coordinación de la Policía Judicial:

a) El Ministro del Interior.
b) El Presidente del Tribunal Supremo y del Consejo General del Poder Judicial.
c) El Ministro de Justicia.

12. ¿Cuántos Vocales del Consejo General del Poder Judicial, nombrados y separados libremente por el Pleno de dicho órgano forman parte de la Comisión Nacional de Coordinación de la Policía Judicial?

a) Tres.
b) Dos.
c) Uno.

13. ¿Quién preside las Comisiones Provinciales de Coordinación de la Policía Judicial?

a) Los Alcaldes.
b) Los Delegados o Subdelegados del Gobierno.
c) Los Presidentes de la Audiencias Provinciales.

14. ¿Con qué periodicidad se reúnen las Comisiones Provinciales de Coordinación de la Policía Judicial, a convocatoria de su Presidente que fijará el orden del día?

a) Semestral.
b) Trimestral.
c) Mensual.

15. Señala la respuesta incorrecta respecto a la forma de realización del atestado:

a) El atestado será firmado por el que lo haya extendido y, si usa sello, estampándolo con su rúbrica en todas las hojas.
b) Su puesta de conocimiento a la Autoridad Judicial o al Ministerio Fiscal debe efectuarse en el plazo más inmediato y nunca después de las setenta y dos horas de producido el hecho que lo ocasiona, so pena de incurrir en falta disciplinaria.
c) Cuando el funcionario a quien corresponda no pudiere redactar el atestado, se sustituirá por una relación verbal circunstanciada, que reducirá a escrito de un modo fehaciente el funcionario del Ministerio Fiscal o el Juez a quien deba presentarse, manifestándose el motivo de no haberse redactado en la forma ordinaria.

16. Señala una de las atribuciones de la Comisión Nacional de Coordinación de la Policía Judicial:

a) Unificar criterios e impartir instrucciones en relación con la actuación de las Comisiones Provinciales.
b) Informar los anteproyectos de disposiciones generales reguladoras de la Policía Judicial.
c) Todas las respuestas son correctas.

17. No forma parte de las Comisiones Provinciales de Coordinación de la Policía Judicial:

a) El Presidente del Colegio de Abogados.
b) El Magistrado Juez Decano de los Juzgados de Primera Instancia e Instrucción de la capital de la Provincia.
c) El Jefe de la Unidad Orgánica de Policía Judicial de la Guardia Civil.

18. La integración de funcionarios policiales en Unidades Orgánicas de la Policía Judicial requerirá una previa formación especializada, que se acreditará mediante el correspondiente título obtenido tras la superación de las pruebas que al efecto se establezcan, para lo que será imprescindible estar en posesión del diploma expedido por:

a) La Escuela de Prácticas Jurídicas del Ministerio de Justicia.
b) El Centro de Actualización y Formación Jurídica del Consejo General del Poder Judicial.
c) El Centro de Estudios Jurídicos adscrito al Ministerio de Justicia.

19. Señala la respuesta incorrecta respecto a las Unidades de la Policía Judicial Adscritas a determinados Juzgados, Tribunales o Fiscalías:

a) Las Unidades adscritas se compondrán exclusivamente de funcionarios diplomados y especializados en Policía Judicial que hayan superado los cursos de selección.
b) En los supuestos en que se adscriban a órganos jurisdiccionales o fiscales de ámbito nacional, autonómico, supraprovincial o provincial, la dependencia directa se entenderá referida al respectivo Presidente o Fiscal Jefe.
c) Estas Unidades formarán parte integrante de la correspondiente Unidad Orgánica provincial, en cuya estructura se incardinarán y de cuyos medios materiales y humanos se surtirán.

20. ¿Cuántos miembros de la Carrera Judicial, nombrados y separados por el Consejo General del Poder Judicial, que tengan, al menos, la categoría de Magistrado, forman parte de la Comisión Nacional de Coordinación de la Policía Judicial?

a) Tres.
b) Dos.
c) Uno.

Solución al test n.º 5

1. c) El art. 126.

2. b) Colaboradores de las Fuerzas y Cuerpos de Seguridad del Estado.

3. c) Permanente y especial.

4. b) Territorial sobre una base provincial.

5. c) Las dos respuestas son correctas.

6. b) El Ministro del Interior.

7. c) Todas las respuestas son correctas.

8. c) De los Jueces, Tribunales o miembros del Ministerio Fiscal que estén conociendo del asunto objeto de su investigación.

9. c) Comisionados de los Jueces, Tribunales o Fiscales.

10. a) El Juez o Fiscal competente.

11. b) El Presidente del Tribunal Supremo y del Consejo General del Poder Judicial.

12. c) Uno.

13. c) Los Presidentes de la Audiencias Provinciales.

14. c) Mensual.

15. b) Su puesta de conocimiento a la Autoridad Judicial o al Ministerio Fiscal debe efectuarse en el plazo más inmediato y nunca después de las setenta y dos horas de producido el hecho que lo ocasiona, so pena de incurrir en falta disciplinaria.

16. c) Todas las respuestas son correctas.

17. a) El Presidente del Colegio de Abogados.

18. c) El Centro de Estudios Jurídicos adscrito al Ministerio de Justicia.

19. a) Las Unidades adscritas se compondrán exclusivamente de funcionarios diplomados y especializados en Policía Judicial que hayan superado los cursos de selección.

20. c) Uno.

TEST N.º 6

El sistema de protección civil. Normativa básica de Protección Civil y sus normas de desarrollo. El Sistema Canario de Emergencias: principios básicos. Conceptos y contenidos básicos de los planes de emergencia

1. ¿Cuál es la Ley del Sistema Nacional de Protección Civil?

a) La Ley 33/2019, de 21 de marzo.
b) La Ley 17/2015, de 9 de julio.
c) La Ley 2/1985, de 21 de enero.

2. ¿Cómo define la Ley del Sistema Nacional de Protección Civil a la característica de una colectividad de personas o bienes que los hacen susceptibles de ser afectados en mayor o menor grado por un peligro en determinadas circunstancias?

a) Inseguridad.
b) Vulnerabilidad.
c) Debilidad.

3. ¿Cómo define la Ley del Sistema Nacional de Protección Civil a una situación o acontecimiento que altera o interrumpe sustancialmente el funcionamiento de una comunidad o sociedad por ocasionar gran cantidad de víctimas, daños e impactos materiales, cuya atención supera los medios disponibles de la propia comunidad?

a) Hecatombe.
b) Siniestro.
c) Catástrofe.

4. ¿A quién corresponde aprobar las líneas básicas de la Estrategia del Sistema Nacional de Protección Civil y las directrices para su implantación, seguimiento y evaluación periódica?

a) Al Ministro del Interior.
b) Al Secretario de Estado de Seguridad.
c) Al Consejo Nacional de Protección Civil.

5. ¿Cada cuánto tiempo se revisa, al menos la Estrategia del Sistema Nacional de Protección Civil?

a) Cada dos años.
b) Cada cuatro años.
c) Cada cinco años.

6. ¿Quién aprueba la Estrategia del Sistema Nacional de Protección Civil?

a) El Ministro del Interior.
b) El Secretario de Estado de Seguridad.
c) El Consejo de Seguridad Nacional.

7. Señala cuál de los siguientes no es uno de los principios que a tenor de la Ley 17/2015, de 9 de julio, rige las actuaciones del Sistema Nacional de Protección Civil:

a) Eficacia.
b) Inclusión.
c) Solidaridad interterritorial.

8.¿ A quién corresponde aprobar los Planes Básicos, los Planes Especiales de Ámbito Estatal así como las Directrices Básicas?

a) Al Gobierno.
b) Al Ministro del Interior.
c) A la Comisión Nacional de Protección Civil.

9. Señala uno de los principios básicos del Sistema Canario de Emergencias:

a) Centralización, coordinación y subsidiariedad.
b) Solidaridad en la asunción de riesgos.
c) Todas las respuestas son correctas.

10. ¿Qué Real Decreto aprueba la Norma Básica de Protección Civil?

a) El Real Decreto 166/1999, de 13 de mayo.
b) El Real Decreto 34/2010, de 1 de junio.
c) El Real Decreto 524/2023, de 20 de junio.

11. ¿Quién preside el Comité Técnico de Seguimiento de la Estrategia Nacional de Protección Civil?

a) El Ministro del Interior.
b) El Subsecretario del Interior.
c) El Secretario de Estado de Seguridad.

12. Señala uno de los objetivos del Plan Estatal General de Emergencias de Protección Civil:

a) Organizar el apoyo del Sistema Nacional de Protección Civil a otros Sistemas Nacionales en supuestos de graves crisis que requieran la aportación de medios, recursos y organización propios del Sistema Nacional de Protección Civil.

b) Integrar al Sistema Nacional de Protección Civil en el Sistema de Seguridad Nacional.

c) Todas las respuestas son correctas.

13. ¿Cuál es el órgano responsable de la gestión de las competencias en materia de seguridad, emergencias, protección civil, incluidas la ordenación y coordinación supramunicipal de las policías locales de Canarias, el Cuerpo General de la Policía Canaria, la seguridad privada, animales potencialmente peligrosos y salvamento marítimo?

a) La Dirección General de Seguridad y Emergencias.

b) La Dirección General de Emergencias.

c) La Dirección General de Policía y Emergencias.

14. ¿Cómo se denominan los Planes que se elaboran para hacer frente a las emergencias generales que se puedan presentar en cada ámbito territorial de Comunidad Autónoma y de ámbito inferior y establecen la organización de los servicios y recursos que procedan?

a) Planes Locales.

b) Planes Territoriales.

c) Planes Especiales.

15. ¿Cómo se definen los Planes que se elaboran para hacer frente a los riesgos específicos cuya naturaleza requiere una metodología técnico-científica adecuada para cada uno de ellos?

a) Planes Especiales.

b) Planes Sectoriales.

c) Planes Individuales.

16. ¿Dónde deberán publicarse los acuerdos o decretos de aprobación de los planes de emergencias de la Comunidad Autónoma de Canarias?

a) En el Boletín Oficial del Estado.

b) En el Boletín Oficial de Canarias.

c) En el Boletín Oficial del Estado y en el Boletín Oficial de Canarias.

17. Señala uno de los riesgos que han de ser objeto de Plan Especial en aquellos ámbitos territoriales que lo requieran:

a) Inundaciones.

b) Transporte de mercancías.

c) Quema de pastos.

18. ¿Cómo define la Ley del Sistema Nacional de Protección Civil a la situación en la que personas y bienes preservados por la protección civil están expuestos en mayor o menor medida a un peligro inminente o latente?

a) Peligro.
b) Riesgo.
c) Amenaza.

19. La posibilidad de que una amenaza llegue a afectar a colectivos de personas o a bienes, es definida en la Ley del Sistema Nacional de Protección Civil como:

a) Riesgo.
b) Amenaza.
c) Peligro.

20. ¿Cómo define la Ley del Sistema Nacional de Protección Civil a los servicios necesarios para el mantenimiento de las funciones sociales básicas, la salud, la seguridad, el bienestar social y económico de los ciudadanos, o el eficaz funcionamiento de las instituciones del Estado y las Administraciones Públicas?

a) Servicios fundamentales.
b) Servicios esenciales.
c) Servicios básicos.

Solución al test n.º 6

1. b) La Ley 17/2015, de 9 de julio.

2. b) Vulnerabilidad.

3. c) Catástrofe.

4. c) Al Consejo Nacional de Protección Civil.

5. b) Cada cuatro años.

6. c) El Consejo de Seguridad Nacional.

7. a) Eficacia.

8. a) Al Gobierno.

9. b) Solidaridad en la asunción de riesgos.

10. c) El Real Decreto 524/2023, de 20 de junio.

11. b) El Subsecretario del Interior.

12. c) Todas las respuestas son correctas.

13. a) La Dirección General de Seguridad y Emergencias.

14. b) Planes Territoriales.

15. a) Planes Especiales.

16. b) En el Boletín Oficial de Canarias.

17. a) Inundaciones.

18. c) Amenaza.

19. a) Riesgo.

20. b) Servicios esenciales.

TEST N.º 7

**Las relaciones entre policía y sociedad.
Policía comunitaria o de proximidad. Sistemas de patrullaje.
Recogida y tratamiento de datos. Creación y gestión de archivos.
Protección de datos de carácter personal**

1. ¿Qué artículo de la Carta Magna dispone que la Ley limitará el uso de la informática para garantizar el honor y la intimidad personal y familiar de los ciudadanos y el pleno ejercicio de sus derechos?

a) El art. 18.2.
b) El art. 18.4.
c) El art. 20.1.

2. La Agencia Española de Protección de Datos, Autoridad Administrativa Independiente se relaciona con el Gobierno a través de:

a) El Defensor del Pueblo.
b) El Ministerio de Política Territorial.
c) El Ministerio de Justicia.

3. El incumplimiento de la obligación de suprimir los datos referidos a una persona fallecida cuando ello fuera exigible, a tenor de lo dispuesto en el capítulo VIII del RGPD y en el capítulo IX de la LO 3/2018, constituye una infracción de carácter:

a) Muy grave.
b) Grave.
c) Leve.

4. La utilización de los datos para una finalidad que no sea compatible con la finalidad para la cual fueron recogidos, sin contar con el consentimiento del afectado o con una base legal para ello, constituye una infracción de carácter:

a) Muy grave.
b) Grave.
c) Leve.

5. Señala cuál de las siguientes no es una infracción muy grave en materia de protección de datos a tenor de lo dispuesto en el capítulo VIII del RGPD y en el capítulo IX de la LO 3/2018:

a) No acreditar la realización de esfuerzos razonables para verificar la validez del consentimiento prestado por un menor de edad o por el titular de su patria potestad o tutela sobre el mismo.

b) El incumplimiento de la obligación de bloqueo de los datos cuando la misma sea exigible.

c) No facilitar el acceso del personal de la autoridad de protección de datos competente a los datos personales, información, locales, equipos y medios de tratamiento que sean requeridos por la autoridad de protección de datos para el ejercicio de sus poderes de investigación.

6. No disponer del registro de actividades de tratamiento, a tenor de lo dispuesto en el capítulo VIII del RGPD y en el capítulo IX de la LO 3/2018, constituye una infracción de carácter:

a) Muy grave.
b) Grave.
c) Leve.

7. ¿Cuándo prescribirán las infracciones muy graves en materia de protección de datos?

a) A los cinco años.
b) A los tres años.
c) A los dos años.

8. Obtener la acreditación como organismo de certificación presentando información inexacta sobre el cumplimiento de los requisitos exigidos, constituye, a tenor de lo dispuesto en el capítulo VIII del RGPD y en el capítulo IX de la LO 3/2018, una infracción de carácter:

a) Muy grave.
b) Grave.
c) Leve.

9. Si el niño es menor de 16 años, el tratamiento de sus datos personales para uno o varios fines específicos en relación con la oferta directa a niños de servicios de la sociedad de la información, únicamente se considerará lícito si el consentimiento lo dio o autorizó el titular de la patria potestad o tutela sobre el niño, y solo en la medida en que se dio o autorizó. Los Estados miembros podrán establecer por ley una edad inferior a tales fines, siempre que esta no sea inferior a:

a) 13 años.
b) 12 años.
c) 11 años.

10. ¿Cómo se denomina el tratamiento de datos personales de manera tal que ya no puedan atribuirse a un interesado sin utilizar información adicional, siempre que dicha información adicional figure por separado y esté sujeta a medidas técnicas y organizativas destinadas a garantizar que los datos personales no se atribuyan a una persona física identificada o identificable?

a) Anonimato digital.
b) Aislación.
c) Seudonimización.

11. ¿Qué principio relativo al tratamiento dispone que los datos personales serán adecuados, pertinentes y limitados a lo necesario en relación con los fines para los que son tratados?

a) El principio de responsabilidad.
b) El principio de minimización de datos.
c) El principio de exactitud.

12. Conforme al Reglamento General de Protección de Datos, cuando se aplique el consentimiento para el tratamiento de sus datos personales para uno o varios fines específicos en relación con la oferta directa a niños de servicios de la sociedad de la información, el tratamiento de los datos personales de un niño se considerará lícito cuando tenga como mínimo:

a) 13 años.
b) 14 años.
c) 16 años.

13. La LO 3/2018, de 5 de diciembre, en su artículo 7 establece que el tratamiento de los datos personales de un menor de edad únicamente podrá fundarse en su consentimiento cuando sea mayor de:

a) Catorce años.
b) Trece años.
c) Doce años.

14. ¿Mediante qué norma se establecerán los requisitos y condiciones para acreditar la validez y vigencia de los mandatos e instrucciones sobre el acceso a los datos, rectificación o supresión de las personas fallecidas y, en su caso, el registro de los mismos?

a) Mediante ley orgánica.
b) Mediante real decreto.
c) Mediante reglamento.

15. En caso de fallecimiento de menores, las facultades de acceso a los datos, rectificación o supresión de los mismos, podrán ejercerse, además de por sus representantes legales, por:

a) El Juzgado de Guardia.
b) El Juez de Menores.
c) El Ministerio Fiscal.

16. Las personas vinculadas al fallecido por razones familiares o de hecho así como sus herederos podrán dirigirse al responsable o encargado del tratamiento al objeto de solicitar el acceso a los datos personales de aquella y, en su caso, su rectificación o supresión. Como excepción, dichas personas no podrán acceder a los datos del causante, ni solicitar su rectificación o supresión, cuando la persona fallecida lo hubiese prohibido expresamente o así lo establezca una ley. Dicha prohibición no afectará al derecho de los herederos a acceder a los datos de carácter:

a) Personal del causante.
b) Profesional del causante.
c) Patrimonial del causante.

17. Los responsables y encargados del tratamiento de datos así como todas las personas que intervengan en cualquier fase de este estarán sujetas al deber de:

a) Sigilo.
b) Secreto.
c) Confidencialidad.

18. Conforme al artículo 5.1.d) del Reglamento (UE) 2016/679 los datos serán:

a) Aproximados y, si fuere necesario, actualizados.
b) Aproximados y, en ningún caso, actualizados.
c) Exactos y, si fuere necesario, actualizados.

19. Cuando se pretenda fundar el tratamiento de los datos en el consentimiento del afectado para una pluralidad de finalidades será preciso que conste de manera específica e inequívoca que dicho consentimiento se otorga:

a) Para todas ellas.
b) Para todas o algunas de ellas.
c) A cuál de ellas se otorga.

20. El deber de confidencialidad y de secreto profesional de los responsables y encargados del tratamiento de datos:

a) Se mantendrán hasta diez años después de que finalice la relación del obligado con el responsable o encargado del tratamiento.

b) Se mantendrán hasta que finalice la relación del obligado con el responsable o encargado del tratamiento.

c) Se mantendrán aun cuando hubiese finalizado la relación del obligado con el responsable o encargado del tratamiento.

Solución al test n.º 7

1. b) El art. 18.4.

2. c) El Ministerio de Justicia.

3. c) Leve.

4. a) Muy grave.

5. a) No acreditar la realización de esfuerzos razonables para verificar la validez del consentimiento prestado por un menor de edad o por el titular de su patria potestad o tutela sobre el mismo.

6. b) Grave.

7. b) A los tres años.

8. b) Grave.

9. a) 13 años.

10. c) Seudonimización.

11. b) El principio de minimización de datos.

12. c) 16 años.

13. a) Catorce años.

14. b) Mediante real decreto.

15. c) El Ministerio Fiscal.

16. c) Patrimonial del causante.

17. c) Confidencialidad.

18. c) Exactos y, si fuere necesario, actualizados.

19. a) Para todas ellas.

20. c) Se mantendrán aun cuando hubiese finalizado la relación del obligado con el responsable o encargado del tratamiento.

TEST N.º 8

Deontología policial: ética y actividad policial. Policía y sistema de valores en democracia. Resoluciones y recomendaciones de la Asamblea parlamentaria del Consejo de Europa, y de la Asamblea General de las Naciones Unidas sobre deontología policial

1. ¿Cuál es la disciplina filosófica que trata de la valoración moral de los actos humanos, y que se constituye en un conjunto de principios y de normas morales que regulan las actividades humanas?

a) Metaética.
b) Ética.
c) Deontología.

2. ¿Para qué teoría lo moral es simplemente lo regulado con normas por ser algo que se considera vitalmente importante, o fuente de conflictos internos o causa de conflictos externos?

a) Para el descriptivismo ético.
b) Para el prescriptivismo ético.
c) Para el emotivismo ético.

3. ¿Quién concebía al policía como un ciudadano de uniforme?

a) Kluckhohn.
b) Sir Robert Peel.
c) Richard B. Brandt.

4. ¿Qué norma dispone que corresponde a todos los funcionarios de policía cumplir los deberes que le impone la ley, protegiendo a sus conciudadanos y a la colectividad contra las violencias, los actos depredatorios y los otros perjudiciales definidos por la ley?

a) La Ley Orgánica 2/1986, de Fuerzas y Cuerpos de Seguridad.
b) La Resolución 690 de 1979, de la Asamblea Parlamentaria del Consejo de Europa.
c) El Código de Conducta para funcionarios encargados de hacer cumplir la ley, Resolución 34/169, de Naciones Unidas.

5. ¿Qué norma dispone en su articulado que los funcionarios encargados de hacer cumplir la ley cumplirán en todo momento los deberes que les impone la ley, sirviendo a su comunidad y protegiendo a todas las personas contra actos ilegales, en consonancia con el alto grado de responsabilidad exigido por su profesión?

a) La Ley Orgánica 2/1986, de Fuerzas y Cuerpos de Seguridad.

b) La Resolución 690 de 1979, de la Asamblea Parlamentaria del Consejo de Europa.

c) El Código de Conducta para funcionarios encargados de hacer cumplir la ley, Resolución 34/169, de Naciones Unidas.

6. Según el artículo 5 de la Ley Orgánica 2/1986, de 13 de marzo, de Fuerzas y Cuerpos de Seguridad "impedir, en el ejercicio de su actuación profesional, cualquier práctica abusiva, arbitraria o discriminatoria que entrañe violencia física o moral", se encuadra en el principio básico de:

a) Adecuación al ordenamiento jurídico.

b) Relaciones con la comunidad.

c) Dedicación profesional.

7. ¿Qué principio básico de actuación de los miembros de las Fuerzas y Cuerpos de Seguridad establece que los mismos deberán abstenerse de todo acto de corrupción y oponerse a él resueltamente?

a) Relaciones con la comunidad.

b) Responsabilidad.

c) Adecuación al ordenamiento jurídico.

8. Según los Principios Básicos de Actuación de la LO 2/86, los miembros de las Fuerzas y Cuerpos de Seguridad, respetarán:

a) A la Constitución y demás normativa vigente.

b) A la Constitución y demás leyes orgánicas del Estado.

c) A la Constitución y al resto del ordenamiento jurídico.

9. ¿En qué casos los miembros de las Fuerzas y Cuerpos de Seguridad podrán cumplir órdenes que constituyan comportamientos contrarios a la ley?

a) Solo si el mal causado es inferior al que se trata de evitar.

b) Solo si las órdenes se reciben por escrito y bajo la responsabilidad de un superior.

c) En ningún caso.

10. Los miembros de las Fuerzas y Cuerpos de Seguridad deberán intervenir:

a) Siempre que se esté de servicio o, sin estarlo, cuando fueren requeridos para ello.

b) En cualquier tiempo y lugar, estén o no de servicio, en defensa de la ley y seguridad ciudadana.

c) Única y exclusivamente cuando se esté de servicio y dentro de su competencia territorial.

11. ¿Qué principio básico de actuación dispone que en todas sus intervenciones los miembros de las Fuerzas y Cuerpos de Seguridad, proporcionarán información cumplida, y tan amplia como sea posible, sobre las causas y finalidad de las mismas?

a) Relaciones con la comunidad.
b) Adecuación al ordenamiento jurídico.
c) Responsabilidad.

12. ¿Cuáles son los principios básicos de actuación establecidos en la Ley Orgánica de Fuerzas y Cuerpos de Seguridad?

a) Adecuación al ordenamiento jurídico, tratamiento de detenidos, dedicación profesional, secreto profesional y responsabilidad.
b) Adecuación al ordenamiento jurídico, integridad, tratamiento de detenidos, dedicación profesional, secreto profesional y responsabilidad.
c) Adecuación al ordenamiento jurídico, relaciones con la comunidad, tratamiento de detenidos, dedicación profesional, secreto profesional y responsabilidad.

13. ¿En qué principio básico de actuación se contempla el uso de armas?

a) Adecuación al ordenamiento jurídico.
b) Relaciones con la comunidad.
c) Responsabilidad.

14. ¿A quién afectan exclusivamente los Principios Básicos de Actuación, recogidos en la LO 2/86?

a) A las Fuerzas y Cuerpos de Seguridad.
b) A las Fuerzas y Cuerpos de Seguridad del Estado y Policías Autonómicas.
c) A las Fuerzas y Cuerpos de Seguridad del Estado.

15. ¿Qué son, para las FF y CC de S. del Estado, los Principios Básicos de Actuación?

a) Las bases de la conducta y disciplina policial.
b) Las normas básicas legales de su actuación personal.
c) Los ejes fundamentales de desarrollo de la función policial.

16. ¿Qué principio básico de actuación dispone que solamente deberán utilizar las armas en las situaciones en que exista un riesgo racionalmente grave para su vida, su integridad física o las de terceras personas, o en aquellas circunstancias que puedan suponer un grave riesgo para la seguridad ciudadana?

a) Relaciones con la comunidad.
b) Adecuación al ordenamiento jurídico.
c) Responsabilidad.

17. De los siguientes principios, uno de ellos no corresponde a los Principios Básicos de Actuación de los miembros de las Fuerzas y Cuerpos de Seguridad:

a) Tratamiento de Detenidos.
b) Defensa Integral de los Ciudadanos.
c) Relaciones con la Comunidad.

18. Los miembros de las Fuerzas y Cuerpos de Seguridad deberán guardar secreto profesional:

a) Respecto de todo aquello que conozcan en las dependencias policiales.
b) Respecto de todo aquello que conozcan de forma confidencial.
c) Respecto de todo aquello que conozcan en la prestación de sus servicios.

19. El uso del arma por un policía debe ajustarse a los principios de:

a) Legitimidad, prudencia y proporcionalidad.
b) Legalidad, oportunidad y proporcionalidad.
c) Oportunidad, congruencia y proporcionalidad.

20. La Ley Orgánica 2/86 dice textualmente que los miembros de las Fuerzas y Cuerpos de Seguridad deberán identificarse debidamente como tales:

a) Antes de proceder a la detención.
b) En el momento de la detención.
c) Tan pronto como sea posible.

Solución al test n.º 8

1. b) Ética.

2. a) Para el descriptivismo ético.

3. b) Sir Robert Peel.

4. b) La Resolución 690 de 1979, de la Asamblea Parlamentaria del Consejo de Europa.

5. c) El Código de Conducta para funcionarios encargados de hacer cumplir la ley, Resolución 34/169, de Naciones Unidas.

6. b) Relaciones con la comunidad.

7. c) Adecuación al ordenamiento jurídico.

8. c) A la Constitución y al resto del ordenamiento jurídico.

9. c) En ningún caso.

10. b) En cualquier tiempo y lugar, estén o no de servicio, en defensa de la ley y seguridad ciudadana.

11. a) Relaciones con la comunidad.

12. c) Adecuación al ordenamiento jurídico, relaciones con la comunidad, tratamiento de detenidos, dedicación profesional, secreto profesional y responsabilidad.

13. b) Relaciones con la comunidad.

14. a) A las Fuerzas y Cuerpos de Seguridad.

15. c) Los ejes fundamentales de desarrollo de la función policial.

16. a) Relaciones con la comunidad.

17. b) Defensa Integral de los Ciudadanos.

18. c) Respecto de todo aquello que conozcan en la prestación de sus servicios.

19. c) Oportunidad, congruencia y proporcionalidad.

20. b) En el momento de la detención.

Derecho Penal
y Procesal

TEST N.º 9

Los delitos y sus penas. Circunstancias modificativas de la responsabilidad criminal: atenuantes, Agravantes y Eximentes. Delitos contra la vida y la integridad física: homicidio y lesiones. Delitos contra la libertad. Delitos contra la libertad e indemnidad sexuales. La omisión del deber de socorro

1. El concepto de delito que aparece en el Código Penal se encuentra en el artículo:

a) 12.
b) 10.
c) 9.

2. El artículo 10 dice lo siguiente:

a) «Son delitos o faltas, las acciones y omisiones dolosas o imprudentes penadas por la ley».
b) «Son delitos o faltas, las acciones y omisiones voluntarias penadas por la ley».
c) «Son delitos, las acciones y omisiones dolosas o imprudentes penadas por la ley».

3. La definición jurídica tradicional de delito es:

a) Acción típica, culpable y punible.
b) Acción voluntaria, típica, antijurídica, culpable y punible.
c) Acción típica, antijurídica, culpable y punible.

4. Según el artículo 13 del CP, son delitos graves:

a) Entre otros, el asesinato y la violación.
b) Todos aquellos a los que imponga una pena superior a seis años de prisión.
c) Las infracciones que la Ley castiga con pena grave.

5. Quien conjuga el verbo nuclear del tipo se denomina:

a) Sujeto activo.
b) Sujeto pasivo.
c) Cooperador necesario.

6. Es la persona o cosa sobre la que recae la acción del delito:

a) Sujeto pasivo.
b) Objeto del delito.
c) Sujeto activo.

7. Según la doctrina más extendida, por dolo se entendería:

a) Conciencia y voluntad de realizar el tipo objetivo de un delito.
b) Conciencia y voluntad de realizar el tipo subjetivo de un delito.
c) Conciencia de realizar el tipo objetivo de un delito.

8. Cuando el sujeto no quiere cometer el hecho previsto en el delito doloso, pero lo realiza por infracción de una norma de cuidado, se trata de un:

a) Delito de comisión por omisión.
b) Delito doloso.
c) Delito imprudente.

9. ¿En qué apartado del artículo 21 del Código Penal se regula la legítima defensa?

a) 3.
b) 4.
c) Ninguna de las respuestas es correcta.

10. Requisitos legales de la legítima defensa:

a) Agresión ilegítima, necesidad racional y falta de provocación suficiente por parte del defensor y de cualquier otro participante.
b) Agresión ilegítima, necesidad racional del medio empleado para impedirla o repelerla y falta de provocación suficiente por parte del defensor.
c) Agresión, necesidad racional del medio empleado para impedirla o repelerla y falta de provocación suficiente por parte del defensor.

11. Requisitos del estado de necesidad:

a) Que el sujeto obre en estado de necesidad, con la finalidad de evitar un mal propio o ajeno, que el mal causado sea igual que el que se trate de evitar, que el sujeto necesitado no haya provocado intencionadamente tal situación y que el necesitado no tenga, por su oficio o cargo, obligación de sacrificarse.
b) Que el sujeto obre en estado de necesidad, con la finalidad de evitar un mal propio o ajeno, que el mal causado no sea mayor que el que se trate de evitar, que el sujeto necesitado no haya provocado intencionadamente tal situación y que el necesitado no tenga, por su oficio o cargo, obligación de sacrificarse.
c) El estado de necesidad objetivo no es una de las clases de estado de necesidad que se pueda encontrar en el Código Penal.

12. La causa de justificación de obrar en cumplimiento de un deber o el ejercicio legítimo de un derecho, oficio o cargo, se encuentra regulado en el artículo:

a) 20.6.º
b) 20.5.º
c) 20.7.º

13. ¿En qué artículo del Código Penal se regula la minoría de edad?

a) En el 18.
b) En el 20.4.
c) En el 19.

14. Completa este precepto del Código Penal: "Los menores de .... no serán responsables criminalmente con arreglo a este Código".

a) Dieciocho años.
b) Dieciséis años.
c) Veinte años.

15. Si un menor de edad, pero mayor de catorce años, comete un hecho delictivo, le será de aplicación:

a) Ley Orgánica 4/2000, de 11 de enero, reguladora de la Responsabilidad Penal de los Menores.
b) Ley Orgánica 5/2000, de 12 de enero, reguladora de la Responsabilidad Penal de los Menores.
c) Ley Orgánica 5/2000, de 13 de enero, reguladora de la Responsabilidad Penal de los Menores.

16. ¿Según qué artículo del Código Penal "el que al tiempo de cometer la infracción penal, a causa de cualquier anomalía o alteración psíquica, no pueda comprender la ilicitud del hecho o actuar conforme a esa comprensión"?

a) Según el 20.1.
b) Según el 20.2.
c) Según el 20.3.

17. "El que por sufrir alteraciones en la percepción desde el nacimiento o desde la infancia, tenga alterada gravemente la conciencia de la realidad", según determina el artículo:

a) 20.1.
b) 20.2.
c) 20.3.

18. "El que al tiempo de cometer la infracción penal se halle en estado de intoxicación plena por el consumo de bebidas alcohólicas, drogas tóxicas, estupefacientes, sustancias psicotrópicas u otras que produzcan efectos análogos, siempre que no haya sido con el propósito de cometerla o no se hubiese previsto o debido prever su comisión, o se halle bajo la influencia de tales sustancias, que le impida comprender la ilicitud del hecho o actuar conforme a esa comprensión", según determina el artículo:

a) 20.4.
b) 20.2.
c) 20.3.

19. En el artículo 21 del Código Penal se regulan las circunstancias:

a) Eximentes.
b) Atenuantes.
c) Agravantes.

20. ¿Y las circunstancias agravantes?

a) El artículo 20.
b) El artículo 21.
c) El artículo 22.

21. La adicción a las bebidas alcohólicas, drogas tóxicas, estupefacientes, sustancias psicotrópicas u otras que produzcan efectos análogos, se considera una atenuante:

a) Que disminuye el grado de imputación personal.
b) Analógica.
c) Posterior al delito.

22. "Aumentar deliberada e inhumanamente el sufrimiento de la víctima, causando a esta padecimientos innecesarios para la ejecución del delito", es:

a) Una circunstancia subjetiva.
b) Ensañamiento.
c) Alevosía.

23. Cuando el culpable comete cualquiera de los delitos contra las personas empleando en la ejecución medios, modos o formas que tiendan directa o especialmente a asegurarla, sin el riesgo para su persona que pudiera proceder de la defensa por parte del ofendido, hay:

a) Ensañamiento.
b) Alevosía.
c) Abuso de superioridad.

24. Cuando el sujeto da principio a la ejecución del delito directamente por hechos exteriores, practicando todos o parte de los actos que objetivamente deberían producir el resultado, y sin embargo éste no se produce por causas independientes de la voluntad del autor, hay:

a) Consumación.
b) Frustración.
c) Tentativa.

25. La consumación:

a) Exige el agotamiento del tipo.
b) Supone la realización formal del tipo.
c) Supone que el autor ha obtenido lo que perseguía con la realización del tipo.

26. Quienes realizan el hecho por sí solos, conjuntamente o por medio de otro del que se sirven como instrumento, son:

a) Cooperadores necesarios.
b) Autores.
c) Inductores.

27. Aquella en la que el autor no realiza directa y personalmente el delito, sino sirviéndose de otra persona, se denomina:

a) Autoría directa individual.
b) Cooperación necesaria.
c) Autoría mediata.

28. Según el artículo 28 del Código Penal, tienen también la consideración de autores:

a) Los inductores y los cooperadores necesarios.
b) Los inductores, los cooperadores necesarios y los cómplices.
c) Solo los cómplices.

29. Los que cooperan a la ejecución del hecho con actos anteriores o simultáneos se denominan:

a) Cooperadores necesarios.
b) Cómplices.
c) Autores mediatos.

30. Es característica de las penas privativas de derechos:

a) Privan al penado del ejercicio de ciertos derechos.
b) Limitan totalmente al penado la libertad de movimientos.
c) Privan al penado de una parte de su patrimonio.

31. De conformidad con lo dispuesto en el nuevo artículo 33 del Código Penal, la prisión permanente revisable es una pena:

a) Muy grave.
b) Menos grave.
c) Grave.

32. Según ese mismo precepto, la prisión de tres meses hasta cinco años, es una pena:

a) Menos grave.
b) Muy grave.
c) Grave.

33. Según el artículo 35 del Código Penal, la responsabilidad personal subsidiaria por impago de multa, es una:

a) Pena inhabilitadora.
b) Pena privativa de derechos.
c) Pena privativa de libertad.

34. Según el artículo 36 del Código penal, en los supuestos de delito de terrorismo, la clasificación en el tercer grado del condenado a prisión permanente revisable, no podrá efectuarse:

a) Hasta el cumplimiento de veinticinco años de prisión efectiva.
b) Hasta el cumplimiento de veinte años de prisión efectiva.
c) Hasta el cumplimiento de quince años de prisión efectiva.

35. Según el artículo 36 del Código Penal, la pena de prisión tendrá una duración:

a) Mínima de tres meses y máxima de veinte años.
b) Mínima de seis meses y máxima de veinte años.
c) Mínima de tres meses y máxima de veinticinco años.

36. La inhabilitación absoluta tendrá una duración máxima de 20 años y una duración mínima de:

a) Tres meses.
b) Un año.
c) Seis años.

37. El sistema de regulación de la pena de multa prevista en el Código Penal se denomina:

a) Días-multa.
b) Días-cuota.
c) Retribución global.

38. En las penas de multa, la cuantía mínima diaria será de:

a) Un euro.
b) Dos euros.
c) Cuatro euros.

39. ¿En qué artículo del Código Penal se enumeran las causas de la extinción de la responsabilidad criminal?

a) En el 129.
b) En el 132.
c) En el 130.

40. Cuando la pena máxima señalada sea de prisión mayor de cinco años y menor de diez años, el delito prescribirá:

a) A los 20 años.
b) A los 10 años.
c) A los 15 años.

41. En los delitos cometidos contra personas menores de edad o personas con discapacidad necesitadas de especial protección que afecten a bienes jurídicos eminentemente personales, el perdón de la persona ofendida:

a) Extingue la responsabilidad criminal.
b) No extingue la responsabilidad criminal.
c) Los jueces o tribunales, oído el Ministerio Fiscal, podrán rechazar la eficacia del perdón otorgado por sus representantes legales.

42. ¿Con qué pena se castiga el homicidio?

a) Con la pena de prisión de diez a quince años.
b) Con la pena de prisión permanente revisable.
c) Con la pena de prisión de quince a veinte años.

43. Si la víctima es un menor de dieciséis años, ¿qué pena se impondrá?

a) La pena de prisión permanente revisable.
b) La pena de treinta años.
c) La pena de quince años y un día y hasta veintidós años y seis meses.

44. La provocación, la conspiración y la proposición para cometer homicidio se castigará:

a) Con la pena inferior en un grado.
b) Con la pena inferior en tres grados.
c) Con la pena inferior en uno o dos grados.

45. ¿Qué pena tiene previsto el homicidio por imprudencia grave?

a) Prisión de dos a cuatro años.
b) Prisión de uno a cuatro años.
c) Prisión de uno a tres años.

46. El delito de asesinato se castiga con la pena de:

a) Prisión permanente revisable.
b) Prisión de quince a veinticinco años.
c) Prisión de quince a veinte años.

47. Si el asesinato se ha producido con la concurrencia de la circunstancia de facilitar la comisión de otro delito o para evitar que se descubra, la pena será de:

a) Prisión permanente revisable.
b) Prisión de quince a veinticinco años.
c) Prisión de quince a veinte años.

48. ¿En qué supuestos el asesinato tiene prevista la pena de prisión permanente revisable?

a) Cuando concurren dos de las circunstancias previstas en el precepto correspondiente.
b) Cuando el hecho fuera subsiguiente a un delito contra la libertad sexual que el autor hubiera cometido sobre la víctima.
c) Siempre y cuando medie alevosía y ensañamiento.

49. La eutanasia, sin tener en cuenta lo previsto en el apartado 5º del art. 143, ¿tiene alguna reducción de la pena en el Código Penal?

a) Sí, se impondrá la pena inferior en uno o dos grados a las previstas para la cooperación necesaria para el suicidio.
b) No.
c) Sí, se impondrá la pena inferior en uno o dos grados a las previstas para la inducción al suicidio.

50. Para ser apreciado en delito de lesiones del artículo 147.1.º del Código Penal es preciso:

a) Solo primera asistencia facultativa.
b) Tratamiento médico o quirúrgico.
c) Seguimiento facultativo.

51. La ablación del clítoris se castigará, según el Código Penal, con la pena de:

a) Prisión de seis a 12 años.
b) Prisión de dos a cinco años.
c) Prisión de seis a 10 años.

52. La pérdida de un miembro principal se castigará con una pena de multa de tres a doce meses:

a) En ningún caso.
b) En supuestos de imprudencia.
c) En supuestos de imprudencia menos grave.

53. Para que sea apreciado el consentimiento en el delito de lesiones, es preciso:

a) Que haya sido expreso.
b) Que haya sido libre.
c) Que haya sido libre, espontáneo, expreso y válido.

54. El bien jurídico protegido en el artículo 163 es:

a) La seguridad personal.
b) La libertad de modo genérico.
c) La libertad ambulatoria.

55. El tipo básico del tipo de detención ilegal se castigará con la pena de:

a) Prisión de seis a diez años.
b) Prisión de uno a cinco años.
c) Prisión de cuatro a seis años.

56. ¿En qué plazo debe darse la libertad al encerrado para que se le pueda imponer la pena inferior en grado a la prevista por el tipo básico?

a) Tres días.
b) Quince días.
c) Diez días.

57. Para que una detención ilegal se convierta en secuestro es necesario:

a) Que se solicite un rescate de carácter económico para poner en libertad a la persona secuestrada.
b) Que se solicite cualquier tipo de condición para poner en libertad a la persona secuestrada.
c) Que se produzca con violencia o intimidación.

58. De acuerdo con la nueva redacción del artículo 166 del Código Penal, ¿qué pena se impondrá al reo de detención ilegal que no dé razón del paradero de la persona detenida?

a) De diez a quince años de prisión.
b) De quince a veinte años de prisión.
c) De veinte a veinticinco años de prisión.

59. ¿Con la comisión de qué tipo de delito se ha de amenazar a otro para que sea de aplicación lo dispuesto en el artículo 169?

a) Delitos contra el orden socioeconómico.
b) Delitos contra la seguridad colectiva.
c) delitos contra los derechos de los trabajadores.

60. ¿De qué dependerá el que se imponga una pena u otra en el caso de amenazas condicionales?

a) De la característica de la condición.
b) De que el culpable haya obtenido o no su propósito.
c) De que se haya exigido una cantidad de dinero.

61. ¿Qué pena se impondrá en el caso de amenazas no condicionales?

a) Seis meses a dos años.
b) Seis meses a tres años.
c) Seis meses a un año.

62. Las amenazas de un mal que no constituya delito se castigarán:

a) En cualquier caso.
b) En ningún caso.
c) Cuando la amenaza fuere condicional y la condición no consistiere en una conducta debida.

63. El denominado delito de chantaje se castiga con:

a) La pena de prisión de uno a cuatro años.
b) La pena de prisión de dos a cuatro años.
c) La pena dependerá de si se ha conseguido o no la entrega de todo o parte de lo exigido.

64. La amenaza leve a la esposa o mujer que esté o haya estado ligada a él por una análoga relación de afectividad aún sin convivencia, se castigará con la pena de:

a) Trabajos en beneficio de la comunidad de treinta y uno a ochenta días.
b) Prisión de uno a seis meses.
c) Prisión de seis meses a un año.

65. El que sin estar legítimamente autorizado impidiere a otro con violencia hacer lo que la Ley no prohíbe, o le compeliere a efectuar lo que no quiere, sea justo o injusto, es la definición de:

a) Coacciones.
b) Amenazas condicionales.
c) Amenazas no condicionales.

66. ¿Qué pena de prisión se le impondrá al que cometa el delito citado en la pregunta anterior en presencia de menores, o tenga lugar en el domicilio común?

a) De seis meses a un año.
b) De seis a nueve meses.
c) De nueve meses a un año.

67. Esa misma conducta, cometida sobre la esposa o mujer que esté o haya estado ligada a él por una análoga relación de afectividad aún sin convivencia, se castigará con la pena de:

a) De seis meses a un año.
b) De seis a nueve meses.
c) De nueve meses a un año.

68. ¿Qué conducta se castiga en el nuevo artículo 172 bis?

a) La amenaza leve que antes se castigaba como falta.
b) La coacción leve que antes se castigaba como falta.
c) Compeler a otra persona con violencia o intimidación a contraer matrimonio.

69. El que habitualmente ejerza violencia física o psíquica sobre quien sea o haya sido su cónyuge o sobre persona que esté o haya estado ligada a él por una análoga relación de afectividad aun sin convivencia, o sobre los descendientes, ascendientes o hermanos por naturaleza, adopción o afinidad, propios o del cónyuge o conviviente, o sobre los menores o personas con discapacidad necesitadas de especial protección que con él convivan o que se hallen sujetos a la potestad, curatela, acogimiento o guarda de hecho del cónyuge o conviviente, o sobre persona amparada en cualquier otra relación por la que se encuentre integrada en el núcleo de su convivencia familiar, así como sobre las personas que por su especial vulnerabilidad se encuentran sometidas a custodia o guarda en centros públicos o privados, será castigado con la pena de:

a) Prisión de seis meses a dos años.
b) Prisión de seis meses a tres años.
c) Prisión de uno a dos años.

70. La autoridad o funcionario público que, abusando de su cargo, y con el fin de obtener una confesión o información de cualquier persona o de castigarla por cualquier hecho que haya cometido o se sospeche que ha cometido, o por cualquier razón basada en algún tipo de discriminación, la sometiere a condiciones o procedimientos que por su naturaleza, duración u otras circunstancias, le supongan sufrimientos físicos o mentales, la supresión o disminución de sus facultades de conocimiento, discernimiento o decisión, comete un delito:

a) Contra la integridad moral.
b) De tortura.
c) De atentado.

71. El delito de violación se recoge en el artículo:

a) 179.
b) 178.
c) 181.

72. Este delito puede definirse como:

a) Agresión sexual consistente en acceso carnal por vía vaginal, anal o bucal, o introducción de miembros corporales u objetos por alguna de las dos primeras vías.
b) Agresión sexual consistente en acceso carnal por vía vaginal, anal o bucal.
c) Atentado contra la libertad sexual con violencia o intimidación.

**73. Si la violación se produce por un hermano de la víctima y además con el uso
de armas, la pena a imponer será la de:**

a) Prisión de doce a quince años.
b) Prisión de quince a veinte años.
c) Prisión de doce a quince años en su mitad superior.

**74. La edad mínima para ser sujeto pasivo de un delito de agresión sexual a un
menor, es de:**

a) Trece años.
b) Dieciséis años.
c) Dieciocho años.

75. La pena prevista para este delito es de:

a) Prisión de dos a seis años.
b) Prisión de dos a cuatro años.
c) Prisión de uno a tres años.

**76. El contactar con un menor de dieciséis años a través de Internet, teléfono u
otra tecnología de la información, a fin de cometer un delito de abuso sexual, se
castiga con la pena de:**

a) Esa conducta no está prevista en el Código Penal.
b) La edad mínima para ser sujeto pasivo de esa conducta son los trece años.
c) Uno a tres años de prisión o multa de doce a veinticuatro meses.

**77. El solicitar favores de naturaleza sexual, a cambio de un aprobado es una
conducta típica prevista en el artículo:**

a) 184.
b) 183.
c) 184 bis.

78. El ejecutar actos de exhibicionismo se castiga:

a) En ningún supuesto.
b) En cualquier caso.
c) Cuando se produzca ante menores de edad o personas con discapacidad necesitadas de especial protección.

79. Según el artículo 187 del Código Penal, en cualquier caso se entiende que hay explotación de la prostitución:

a) Cuando la víctima se encuentre en una situación de vulnerabilidad personal.
b) Cuando la víctima se encuentre en una situación de vulnerabilidad económica.
c) Todas las respuestas son correctas.

80. Inducir a una persona de quince años, con violencia o intimidación, a ejercer la prostitución, se castiga con la pena de prisión de:

a) Cinco a diez años.
b) Cuatro a seis años.
c) Dos a cinco años.

81. El padre que, con conocimiento del estado de prostitución de su hija no impida su continuación en ese estado o no acuda a la autoridad para el mismo fin, será castigado:

a) Con pena de prisión de cuatro a seis años.
b) Con pena de prisión o pena de multa.
c) Con pena de prisión o pena de multa así como se promoverán las acciones necesarias para privarle de la patria potestad.

82. Cuando se aprecie la distribución o difusión pública a través de Internet, del teléfono o de cualquier otra tecnología de la información o de la comunicación de contenidos específicamente destinados a promover, fomentar o incitar a la comisión de los delitos relativos a la prostitución y a la explotación sexual y corrupción de menores, las autoridades judiciales:

a) Impondrán las penas en su mitad superior.
b) Se considerará que el delito se ha cometido con publicidad.
c) Ordenarán la adopción de las medidas necesarias para la retirada de los contenidos.

83. El delito de omisión del deber de socorro se configura como un delito:

a) De acción.
b) De omisión pura.
c) De comisión por omisión.

84. Según la opinión más extendida, el bien jurídico protegido del delito de omisión del deber de socorro es:

a) La integridad física.
b) La indemnidad física y psíquica.
c) La solidaridad humana.

85. Para que pueda aplicarse el artículo 195 del Código Penal es preciso que el sujeto pasivo del tipo se encuentre:

a) En peligro.
b) Desamparado.
c) Desamparado y en peligro manifiesto y grave.

86. ¿Qué pena tiene prevista el delito de omisión del deber de socorro?

a) Prisión de uno a dos años.
b) Multa de uno a doce meses.
c) Multa de tres a doce meses.

87. ¿Qué es preciso para que se aplique el tipo agravado del párrafo 3.º del artículo 195?

a) Que el sujeto sea uno de los profesionales relacionados en el precepto.
b) Que la víctima lo sea por accidente ocasionado fortuitamente por el que omitió el auxilio.
c) Que no se haya demandado con urgencia auxilio ajeno.

88. El profesional sanitario que deniegue la asistencia precisa, será castigado conforme al Código Penal:

a) En cualquier caso.
b) Cuando haya peligro de muerte.
c) Cuando se derive riesgo grave para la salud de las personas.

Solución al test n.º 9

1. b) 10.

2. c) «Son delitos las acciones y omisiones dolosas o imprudentes penadas por la ley».

3. c) Acción típica, antijurídica, culpable y punible.

4. c) Las infracciones que la Ley castiga con pena grave.

5. a) Sujeto activo.

6. b) Objeto del delito.

7. a) Conciencia y voluntad de realizar el tipo objetivo de un delito.

8. c) Delito imprudente.

9. c) Ninguna de las respuestas es correcta.

10. b) Agresión ilegítima, necesidad racional del medio empleado para impedirla o repelerla y falta de provocación suficiente por parte del defensor.

11. b) Que el sujeto obre en estado de necesidad, con la finalidad de evitar un mal propio o ajeno, que el mal causado no sea mayor que el que se trate de evitar, que el sujeto necesitado no haya provocado intencionadamente tal situación y que el necesitado no tenga, por su oficio o cargo, obligación de sacrificarse.

12. c) 20.7.º

13. c) En el 19.

14. a) Dieciocho años.

15. b) Ley orgánica 5/2000, de 12 de enero, reguladora de la Responsabilidad Penal de los Menores.

16. a) Según el 20.1.

17. c) 20.3.

18. b) 20.2.

19. b) Atenuantes.

20. c) El artículo 22.

21. a) Que disminuye el grado de imputación personal.

22. b) Ensañamiento.

23. b) Alevosía.

24. c) Tentativa.

25. b) Supone la realización formal del tipo.

26. b) Autores.

27. c) Autoría mediata.

28. a) Los inductores y los cooperadores necesarios.

29. b) Cómplices.

30. a) Privan al penado del ejercicio de ciertos derechos.

31. c) Grave.

32. a) Menos grave.

33. c) Pena privativa de libertad.

34. b) Hasta el cumplimiento de veinte años de prisión efectiva.

35. a) Mínima de tres meses y máxima de veinte años.

36. c) Seis años.

37. a) Días-multa.

38. b) Dos euros.

39. c) En el 130.

40. b) A los 10 años.

41. b) No extingue la responsabilidad criminal.

42. a) Con la pena de prisión de diez a quince años.

43. c) Con la pena de quince años y un día y hasta veintidós años y seis meses.

44. c) Con la pena inferior en uno o dos grados.

45. b) Prisión de uno a cuatro años.

46. b) Prisión de quince a veinticinco años.

47. b) Prisión de quince a veinticinco años.

48. b) Cuando el hecho fuera subsiguiente a un delito contra la libertad sexual que el autor hubiera cometido sobre la víctima.

49. a) Sí, se impondrá la pena inferior en uno o dos grados a las previstas para la cooperación necesaria para el suicidio.

50. b) Tratamiento médico o quirúrgico.

51. a) Prisión de seis a 12 años.

52. c) En supuestos de imprudencia menos grave.

53. c) Que haya sido libre, espontáneo, expreso y válido.

54. c) La libertad ambulatoria.

55. c) Prisión de cuatro a seis años.

56. a) Tres días.

57. b) Que se solicite cualquier tipo de condición para poner en libertad a la persona secuestrada.

58. a) De diez a quince años de prisión.

59. a) Delitos contra el orden socioeconómico.

60. b) De que el culpable haya obtenido o no su propósito.

61. a) Seis meses a dos años.

62. c) Cuando la amenaza fuere condicional y la condición no consistiere en una conducta debida.

63. c) La pena dependerá de si se ha conseguido o no la entrega de todo o parte de lo exigido.

64. a) Trabajos en beneficio de la comunidad de treinta y uno a ochenta días.

65. a) Coacciones.

66. c) De nueve meses a un año.

67. a) De seis meses a un año.

68. c) Compeler a otra persona con violencia o intimidación a contraer matrimonio.

69. b) Prisión de seis meses a tres años.

70. b) De tortura.

71. a) 179.

72. a) Agresión sexual consistente en acceso carnal por vía vaginal, anal o bucal, o introducción de miembros corporales u objetos por alguna de las dos primeras vías.

73. c) Prisión de doce a quince años en su mitad superior.

74. b) Dieciséis años.

75. a) Prisión de dos a seis años.

76. c) Uno a tres años de prisión o multa de doce a veinticuatro meses.

77. a) 184.

78. c) Cuando se produzca ante menores de edad o personas con discapacidad necesitadas de especial protección.

79. c) Todas las respuestas son correctas.

80. a) Cinco a diez años.

81. c) Con pena de prisión o pena de multa así como se promoverán las acciones necesarias para privarle de la patria potestad.

82. c) Ordenarán la adopción de las medidas necesarias para la retirada de los contenidos.

83. b) De omisión pura.

84. c) La solidaridad humana.

85. c) Desamparado y en peligro manifiesto y grave.

86. c) Multa de tres a doce meses.

87. b) Que la víctima lo sea por accidente ocasionado fortuitamente por el que omitió el auxilio.

88. c) Cuando se derive riesgo grave para la salud de las personas.

TEST N.º 10

Los delitos contra el patrimonio y contra el orden socioeconómico. Delitos contra el patrimonio: de los hurtos (artículos 234 al 236); de los robos (artículos 237 al 242); del robo y hurto de uso de vehículos (artículo 244); de la usurpación. (Artículos 245 al 247); de las defraudaciones: de las estafas (artículos 248 al 251) y de la apropiación indebida (artículos 252 al 254)

1. El objeto del delito previsto en el artículo 234 del Código Penal es:

a) Un ciclomotor ajeno.
b) Un vehículo a motor ajeno.
c) Una cosa mueble ajena.

2. Tras la reforma realizada en este ámbito por la Ley Orgánica 1/2015, para que el delito de hurto se castigue con pena de multa, es preciso que el valor de la cosa:

a) No exceda de 400 euros.
b) Exceda de 400 euros.
c) No exceda de 1000 euros.

3. ¿Qué pena se impondrá en este caso?

a) Multa de dos a cuatro meses.
b) Multa de uno a tres meses.
c) Multa de dos a cinco meses.

4. Se consideran llaves falsas:

a) Las ganzúas u otros instrumentos análogos.
b) Las llaves legítimas perdidas por el propietario.
c) Todas las respuestas son correctas.

5. El hurto de productos agrarios o ganaderos, cometido en explotaciones agrarias o ganaderas, ¿se configura como un tipo agravado de hurto?

a) Siempre que se cause un perjuicio de especial consideración a la explotación.
b) En cualquier caso.
c) No.

6. Es una definición del delito de robo, conforme a lo dispuesto en la Ley Orgánica 1/2015:

a) Son reos del delito de robo los que, con ánimo de lucro, se apoderaren de las cosas muebles ajenas empleando fuerza en las cosas para acceder o abandonar el lugar donde estas se encuentran, o violencia o intimidación en las personas, sea al cometer el delito, para proteger la huida, o sobre los que acudiesen en auxilio de la víctima o que le persiguieren.
b) Son reos del delito de robo los que, con ánimo de lucro, se apoderaren de las cosas muebles ajenas empleando fuerza en las cosas para acceder al lugar donde estas se encuentran o violencia o intimidación en las personas.
c) Son reos del delito de robo los que, con ánimo de lucro, se apoderaren de las cosas muebles ajenas empleando fuerza en las cosas para acceder o abandonar el lugar donde estas se encuentran, o violencia o intimidación en las personas, al cometer el delito.

7. El denominado furtum possesionis, se regula en el artículo:

a) 234.
b) 235.
c) 236.

8. Según el artículo 239 del Código Penal, no se consideran llaves:

a) las tarjetas perforadas.
b) Las tarjetas magnéticas.
c) Ninguna de las respuestas es correcta.

9. El robo en casa habitada se castigará con pena de:

a) Prisión de uno a cinco años.
b) Prisión de dos a cinco años.
c) Prisión de uno a tres años.

10. De conformidad con la Ley Orgánica 1/2015, si el robo se comete en un establecimiento abierto al público, fuera de las horas de apertura, la pena será de:

a) Prisión de uno a cinco años.
b) Prisión de dos a cinco años.
c) Prisión de uno a tres años.

11. Según el nuevo artículo 241, se considera dependencias de casa habitada o de edificio o local abiertos al público:

a) Sus patios, garajes y demás departamentos o sitios cercados y contiguos al edificio, y en comunicación interior con él.

b) Sus patios, garajes y demás departamentos o sitios cercados y contiguos al edificio y en comunicación interior con él, y con el cual formen una unidad física.

c) Todo albergue que constituya morada de una o más personas o lugar de trabajo de las mismas.

12. ¿En qué plazo hay que restituir un vehículo de motor para que la conducta no sea castigada como hurto o robo en sus respectivos casos?

a) No superior a treinta y seis horas.

b) No superior a veinticuatro horas.

c) No superior a cuarenta y ocho horas.

13. Es una circunstancia del robo con fuerza en las cosas:

a) El empleo de la violencia física.

b) El empleo de la intimidación.

c) La inutilización de sistemas de alarma.

14. Se define la extorsión de la siguiente manera en el artículo 243 del Código Penal:

a) El que, con ánimo de lucro, obligare a otro, con violencia o intimidación, a realizar u omitir un acto o negocio jurídico en perjuicio de su patrimonio o del de un tercero.

b) El que, con ánimo de lucro, obligare a otro, con violencia o intimidación, a realizar u omitir un acto o negocio jurídico en perjuicio de su patrimonio.

c) El que, con ánimo de lucro, obligare a otro a realizar u omitir un acto o negocio jurídico en perjuicio de su patrimonio o del de un tercero.

15. Para que pueda apreciarse el delito de usurpación es preciso ocupar una cosa inmueble o usurpar un derecho real inmobiliario:

a) De propiedad pública.

b) Cuando la cosa inmueble está habitada.

c) Que se haga con violencia o intimidación en las personas.

16. Realiza un delito de estafa:

a) El que distrajere las aguas de uso público para embotellarlas.

b) Vende prendas sin consentimiento del titular de la marca.

c) Los que fabriquen programas informáticos para conseguir transferencias no consentidas.

17. Si una estafa recae sobre una vivienda u otro bien de reconocida utilidad social, la pena a imponer es de:

a) Prisión de un año a seis años de prisión y multa de seis a doce meses.
b) Prisión de seis meses a tres años.
c) Prisión de dos a seis años de prisión y multa de seis a doce meses.

18. Para que se cometa estafa procesal es preciso:

a) Que se engañe a la otra parte del proceso, con tácticas dilatorias.
b) Que se engañe al Ministerio Fiscal, amenazando con la interposición de algún recurso, que luego no se interpone.
c) Que se provoque error en el Juez o Tribunal.

19. Quedarse, con ánimo de lucro, con una cosa perdida o de dueño desconocido:

a) Es una variedad de administración desleal.
b) Es una variedad del delito de hurto.
c) Es un delito de apropiación indebida.

20. Según el artículo 248, para fijar la pena por el delito de estafa:

a) Se tendrá en cuenta el importe de lo defraudado, el quebranto económico causado al perjudicado, las relaciones entre este y el defraudador y los medios empleados.
b) Se tendrá en cuenta todo lo anterior y, en cualquier caso, la edad de la víctima.
c) Todo lo anterior y las disposiciones civiles y mercantiles sobre los negocios jurídicos utilizados.

Solución al test n.º 10

1. c) Una cosa mueble ajena.

2. a) No exceda de 400 euros.

3. b) Multa de uno a tres meses.

4. c) Todas las respuestas son correctas.

5. a) Siempre que se cause un perjuicio de especial consideración a la explotación.

6. a) Son reos del delito de robo los que, con ánimo de lucro, se apoderaren de las cosas muebles ajenas empleando fuerza en las cosas para acceder o abandonar el lugar donde estas se encuentran, o violencia o intimidación en las personas, sea al cometer el delito, para proteger la huida, o sobre los que acudiesen en auxilio de la víctima o que le persiguieren.

7. c) 236.

8. c) Ninguna de las respuestas es correcta.

9. b) Prisión de dos a cinco años.

10. a) Prisión de uno a cinco años.

11. b) Sus patios, garajes y demás departamentos o sitios cercados y contiguos al edificio y en comunicación interior con él, y con el cual formen una unidad física.

12. c) No superior a cuarenta y ocho horas.

13. c) La inutilización de sistemas de alarma.

14. a) El que, con ánimo de lucro, obligare a otro, con violencia o intimidación, a realizar u omitir un acto o negocio jurídico en perjuicio de su patrimonio o del de un tercero.

15. c) Que se haga con violencia o intimidación en las personas.

16. c) Los que fabriquen programas informáticos para conseguir transferencias no consentidas.

17. a) Prisión de un año a seis años de prisión y multa de seis a doce meses.

18. c) Que se provoque error en el Juez o Tribunal.

19. c) Es un delito de apropiación indebida.

20. a) Se tendrá en cuenta el importe de lo defraudado, el quebranto económico causado al perjudicado, las relaciones entre este y el defraudador y los medios empleados.

TEST N.º 11

Delitos relativos a la ordenación del territorio y protección del medio ambiente. Delitos contra la seguridad colectiva: de los incendios, delitos contra la salud pública y contra la seguridad del tráfico. Las falsedades. Delitos contra la administración pública. Delitos contra el orden público

1. El sujeto activo del artículo 319.1 es:

a) Diferenciado.
b) Indiferenciado.
c) Los promotores constructores o técnicos directores.

2. ¿Qué conducta típica se recoge en el artículo 319.1?

a) Llevar a cabo obras de urbanización, construcción o una edificación no autorizable en suelo no urbanizable.
b) Llevar a cabo obras de urbanización, construcción o edificación no autorizables en suelos destinados en viales, zonas verdes, bienes de dominio público o lugares que tengan legal o administrativamente reconocido su valor paisajístico, ecológico, artístico, histórico o cultural, o por los mismos motivos hayan sido considerados de especial protección.
c) Informar favorablemente instrumentos de planeamiento, proyectos de urbanización, parcelación, reparcelación, construcción o edificación o la concesión de licencias contrarias a las normas de ordenación territorial o urbanística vigentes.

3. ¿A qué otro artículo del Código Penal hacer referencia el artículo 320?

a) 404.
b) 424.
c) 405.

4. Y hace referencia a este precepto ya que:

a) Se trata de un supuesto de cohecho.
b) Se trata de un supuesto de prevaricación.
c) Se trata de un supuesto de malversación.

5. Para que se pueda apreciar un delito de conducción con velocidad superior a la permitida, ¿en qué cantidad hay que superar el límite en vía urbana?

a) En 80 kilómetros por hora.
b) En 70 kilómetros por hora.
c) En 60 kilómetros por hora.

6. Para que se pueda apreciar un delito de conducción con velocidad superior a la permitida, ¿en qué cantidad hay que superar el límite en vía interurbana?

a) En 80 kilómetros por hora.
b) En 70 kilómetros por hora.
c) En 60 kilómetros por hora.

7. Para que exista un delito de conducción bajo la influencia de drogas tóxicas, estupefacientes, sustancias psicotrópicas o de bebidas alcohólicas, es preciso conducir:

a) Con una tasa de alcohol en aire espirado superior a 0,80 miligramos por litro o con una tasa de alcohol en sangre superior a 1,2 gramos por litro.
b) Con una tasa de alcohol en aire espirado superior a 0,60 miligramos por litro o con una tasa de alcohol en sangre superior a 2,2 gramos por litro.
c) Con una tasa de alcohol en aire espirado superior a 0,60 miligramos por litro o con una tasa de alcohol en sangre superior a 1,2 gramos por litro.

8. Conducir con temeridad manifiesta y con manifiesto desprecio de la vida de los demás se castiga:

a) Penas de prisión de seis meses a dos años y privación del derecho a conducir vehículos a motor y ciclomotores por tiempo superior a uno y hasta seis años.
b) Prisión de dos a cinco años, multa de doce a veinticuatro meses y privación del derecho a conducir vehículos a motor y ciclomotores durante un período de seis a diez años.
c) Pena de prisión de tres a seis meses o con la de multa de seis a doce meses o con la de trabajos en beneficio de la comunidad de treinta y uno a noventa días, y, en cualquier caso, a la de privación del derecho a conducir vehículos a motor y ciclomotores por tiempo superior a uno y hasta cuatro años.

9. ¿Qué conducta aparece recogida en el artículo 321 del Código Penal?

a) Derribar o alterar gravemente edificios singularmente protegidos.
b) Dañar intencionadamente archivos, registros o bibliotecas.
c) Informar favorablemente proyectos de derribo o alteración de edificios singularmente protegidos.

10. Según el artículo 326.2 del Código Penal, ¿qué cantidad de residuos hay que trasladar ilegalmente para que sea considerado delito?

a) Una cantidad apreciable de residuos.
b) Una importante cantidad de residuos.
c) Una cantidad no desdeñable de residuos.

11. ¿Qué pena se impone a la autoridad o funcionario público que, a sabiendas de su injusticia, haya informado favorablemente proyectos de derribo o alteración de edificios singularmente protegidos?

a) Pena de inhabilitación especial para empleo o cargo público por tiempo de siete a doce años, con la prisión de seis meses a dos años o la de multa de doce a veinticuatro meses.
b) Pena de inhabilitación especial para empleo o cargo público por tiempo de siete a diez años, con la prisión de seis meses a dos años y la de multa de doce a veinticuatro meses.
c) Pena de inhabilitación especial para empleo o cargo público por tiempo de siete a diez años, con la prisión de seis meses a dos años o la de multa de doce a veinticuatro meses.

12. Conforme a nuevo art. 340 bis, la muerte de un animal se castiga:

a) En cualquier caso.
b) Solo si está amansado o domesticado.
c) Solo si es vertebrado.

13. Se consideran conductas típicas relacionadas con las drogas tóxicas:

a) El tráfico.
b) El cultivo.
c) Todas las respuestas son correctas.

14. La pena a imponer a las conductas del artículo 368 se vincula a:

a) Que las sustancias o productos provoquen o no grave daño a la salud.
b) Que el culpable fuera autoridad o funcionario público.
c) Que se cometa delante de menores.

15. La provocación, la conspiración y la proposición para cometer los delitos relativos al tráfico de drogas:

a) No está expresamente tipificada en el texto penal.
b) Siempre se castigará con la pena inferior en un grado a la prevista por el precepto correspondiente.
c) Se castigará con la pena inferior en uno o dos grados a la que corresponda.

16. Los estragos se identifican con:

a) Multitud de víctimas.
b) Graves daños.
c) Graves daños utilizando medios poderosos de destrucción.

17. Cuando los estragos comporten necesariamente un peligro para la vida o integridad de las personas, se impondrá la pena de prisión de:

a) Diez a quince años.
b) Diez a veinte años.
c) Cuatro a ocho años de prisión.

18. Para que un incendio se castigue con la pena de uno a cinco años y multa de doce a dieciocho meses, es preciso:

a) Que afecte a una superficie de considerable importancia.
b) Que comporte un peligro para la vida o la integridad física de las personas.
c) Que se incendien montes o masas forestales.

19. Estos hechos se castigarán con la pena de prisión de tres a seis años y multa cuando:

a) Se deriven graves efectos erosivos en los suelos.
b) Afecte a una superficie de considerable importancia.
c) Todas las respuestas son correctas.

20. El incendio de bienes propios:

a) No está tipificado en el Código Penal.
b) En cualquier supuesto es un delito.
c) Es un delito cuando se trata de defraudar a un tercero.

21. Para que se aprecie el delito de abandono del lugar del accidente previsto en el artículo 382 bis, es preciso:

a) Que el sujeto pasivo se halle desamparado.
b) Que el autor haya causado un accidente con fallecidos o heridos.
c) Que el sujeto pasivo esté en peligro manifiesto y grave.

22. Se considera que el bien jurídico protegido en los delitos de falsedades es:

a) El buen funcionamiento del tráfico comercial y mercantil.
b) La fe pública.
c) El correcto funcionamiento de la Administración Pública.

23. La pena de multa prevista en el artículo 386 del Código Penal tiene como característica:

a) Que su cuantía se vincula al beneficio obtenido.
b) Que es proporcional.
c) Que se vincula al valor aparente de la moneda.

24. Distribuir moneda falsa, después de haberla recibido de buena fe:

a) Es una conducta atípica.
b) Es una conducta típica, que se castiga con pena de prisión o multa.
c) Es una conducta típica, que se castiga con pena de prisión y multa.

25. Si en el supuesto anterior, el valor aparente de la moneda no excede de 400 euros:

a) No se castigará, pues se trataba de una falta y desaparece del Código penal por la Ley Orgánica 1/2015.
b) Se castiga con pena de multa de uno a tres meses.
c) Se castiga con multa de uno a seis meses.

26. A los efectos penales del artículo 387, la moneda nacional:

a) Se equipara a la moneda de los países de la Unión Europea y extranjeros.
b) Se equiparan a la moneda de los países extranjeros, pues ya no existe moneda nacional.
c) Se equiparan a la moneda de los países de la Unión Europea.

27. ¿Qué pena de prisión está prevista para el transporte, expedición o distribución de moneda falsa?

a) De ocho a doce años.
b) De cuatro a ocho años.
c) De ocho a diez años.

28. ¿Y si es puesta en circulación esa moneda?

a) Se impondrá la pena en su mitad superior.
b) Se impondrá la pena superior en grado.
c) Se impondrá la pena de seis a ocho años.

29. A los efectos del artículo 386, se entiende por moneda, según dice el artículo 387, en la redacción dada por la Ley Orgánica 1/2019:

a) La metálica y el papel moneda.
b) La metálica y el papel moneda de curso legal y aquella que no ha sido todavía emitida o puesta en circulación oficialmente pero que está destinada a su circulación como moneda de curso legal.
c) La metálica y el papel moneda de curso legal.

30. El adquirente de buena fe de sellos de correos que conociendo su false-dad los distribuya, si el valor aparente de tales sellos es inferior a 400 euros, será castigado:

a) Esta conducta no está prevista como delito, tras la reforma producida por la Ley Orgánica 1/2015.

b) Con una pena de multa de tres a doce meses.

c) Con una pena de multa de uno a tres meses.

31. Las falsedades documentales, cometidas por imprudencia grave:

a) Al ser un delito eminentemente doloso, no cabe la comisión culposa.

b) Se castigan en cualquier caso.

c) Solo se castigan si son cometidas por autoridad o funcionario público.

32. Suponer en un acto la intervención de personas que no la han tenido, según lo dispuesto en el artículo 390, se castiga:

a) Penas de prisión de tres a seis años e inhabilitación especial por tiempo de dos a seis años.

b) Penas de prisión de tres a seis años, multa de seis a veinticuatro meses e inhabilita-ción especial por tiempo de dos a seis años.

c) Penas de prisión de cuatro a seis años, multa de seis a veinticuatro meses e inhabi-litación especial por tiempo de dos a seis años.

33. El particular que, en un documento privado, falte a la verdad en la narración de los hechos, se castigaría con:

a) Pena de prisión de seis meses a dos años.

b) Pena de multa de uno a tres meses.

c) Esta conducta no está prevista como típica en el Código Penal.

34. Usar, en perjuicio de otro y a sabiendas de la falsedad, tarjetas de crédito, sin haber intervenido en la falsificación:

a) Se castiga con la pena de prisión de dos a cinco años.

b) Se castiga con las mismas penas que la estafa.

c) Se castiga con la pena de prisión de dos a cinco años y multa de doce a veinticuatro meses.

35. ¿En qué rama del ordenamiento es más amplia la definición de funcionario?

a) En el Derecho Administrativo.

b) En el Derecho Penal.

c) En el ámbito civil.

36. ¿Cuál de las siguientes es la definición que hace el Código Penal del concepto de autoridad pública?

a) El que por sí solo o como miembro de alguna corporación, tribunal u órgano colegiado tenga mando o ejerza jurisdicción propia. En todo caso, tendrán la consideración de autoridad los miembros del Congreso de los Diputados, del Senado, de las Asambleas Legislativas de las Comunidades Autónomas y del Parlamento Europeo.

b) El que por sí solo o como miembro de alguna corporación, tribunal u órgano colegiado tenga mando o ejerza jurisdicción propia. En todo caso, tendrán la consideración de autoridad los miembros del Congreso de los Diputados, del Senado, de las Asambleas Legislativas de las Comunidades Autónomas y del Parlamento Europeo. Se reputará también autoridad a los funcionarios del Ministerio Fiscal.

c) Todo el que por disposición inmediata de la ley o por elección o por nombramiento de autoridad competente participe en el ejercicio de funciones públicas.

37. Puede ser sujeto activo del delito previsto en el artículo 404:

a) El facultativo.
b) El particular.
c) La autoridad o funcionario público.

38. ¿Qué elemento subjetivo se describe en el tipo del artículo 404?

a) Arbitrario.
b) A sabiendas de su injusticia.
c) En perjuicio de un tercero.

39. La resolución a la que se refiere el artículo 404 ha de tener un carácter:

a) De cualquier materia.
b) Civil.
c) Administrativo.

40. ¿Qué conductas típicas se describen el artículo 405?

a) Ninguna.
b) Proponer.
c) Proponer, nombrar y dar posesión.

41. ¿Qué pena se le impone a quien acepta un nombramiento ilegal?

a) Pena de multa de tres a ocho meses y suspensión de empleo o cargo público por tiempo de seis meses a dos años.

b) Pena de multa tres a ocho meses y suspensión de empleo o cargo público por tiempo de seis meses a tres años.

c) Pena de multa tres a ocho meses y suspensión de empleo o cargo público por tiempo de uno a tres años.

42. ¿A qué autoridades o funcionarios se dirige el artículo 405?

a) A los que tienen que perseguir o impedir delitos.
b) A todo tipo de autoridad o funcionario público.
c) A los que pueden dictar resoluciones.

43. ¿Qué es lo que se incrimina en el artículo 409?

a) La desobediencia.
b) La huelga ilegal de funcionarios públicos.
c) La denegación de auxilio.

44. Según el artículo 410 del Código Penal, la negativa que aparece en el precepto debe ser:

a) Abierta.
b) Manifiesta.
c) Clara.

45. Se entiende por cohecho activo:

a) El cometido por el particular que ofrece, promete o entrega una dádiva o regalo a cambio de la obtención de una resolución o decisión de un funcionario público.
b) El cometido por el funcionario que solicita, acepta la promesa o recibe las dádivas del particular a cambio de la realización de un acto propio de su cargo.
c) El que tiene por objeto la obtención de un acto propio del cargo, contrario al ordenamiento jurídico.

46. Se entiende por cohecho propio:

a) Es aquel cuyo objeto es un acto propio del cargo, conforme al ordenamiento jurídico.
b) Es aquel que tiene por objeto la obtención de un acto propio del cargo, contrario al ordenamiento jurídico.
c) Es aquel que tiene por objeto un acto delictivo.

47. El cohecho pasivo propio, por realizar un acto propio de su cargo, se castiga con la pena de:

a) Prisión de tres a seis años, multa de doce a veinticuatro meses e inhabilitación especial para empleo o cargo público y para el ejercicio del derecho de sufragio pasivo por tiempo de nueve a doce años.
b) Prisión de dos a cuatro años, multa de doce a veinticuatro meses e inhabilitación especial para empleo o cargo público por tiempo de tres a siete años.
c) Multa de doce a veinticuatro meses e inhabilitación especial para empleo o cargo público por tiempo de tres a siete años.

48. Para que se produzca la conducta de tráfico de influencias del artículo 428, es preciso que:

a) La autoridad o funcionario público lo haga a sabiendas y en el ejercicio de su cargo.
b) Lo haga prevaliéndose del ejercicio de las facultades de su cargo o de cualquier otra situación.
c) La autoridad o funcionario público realice funciones propias de su cargo.

49. Para que se aplique el tipo atenuado de malversación del artículo 432.3, es preciso:

a) Que no haya ánimo de lucro.
b) Que no se haya causado daño.
c) Cuando el perjuicio sea menor de 4.000 euros.

50. Que un funcionario público se aproveche de la circunstancia de intervenir en un contrato para facilitarse una participación en tal negocio, es una conducta de:

a) Cohecho activo.
b) Malversación de caudales.
c) Negociaciones prohibidas a los funcionarios públicos.

51. Este delito está estrechamente relacionado con el delito de:

a) Estragos.
b) Daños catastróficos.
c) Rebelión.

52. ¿Cuál será la conducta típica prevista en el delito de sedición?

a) Alzarse pública y tumultuariamente para impedir, por la fuerza o fuera de las vías legales, la aplicación de las Leyes o a cualquier autoridad, corporación oficial o funcionario público, el legítimo ejercicio de sus funciones o el cumplimiento de sus acuerdos, o de las resoluciones administrativas o judiciales.
b) Sustituir por otro el Gobierno de la Nación o el Consejo de Gobierno de una Comunidad Autónoma, o usar o ejercer por sí o despojar al Gobierno o Consejo de Gobierno de una Comunidad Autónoma, o a cualquiera de sus miembros de sus facultades, o impedirles o coartarles su libre ejercicio, u obligar a cualquiera de ellos a ejecutar actos contrarios a su voluntad.
c) La Ley Orgánica 14/2022 ha derogado el delito de sedición.

53. ¿Con qué pena se castiga el atentado contra un miembro del Gobierno, según dispone el apartado 3 del artículo 550?

a) Prisión de uno a cuatro años y multa de tres a seis meses.
b) Prisión de seis meses a tres años.
c) Prisión de uno a seis años y multa de seis a doce meses.

54. Agredir a un miembro del Gobierno con un arma u objeto peligroso, se castigará:

a) Con la pena superior en grado a la prevista para el tipo correspondiente.

b) Con la pena en su mitad superior.

c) Con la pena de dos a seis años y multa de seis a doce meses.

55. Según la redacción dada al artículo 554 del Código, también se considera delito de atentado si las conductas típicas afectan:

a) a los miembros del personal sanitario o equipos de socorro que estuvieren interviniendo con ocasión de un siniestro.

b) Al personal de seguridad privada.

c) Todas las respuestas son correctas.

56. Sujeto activo del delito de desobediencia del artículo 556, podrá ser:

a) El personal de seguridad privada.

b) El funcionario o autoridad pública.

c) Cualquier persona.

57. Los que perturben gravemente el orden en la audiencia de un tribunal o juzgado, en los actos públicos propios de cualquier autoridad o corporación, en colegio electoral, oficina o establecimiento público, centro docente o con motivo de la celebración de espectáculos deportivos o culturales, serán castigados con la pena de:

a) Prisión, multa así como se le puede imponer la pena de acudir a lugares, eventos o espectáculos de la misma naturaleza por un tiempo de tres años superior a la pena de prisión impuesta.

b) Prisión, multa, así como se le puede imponer la pena de acudir a lugares, eventos o espectáculos de la misma naturaleza por un tiempo de tres años.

c) Pena de prisión, multa y prohibición de residir en determinados lugares.

58. Se considera depósito de armas de fuego reglamentadas, según dispone el apartado 3 del artículo 567:

a) La fabricación, comercialización o reunión de abundantes armas, aun cuando se hallen en piezas desmontadas.

b) La fabricación, comercialización o reunión de cinco o más de dichas armas, aun cuando se hallen en piezas desmontadas.

c) La fabricación, comercialización o reunión de cinco o más de dichas armas, siempre que no se hallen en piezas desmontadas.

59. La tenencia o el depósito de sustancias o aparatos explosivos, inflamables, incendiarios o asfixiantes, o sus componentes, así como su fabricación, tráfico o transporte, o suministro de cualquier forma, autorizado por las Leyes o la autoridad competente, será castigado:

a) Con la pena de prisión de dos a ocho años.

b) Con la pena de prisión de cuatro a ocho años, si se trata de sus promotores y organizadores, y con la pena de prisión de tres a cinco años para los que hayan cooperado a su formación.

c) Ninguna de las respuestas es correcta.

60. Según determina el artículo 570.1 bis, se entiende por organización criminal:

a) La agrupación formada por más de dos personas con carácter estable o por tiempo indefinido, que de manera concertada y coordinada se repartan diversas tareas o funciones con el fin de cometer delitos.

b) La agrupación formada por más de dos personas con carácter estable o por tiempo indefinido, que de manera concertada y coordinada se repartan diversas tareas o funciones con el fin de cometer delitos, así como de llevar a cabo la perpetración reiterada de faltas.

c) La agrupación formada por más de cuatro personas con carácter estable o por tiempo indefinido, que de manera concertada y coordinada se repartan diversas tareas o funciones con el fin de cometer delitos.

61. Según el artículo 573 del Código Penal, se considera delito de terrorismo la comisión de cualquier delito:

a) Contra el patrimonio.

b) Contra la Hacienda Pública y la Seguridad Social.

c) Contra la seguridad del tráfico.

62. Acceder de manera habitual a una página web en donde se incite a incorporarse a un grupo terrorista se castiga con la pena de:

a) Dos a tres años de prisión.

b) Dos a cinco años de prisión, según la nueva redacción del artículo 575.

c) Dos a cuatro años de prisión, según la nueva redacción del artículo 575.

Solución al test n.º 11

1. c) Los promotores constructores o técnicos directores.

2. b) Llevar a cabo obras de urbanización, construcción o edificación no autorizables en suelos destinados en viales, zonas verdes, bienes de dominio público o lugares que tengan legal o administrativamente reconocido su valor paisajístico, ecológico, artístico, histórico o cultural, o por los mismos motivos hayan sido considerados de especial protección.

3. a) 404.

4. b) Se trata de un supuesto de prevaricación.

5. c) En 60 kilómetros por hora.

6. a) En 80 kilómetros por hora.

7. c) Con una tasa de alcohol en aire espirado superior a 0,60 miligramos por litro o con una tasa de alcohol en sangre superior a 1,2 gramos por litro.

8. b) Prisión de dos a cinco años, multa de doce a veinticuatro meses y privación del derecho a conducir vehículos a motor y ciclomotores durante un período de seis a diez años.

9. a) Derribar o alterar gravemente edificios singularmente protegidos.

10. c) Una cantidad no desdeñable de residuos.

11. c) Pena de inhabilitación especial para empleo o cargo público por tiempo de siete a diez años, con la prisión de seis meses a dos años o la de multa de doce a veinticuatro meses.

12. c) Solo si es vertebrado.

13. c) Todas las respuestas son correctas.

14. a) Que las sustancias o productos provoquen o no grave daño a la salud.

15. c) Se castigará con la pena inferior en uno o dos grados a la que corresponda.

16. c) Graves daños utilizando medios poderosos de destrucción.

17. b) Diez a veinte años.

18. c) Que se incendien montes o masas forestales.

19. c) Todas las respuestas son correctas.

20. c) Es un delito cuando se trata de defraudar a un tercero.

21. b) Que el autor haya causado un accidente con fallecidos o heridos.

22. b) La fe pública.

23. c) Que se vincula al valor aparente de la moneda.

24. b) Es una conducta típica, que se castiga con pena de prisión o multa.

25. b) Se castiga con pena de multa de uno a tres meses.

26. a) Se equipara a la moneda de los países de la Unión Europea y extranjeros.

27. a) De ocho a doce años.

28. a) Se impondrá la pena en su mitad superior.

29. b) La metálica y el papel moneda de curso legal y aquella que no ha sido todavía emitida o puesta en circulación oficialmente pero que está destinada a su circulación como moneda de curso legal.

30. c) Con una pena de multa de uno a tres meses.

31. c) Solo se castigan si son cometidas por autoridad o funcionario público.

32. b) Penas de prisión de tres a seis años, multa de seis a veinticuatro meses e inhabilitación especial por tiempo de dos a seis años.

33. c) Esta conducta no está prevista como típica en el Código Penal.

34. a) Se castiga con la pena de prisión de dos a cinco años.

35. b) En el Derecho Penal.

36. b) El que por sí solo o como miembro de alguna corporación, tribunal u órgano colegiado tenga mando o ejerza jurisdicción propia. En todo caso, tendrán la consideración de autoridad los miembros del Congreso de los Diputados, del Senado, de las Asambleas Legislativas de las Comunidades Autónomas y del Parlamento Europeo. Se reputará también autoridad a los funcionarios del Ministerio Fiscal.

37. c) La autoridad o funcionario público.

38. b) A sabiendas de su injusticia.

39. b) Administrativo.

40. c) Proponer, nombrar y dar posesión.

41. c) Pena de multa tres a ocho meses y suspensión de empleo o cargo público por tiempo de uno a tres años.

42. a) A los que tienen que perseguir o impedir delitos.

43. b) La huelga ilegal de funcionarios públicos.

44. a) Abierta.

45. a) El cometido por el particular que ofrece, promete o entrega una dádiva o regalo a cambio de la obtención de una resolución o decisión de un funcionario público.

46. b) Es aquel que tiene por objeto la obtención de un acto propio del cargo, contrario al ordenamiento jurídico.

47. a) Prisión de tres a seis años, multa de doce a veinticuatro meses e inhabilitación especial para empleo o cargo público y para el ejercicio del derecho de sufragio pasivo por tiempo de nueve a doce años.

48. b) Lo haga prevaliéndose del ejercicio de las facultades de su cargo o de cualquier otra situación.

49. c) Cuando el perjuicio sea menor de 4.000 euros.

50. c) Negociaciones prohibidas a los funcionarios públicos.

51. c) Rebelión.

52. c) La Ley Orgánica 14/2022 ha derogado el delito de sedición.

53. c) Prisión de uno a seis años y multa de seis a doce meses.

54. a) Con la pena superior en grado a la prevista para el tipo correspondiente.

55. c) Todas las respuestas son correctas.

56. c) Cualquier persona.

57. a) Prisión, multa así como se le puede imponer la pena de acudir a lugares eventos o espectáculos de la misma naturaleza por un tiempo de tres años superior a la pena de prisión impuesta.

58. b) La fabricación, comercialización o reunión de cinco o más de dichas armas, aun cuando se hallen en piezas desmontadas.

59. c) Ninguna de las respuestas es correcta.

60. a) La agrupación formada por más de dos personas con carácter estable o por tiempo indefinido, que de manera concertada y coordinada se repartan diversas tareas o funciones con el fin de cometer delitos.

61. a) Contra el patrimonio.

62. b) Dos a cinco años de prisión, según la nueva redacción del artículo 575.

TEST N.º 12

La violencia de género. Ley Orgánica 1/2004, de 28 de diciembre, de Medidas de Protección Integral contra la violencia de Género. Derechos de las Mujeres víctimas de violencia de género. Tutela institucional; Tutela Penal; Medidas Judiciales de protección y de seguridad de las víctimas

1. Con el fin de garantizar la efectiva igualdad entre hombres y mujeres, las Administraciones educativas velarán:

a) Para que en algunos de los materiales educativos se eliminen los estereotipos sexistas más destacados.

b) Para que en todos los materiales educativos se eliminen los estereotipos sexistas o discriminatorios y para que fomenten el igual valor de hombres y mujeres.

c) Para que en algunos de los materiales educativos se eliminen los estereotipos sexistas más destacados y para que fomenten el igual valor de hombres y mujeres.

2. Estarán legitimados para ejercitar ante los Tribunales la acción de cesación de publicidad ilícita por utilizar en forma vejatoria la imagen de la mujer:

a) La Subdelegación Especial del Gobierno contra la Violencia sobre la Mujer, el Instituto de la Igualdad u órgano equivalente de cada Comunidad Autónoma, el Juzgado de Violencia de Género y las Asociaciones que tengan como objetivo único la defensa de los intereses de la mujer.

b) La Delegación Especial del Gobierno contra la Violencia sobre la Mujer, el Instituto de la Mujer u órgano equivalente de cada Comunidad Autónoma, el Ministerio Fiscal y las Asociaciones que tengan como objetivo único la defensa de los intereses de la mujer.

c) El Instituto de la Mujer u órgano equivalente de cada Comunidad Autónoma y las Asociaciones que tengan como objetivo único la defensa de los intereses de la mujer.

3. La trabajadora víctima de violencia de género tendrá derecho a:

a) La reducción o a la reordenación de su tiempo de trabajo.

b) La movilidad geográfica y al cambio de centro de trabajo.

c) Todas las anteriores son correctas.

4. El programa de inserción sociolaboral para mujeres víctimas de violencia de género ha sido aprobado por:

a) Ley 5/2004, de 6 de octubre.
b) Decreto 21/2007, de 2 de diciembre.
c) Real Decreto Legislativo 3/2015, de 23 de octubre.

5. El ámbito de la Ley Orgánica 1/2004, de 28 de diciembre, abarca:

a) Los aspectos preventivos, educativos, sociales, asistenciales.
b) La atención posterior a las víctimas.
c) Todas son correctas.

6. Las empresas que formalicen contratos de interinidad, para sustituir a trabajadoras víctimas de violencia de género que hayan suspendido su contrato de trabajo o ejercitado su derecho a la movilidad geográfica o al cambio de centro de trabajo:

a) Tendrán derecho a una bonificación del 100 por 100 de las cuotas empresariales a la Seguridad Social por contingencias comunes.
b) Tendrán derecho a una bonificación del 50 por 100 de las cuotas empresariales a la Seguridad Social por contingencias comunes.
c) Tendrán derecho a una bonificación del 75 por 100 de las cuotas empresariales a la Seguridad Social por contingencias comunes.

7. Según el artículo 4 de la Ley Orgánica 1/2004, la Educación Infantil:

a) Contribuirá a desarrollar en la infancia su capacidad para adquirir habilidades en la resolución pacífica de conflictos.
b) Contribuirá a desarrollar su capacidad para comprender y respetar la igualdad entre sexos.
c) Contribuirá a desarrollar su capacidad para valorar y respetar la igualdad de oportunidades de hombre y mujer.

8. En el ámbito sanitario, y en el seno del Consejo Interterritorial del Sistema Nacional de Salud, se constituirá:

a) Un Consejo contra la Violencia de Género.
b) Una Comisión contra la Violencia de Género
c) Una Delegación contra la Violencia de Género.

9. El derecho a la asistencia social integral comprende:

a) Servicio Sociales de Atención.
b) Servicios Sociales de Emergencia.
c) Todas las respuestas son correctas.

10. ¿Qué derecho ha introducido en la Ley Orgánica 1/2004, la Ley Orgánica 10/2022?

a) Derechos laborales.
b) Derecho de reparación.
c) Derecho a las prestaciones de la Seguridad Social.

11. ¿Qué renta mínima en cómputo anual debe tener la víctima de violencia de género para recibir una ayuda de pago único, cuando se considera que la víctima va a tener dificultadas para obtener un empleo?

a) Un 50 % del Salario Mínimo Interprofesional.
b) Un 60 % del Salario Mínimo Interprofesional.
c) Un 75 % del Salario Mínimo Interprofesional.

12. El elemento fundamental del derecho de reparación es:

a) La compensación económica por los daños y perjuicios derivados de la violencia.
b) La reducción y reordenación del tiempo de trabajo de la víctima.
c) La recepción de asesoramiento jurídico gratuito.

13. Según el artículo 22 de la Ley Orgánica 1/2004, la Delegación del Gobierno contra la Violencia de Género se adscribe:

a) Al Ministerio de Trabajo y Asuntos Sociales.
b) A la Presidencia del Gobierno.
c) Al Ministerio de Igualdad.

14. Según el artículo 30 de la Ley Orgánica 1/2004, el Observatorio estatal de Violencia sobre la Mujer se adscribe:

a) Al Ministerio de Igualdad.
b) A la Presidencia del Gobierno.
c) Al Ministerio de Igualdad.

15. La obligación de participar en programas formativos de parentalidad positiva, cuando se trate de delitos cometidos sobre la mujer por quien sea o haya sido su cónyuge, se impondrá:

a) Cuando se trate de un delito contra la libertad sexual.
b) Cuando el delito se haya cometido con violencia o intimidación.
c) Siempre.

16. ¿Con qué pena se castigarán las lesiones del art. 147.1 del Código penal, si la víctima hubiera sido la esposa o mujer que estuviere o hubiera estado ligada al autor por una relación de afectividad, aún sin convivencia?

a) Prisión de dos a cinco años.
b) Prisión de tres meses a tres años.
c) Prisión de uno a tres años.

Solución al test n.º 12

1. b) Para que en todos los materiales educativos se eliminen los estereotipos sexistas o discriminatorios y para que fomenten el igual valor de hombres y mujeres.

2. b) La Delegación Especial del Gobierno contra la Violencia sobre la Mujer, el Instituto de la Mujer u órgano equivalente de cada Comunidad Autónoma, el Ministerio Fiscal y las Asociaciones que tengan como objetivo único la defensa de los intereses de la mujer.

3. c) Todas las anteriores son correctas.

4. c) Real Decreto legislativo 3/2015, de 23 de octubre.

5. c) Todas son correctas.

6. a) Tendrán derecho a una bonificación del 100 por 100 de las cuotas empresariales a la Seguridad Social por contingencias comunes.

7. a) Contribuirá a desarrollar en la infancia su capacidad para adquirir habilidades en la resolución pacífica de conflictos.

8. b) Una Comisión contra la Violencia de Género.

9. c) Todas las respuestas son correctas.

10. b) Derecho de reparación.

11. c) Un 75 % del Salario Mínimo Interprofesional.

12. a) La compensación económica por los daños y perjuicios derivados de la violencia.

13. c) Ministerio de Igualdad.

14. a) Ministerio de Igualdad.

15. c) Siempre.

16. a) Prisión de dos a cinco años.

TEST N.º 13

Ley Orgánica 5/2000, de 12 de enero, reguladora de la responsabilidad penal de los menores: de las medidas; instrucción del procedimiento, de las medidas cautelares; ejecución de las medidas

1. Si un menor de catorce años comete un hecho delictivo se le aplicará:

a) Queda exento de cualquier responsabilidad.

b) Ley Orgánica 4/2000, de 11 de enero, reguladora de la Responsabilidad Penal de los Menores.

c) Las normas del Código Civil referidas a la protección de menores.

2. La Ley reguladora de la Responsabilidad Penal de los Menores tiene como principios generales:

a) Naturaleza formalmente penal pero materialmente sancionadora-educativa del procedimiento y de las medidas aplicables a los infractores menores de edad.

b) Reconocimiento expreso de todas las garantías que se derivan del respeto de los derechos constitucionales y de las especiales exigencias del interés del menor.

c) Todas las respuestas son correctas.

3. Para conocer los hechos delictivos cometidos por menores a los que les es de aplicación la Ley de Responsabilidad Penal de los Menores es competente:

a) A la Audiencia Nacional.

b) El Juez de Instrucción.

c) El Juez de Menores.

4. ¿Se puede aplicar la Ley de Responsabilidad Penal de los Menores a los mayores de dieciocho años y menores de veintiuno?

a) Sí, en cualquier caso.

b) No, en ningún supuesto.

c) Solo cuando se haya probado, a través de un médico forense que la edad mental de la persona es inferior a dieciocho años.

5. No es una medida prevista en la Ley de Responsabilidad Penal de los Menores:

a) Internamiento en régimen cerrado.
b) Internamiento en régimen semiabierto.
c) Ninguna respuesta es correcta.

6. De modo general, las medidas en la Ley de Responsabilidad Penal de los Menores no podrán tener una duración superior a:

a) Dos años.
b) Cinco años.
c) Tres años.

7. Si un menor de quince años realiza un hecho que sea constitutivo de alguno de los delitos tipificados en los artículos 138 (homicidio), 139 (asesinato), 178, apartados 2 y 3, 179, 180, 181, apartados 2, 4, 5 y 6 (agresiones sexuales), y 571 a 580 (delitos de terrorismo) del Código Penal, o de cualquier otro delito que tenga señalada en dicho Código o en las leyes penales especiales pena de prisión igual o superior a quince años, el Juez deberá imponer las medidas siguientes:

a) Una medida de internamiento en régimen cerrado de uno a ocho años de duración.
b) Una medida de internamiento en régimen cerrado de uno a seis años.
c) Una medida de internamiento en régimen cerrado de uno a cinco años de duración, complementada en su caso por otra medida de libertad vigilada de hasta tres años.

8. Contra la sentencia que emita el Juzgado competente tras el proceso contra un menor:

a) No cabe recurso alguno.
b) Cabe recurso de apelación ante la correspondiente Audiencia Provincial.
c) Cabe solo recurso de casación ante el Tribunal Supremo.

9. La medida de internamiento en régimen cerrado se aplicará cuando:

a) En la comisión del delito tipificado como menos grave el menor haya empleado violencia o intimidación en las personas.
b) Los hechos sean calificados de falta.
c) El menor tenga más de dieciséis años.

10. En el supuesto de internamiento de un menor en régimen abierto:

a) Residirá en su domicilio habitual, asistiendo al Centro de Menores sólo para las actividades formativas.
b) Residirá en el Centro de Menores como domicilio habitual, llevando a cabo las actividades del proyecto educativo en los servicios normalizados del entorno.
c) Sólo desarrollarán en el Centro de Menores las actividades laborales y de ocio.

11. Las prestaciones en beneficio de la comunidad impuestas a un menor:

a) Requieren el previo consentimiento del mismo.
b) No exigen dicho consentimiento.
c) Han de ser retribuidas en todo caso.

12. La medida de represión del menor, haciéndole comprender la gravedad de los hechos cometidos y sus consecuencias:

a) Ha de ir acompañada de cualquiera de las medidas que recoge la Ley de responsabilidad penal de los menores.
b) Solo se aplica cuando el menor ha cometido un delito y no una falta.
c) Es la amonestación llevada a cabo por el Juez de Menores.

13. Las edades indicadas en la Ley de responsabilidad penal de los menores se entienden referidas al momento:

a) De la comisión de los hechos.
b) En el que se enjuicia al delincuente.
c) En el que es detenido el delincuente.

14. La medida de prestaciones en beneficio de la comunidad no podrá superar las:

a) Treinta horas.
b) Veinticuatro horas.
c) Cien horas.

15. Prescriben a los cinco años los hechos delictivos cometidos por los menores:

a) Cuando se trate de un delito grave sancionado en el Código Penal con pena superior a diez años.
b) Cuando se trate de cualquier delito grave.
c) Cuando se trate de un delito menos grave.

16. Prescriben al año:

a) Las medidas que tengan una duración superior a los dos años.
b) Todo tipo de medidas.
c) Las amonestaciones.

17. La incoación de un expediente de exigencia de responsabilidad penal a un menor compete al/a la:

a) Policía Local o Cuerpo o Fuerza de Seguridad actuante.
b) Ministerio Fiscal.
c) Juez de Menores.

18. El menor detenido tendrá derecho a la entrevista reservada con su abogado:

a) Con anterioridad a la práctica de la diligencia de toma de declaración.
b) Al término de la práctica de la diligencia de toma de declaración.
c) Las respuestas a) y b) son correctas.

19. Un menor detenido por funcionarios de policía debe ser puesto en libertad o a disposición judicial en el plazo máximo de:

a) Veinticuatro horas.
b) Treinta y seis horas.
c) Cuarenta y ocho horas.

20. El Juez competente para el procedimiento de "habeas corpus" en relación a un menor es el:

a) Juez de Menores.
b) Juez de Instrucción del lugar en que se haya cometido el delito que ha provocado su detención.
c) Juez de Instrucción del lugar en el que se encuentre el menor.

21. El Ministerio Fiscal podrá desistir de la continuación de un expediente:

a) Cuando el hecho imputado al menor constituya delito.
b) Cuando el hecho imputado al menor constituya delito menos grave.
c) Sólo en el supuesto de que se trate de una falta.

22. La creación, dirección, organización y gestión de los servicios e instituciones para garantizar la ejecución de las medidas previstas en la Ley de responsabilidad penal de los menores es una competencia administrativa originaria de la/las:

a) Administración Penitenciaria.
b) Entidades Locales.
c) Comunidades Autónomas y Ciudades Autónomas de Ceuta y Melilla.

Solución al test n.º 13

1. c) Las normas del Código Civil referidas a la protección de menores.

2. c) Todas las respuestas son correctas.

3. c) El Juez de Menores.

4. b) No, en ningún supuesto.

5. c) Ninguna respuesta es correcta.

6. a) Dos años.

7. c) Una medida de internamiento en régimen cerrado de uno a cinco años de duración, complementada en su caso por otra medida de libertad vigilada de hasta tres años.

8. b) Cabe recurso de apelación ante la correspondiente Audiencia Provincial.

9. a) En la comisión del delito tipificado como menos grave el menor haya empleado violencia o intimidación en las personas.

10. b) Residirá en el Centro de Menores como domicilio habitual, llevando a cabo las actividades del proyecto educativo en los servicios normalizados del entorno.

11. a) Requieren el previo consentimiento del mismo.

12. c) Es la amonestación llevada a cabo por el Juez de Menores.

13. a) De la comisión de los hechos.

14. c) Cien horas.

15. a) Cuando se trate de un delito grave sancionado en el Código Penal con pena superior a diez años.

16. c) Las amonestaciones.

17. b) Ministerio Fiscal.

18. c) Las respuestas a) y b) son correctas.

19. a) Veinticuatro horas.

20. c) Juez de Instrucción del lugar en el que se encuentre el menor.

21. b) Cuando el hecho imputado al menor constituya delito menos grave.

22. c) Comunidades Autónomas y Ciudades Autónomas de Ceuta y Melilla.

TEST N.º 14

Las faltas y sus penas. Faltas contra las personas. Faltas contra el patrimonio. Faltas contra los intereses generales. Faltas contra el orden público

1. Para castigar algunos delitos leves se requiere una denuncia previa de la persona afectada o de su representante legal. Tras ello, las penas que podrán imponerse para un delito leve son (artículo 33.4 del Código Penal):

a) Prohibición de aproximarse o comunicarse con la víctima o con sus familiares por tiempo de 1 mes a menos de 6 meses.
b) Privación del derecho a conducir vehículos a motor de 3 meses a 1 año.
c) Las respuestas a) y b) son correctas.

2. Para castigar algunos delitos leves se requiere una denuncia previa de la persona afectada o de su representante legal. Tras ello, las penas que podrán imponerse para un delito leve son (artículo 33.4 del Código Penal) y son penas leves:

a) La privación del derecho a conducir vehículos a motor y ciclomotores de tres meses a un año.
b) La privación del derecho a la tenencia y porte de armas de tres meses a un año.
c) Las opciones a) y b) son correctas.

3. Según el art.142.2 del código penal, "El que por imprudencia menos grave causare la muerte de otro, será castigado con la pena de:

a) Multa de tres meses a dieciocho meses.
b) Multa de seis meses a dieciocho meses.
c) Multa de 12 meses a dieciocho meses.

4. El que no socorriere a una persona que se halle desamparada y en peligro manifiesto y grave, cuando pudiere hacerlo sin riesgo propio ni de terceros, o el que, impedido de prestar socorro, no demande con urgencia auxilio ajeno será castigado con la pena de:

a) Multa de seis a dieciocho meses.
b) Multa de tres a doce meses.
c) No será castigado según la última reforma del Código Penal.

5. En el delito leve de defraudación de fluido eléctrico, gas, agua, telecomunicaciones u otra energía, si la cuantía de lo defraudado no excediere de 400 euros, se impondrá una pena de:

a) Multa de tres a doce meses.
b) Multa de doce a dieciocho meses.
c) Multa de uno a tres meses.

6. A tenor del artículo 267 del Código Penal, "Los daños causados por imprudencia grave en cuantía superior a 80.000 euros, serán castigados con la pena de":

a) Multa de tres a nueve meses, atendiendo la importancia de los mismos.
b) Multa de seis a doce meses, atendiendo la importancia de los mismos.
c) Multa de doce a dieciocho meses, atendiendo la importancia de los mismos.

7. El que habiendo recibido de buena fe moneda falsa la expenda o distribuya después de constarle su falsedad, si el valor aparente de la moneda excediera de 400 euros, será castigado con la pena de:

a) Prisión de tres a seis meses o multa de seis a veinticuatro meses.
b) Multa de dieciocho a veinticuatro meses.
c) Multa de uno a tres meses.

8. El que por imprudencia grave cause daños, en cuantía superior a 400 euros, en un archivo, registro, museo, biblioteca, centro docente, gabinete científico, institución análoga o en bienes de valor artístico, histórico, cultural, científico o monumental, así como en yacimientos arqueológicos, será castigado con la pena de:

a) Multa de seis a dieciocho meses, atendiendo a la importancia de los mismos.
b) Multa de doce a dieciocho meses, atendiendo a la importancia de los mismos.
c) Multa de tres a dieciocho meses, atendiendo a la importancia de los mismos.

9. Los que faltaren al respeto y consideración debida a la autoridad, en el ejercicio de sus funciones, serán castigados con la pena de:

a) Multa de uno a tres meses.
b) Prisión de seis a doce meses.
c) Multa de seis a doce meses.

10. El que hiciere uso de cualquier equipo terminal de telecomunicación, sin consentimiento de su titular, y causando a este un perjuicio económico que no excediere de 400 euros, será castigado con la pena de:

a) Multa de uno a tres meses.
b) Multa de tres a doce meses.
c) Multa de doce a dieciocho meses.

Solución al test n.º 14

1. c) Las respuestas a) y b) son correctas.

2. c) Las respuestas a) y b) son correctas.

3. a) Multa de tres meses a dieciocho meses.

4. b) Multa de tres a doce meses.

5. c) Multa de uno a tres meses.

6. a) Multa de tres a nueve meses, atendiendo la importancia de los mismos.

7. a) Prisión de tres a seis meses o multa de seis a veinticuatro meses.

8. c) Multa de tres a 18 meses, atendiendo a la importancia de los mismos.

9. a) Multa de uno a tres meses.

10. a) Multa de uno a tres meses.

Tráfico y Seguridad Vial

TEST N.º 15

Tráfico, circulación y seguridad vial. Normas reguladoras. Normas de comportamiento en la circulación de vehículos y peatones. Bebidas alcohólicas y sustancias estupefacientes. Límites de velocidad y distancias exigibles. Prioridad de paso. Incorporación a la circulación. Cambios de dirección, sentido y marcha atrás

1. Según el Texto Refundido de la Ley de Tráfico, la seguridad vial tiene por finalidad principal:

a) Mantener el orden en las vías públicas.
b) Evitar los accidentes de circulación y sus consecuencias.
c) Regular las competencias de los ayuntamientos.

2. Los titulares de vehículos están obligados a mantenerlos:

a) Limpios y con seguro vigente.
b) En condiciones adecuadas de seguridad técnica y mecánica.
c) Solo con la ITV pasada.

3. La circulación en sentido contrario al establecido es:

a) Infracción leve.
b) Infracción muy grave.
c) Infracción grave.

4. El plazo de prescripción de las infracciones graves de tráfico es de:

a) Tres meses.
b) Seis meses.
c) Tres años.

5. ¿Qué autoridad puede acordar la inmovilización de un vehículo?

a) Únicamente la DGT.
b) Los agentes de la autoridad encargados de la vigilancia del tráfico.
c) El titular del vehículo.

6. Cuando el conductor pierde la totalidad de los puntos asignados:

a) Pierde solo el permiso temporalmente.
b) Se declara la pérdida de vigencia del permiso de conducción.
c) Queda suspendido un año.

7. ¿Cuál de los siguientes vehículos está exento de limitación de velocidad en autopista?

a) Autobuses con viajeros de pie.
b) Vehículos agrícolas.
c) Ninguno, todos tienen limitaciones.

8. Circular con un menor de edad sin el sistema de retención infantil reglamentario se sanciona como:

a) Infracción grave sin pérdida de puntos.
b) Infracción grave con pérdida de puntos.
c) Infracción muy grave.

9. Los conductores de bicicletas están obligados a usar casco:

a) Solo en vías interurbanas.
b) Siempre fuera de poblado y dentro si son menores de 16 años.
c) Únicamente en carreteras de montaña.

10. ¿Qué órgano dicta las normas complementarias de la Ley de Tráfico?

a) El Congreso de los Diputados.
b) El Gobierno de la Nación mediante Real Decreto.
c) Las Comunidades Autónomas.

11. El permiso de conducción podrá ser suspendido por pérdida de puntos:

a) De forma indefinida.
b) Durante seis meses, o tres si es conductor profesional.
c) Durante un año.

12. La señal luminosa roja intermitente obliga a:

a) Detenerse solo si circulan peatones.
b) Detenerse inmediatamente ante ella.
c) Extremar la precaución, pero continuar.

13. La no utilización del cinturón de seguridad por el conductor constituye:

a) Infracción leve.
b) Infracción grave con detracción de puntos.
c) Infracción muy grave.

14. En un accidente con heridos, el conductor debe:

a) Abandonar el lugar para pedir ayuda.
b) Detenerse, auxiliar y comunicar a la autoridad competente.
c) Esperar a la policía sin prestar auxilio.

15. Circular sin haber obtenido nunca permiso de conducción es:

a) Infracción muy grave.
b) Delito castigado en el Código Penal.
c) Falta leve.

16. El titular del vehículo deberá comunicar la transmisión del mismo en un plazo máximo de:

a) 10 días.
b) 10 días hábiles desde la venta.
c) 15 días naturales.

17. Circular con un vehículo con ITV caducada constituye:

a) Infracción leve.
b) Infracción administrativa sin puntos.
c) Infracción grave.

18. La velocidad mínima permitida en autopistas y autovías es:

a) 45 km/h.
b) 50 km/h.
c) 40 km/h.

19. El estacionamiento en doble fila sin conductor a bordo es:

a) Infracción leve.
b) Infracción grave.
c) Infracción muy grave.

20. Las infracciones muy graves prescriben a los:

a) Dos años.
b) Seis meses.
c) Tres años.

21. Circular utilizando manualmente un dispositivo de telefonía móvil se sanciona con:

a) 200 € y 2 puntos.
b) 100 € y sin puntos.
c) 200 € y 6 puntos.

22. Un conductor novel que supere los 0,15 mg/l de alcohol en aire espirado:

a) No comete infracción.
b) Comete infracción administrativa grave.
c) Comete infracción muy grave.

23. En un paso de peatones sin semáforo, tiene prioridad:

a) El vehículo que circula por la calzada.
b) El peatón que haya iniciado el cruce.
c) El peatón solo si no hay tráfico.

24. El uso de carriles reversibles está permitido:

a) Solo en vías urbanas.
b) Cuando así lo indique la señalización variable.
c) Siempre que no haya tráfico en sentido contrario.

25. El uso de auriculares durante la conducción se considera:

a) Infracción leve.
b) Infracción grave sin puntos.
c) Infracción grave con pérdida de puntos.

26. El plazo de prescripción de las sanciones impuestas por infracciones muy graves es de:

a) Un año.
b) Dos años.
c) Tres años.

27. Circular sin haber pasado la inspección técnica obligatoria cuando corresponde es:

a) Infracción leve.
b) Infracción muy grave.
c) Infracción grave.

28. El cambio de sentido está prohibido:

a) Solo en glorietas.
b) En túneles, pasos a nivel y autopistas.
c) En todas las vías urbanas.

29. La retirada de un vehículo de la vía pública podrá efectuarse:

a) Solo por orden judicial.
b) Por orden de los agentes cuando entorpezca la circulación o constituya peligro.
c) Únicamente por infracciones graves.

30. Circular con un vehículo que produce ruidos o humos excesivos es:

a) Infracción leve.
b) Infracción grave.
c) Infracción muy grave.

Solución al test n.º 15

1. b) Evitar los accidentes de circulación y sus consecuencias.

2. b) En condiciones adecuadas de seguridad técnica y mecánica.

3. b) Infracción muy grave.

4. c) Tres años.

5. b) Los agentes de la autoridad encargados de la vigilancia del tráfico.

6. b) Se declara la pérdida de vigencia del permiso de conducción.

7. c) Ninguno, todos tienen limitaciones.

8. b) Infracción grave con pérdida de puntos.

9. b) Siempre fuera de poblado y dentro si son menores de 16 años.

10. b) El Gobierno de la Nación mediante Real Decreto.

11. b) Durante seis meses, o tres si es conductor profesional.

12. b) Detenerse inmediatamente ante ella.

13. b) Infracción grave con detracción de puntos.

14. b) Detenerse, auxiliar y comunicar a la autoridad competente.

15. b) Delito castigado en el Código Penal.

16. b) 10 días hábiles desde la venta.

17. c) Infracción grave.

18. b) 50 km/h.

19. b) Infracción grave.

20. c) Tres años.

21. c) 200 € y 6 puntos.

22. b) Comete infracción administrativa grave.

23. b) El peatón que haya iniciado el cruce.

24. b) Cuando así lo indique la señalización variable.

25. c) Infracción grave con pérdida de puntos.

26. c) Tres años.

27. c) Infracción grave.

28. b) En túneles, pasos a nivel y autopistas.

29. b) Por orden de los agentes cuando entorpezca la circulación o constituya peligro.

30. b) Infracción grave.

TEST N.º 16

Adelantamientos. Parada y estacionamiento. Cruce de pasos a nivel y puentes levadizos. Otras normas de circulación: apagado de motor. Cinturón, casco y restantes elementos de seguridad. Tiempo de descanso y conducción. Peatones. Auxilio. Publicidad. Animales

1. El adelantamiento deberá efectuarse por la izquierda del vehículo que se pretende adelantar salvo:

a) Cuando el conductor del vehículo al que se pretenda adelantar esté indicando claramente su propósito de cambiar de dirección a la izquierda o parar en ese lado.

b) En las vías con circulación en ambos sentidos, a los tranvías que marchen por la zona central.

c) Las opciones a) y b) son correctas.

2. El conductor que advierta que otro que le sigue tiene el propósito de adelantar a su vehículo estará obligado a:

a) Ceñirse al borde derecho de la calzada.

b) Disminuir la velocidad de su vehículo cuando, una vez iniciada la maniobra de adelantamiento, se produzca alguna situación que entrañe peligro para su propio vehículo, para el vehículo que adelanta, para los que circulan en sentido contrario o para cualquier otro usuario de la vía.

c) Las opciones a) y b) son correctas.

3. El conductor que se proponga adelantar está obligado a:

a) Cerciorarse de que el conductor del vehículo que le precede en el mismo carril no ha indicado su propósito de desplazamiento hacia el mismo lado.

b) Asegurarse de que ningún conductor que le siga por el mismo carril ha iniciado la maniobra de adelantar a su vehículo.

c) Todas las anteriores son correctas.

4. Si después de iniciar la maniobra de adelantamiento el conductor advirtiera que se producen circunstancias que puedan hacer difícil su finalización sin provocar riesgos deberá:

a) Acelerar al objeto de poder finalizar la maniobra sin riesgos.

b) Reducir rápidamente su marcha, regresar de nuevo a su carril y advertirlo a los que le siguen con las señales preceptivas.

c) Obligar a otros usuarios a modificar su trayectoria o velocidad, y advertirlo a través de las señales preceptivas.

5. La parada y el estacionamiento se realizarán situando el vehículo paralelamente al borde de la calzada. Ante esta premisa, podemos afirmar que:

a) No es cierta.

b) Es cierta, no permitiéndose otra colocación.

c) Por excepción, se permitirá otra colocación cuando las características de la vía u otras circunstancias así lo aconsejen.

6. La parada en las intersecciones:

a) Se permite sólo en días de poca densidad de tráfico.

b) Se admite en todo caso.

c) Está prohibida.

7. El estacionamiento en las proximidades de las intersecciones...

a) Se permite sólo en días de poca densidad de tráfico.

b) Es admisible, si la zona está acotada por parquímetros.

c) Está prohibido, si se dificulta el giro a otros vehículos.

8. ¿Dónde se podrá realizar la parada o el estacionamiento en las vías urbanas?

a) En la calzada, lo más cerca posible del borde derecho de la misma. Nunca en el arcén.

b) En la calzada o en el arcén, lo más cerca posible del borde derecho de la misma, salvo en las vías de sentido único en la que se podrá situar también en el lado izquierdo.

c) En la calzada, nunca en el arcén, lo más cerca posible del borde derecho de la misma, salvo en las vías de sentido único en la que se podrá situar también en el lado izquierdo.

9. ¿Dónde no está prohibido parar y estacionar?

a) En las curvas y cambios de rasante de visibilidad reducida.

b) En los lugares donde se impida la visibilidad de la señalización a los usuarios a quienes afecte u obligue a hacer maniobras antirreglamentarias.

c) En las zonas habilitadas al efecto en autopistas y autovías.

10. La parada o el estacionamiento de un vehículo en vías interurbanas deberá efectuarse:

a) Siempre fuera de la calzada, en su lado derecho y dejando libre la parte transitable del arcén.
b) Junto al borde de la calzada, en su lado izquierdo.
c) En la propia calzada, señalizando el peligro.

11. ¿Dónde está prohibido parar y estacionar?

a) En las curvas y cambios de rasante de visibilidad reducida.
b) En los lugares donde se impida la visibilidad de la señalización a los usuarios a quienes afecte u obligue a hacer maniobras antirreglamentarias.
c) Las respuestas a) y b) son correctas.

12. El Régimen de parada y estacionamiento en vías urbanas se podrá regular por:

a) Ordenanza municipal.
b) La Jefatura Central de Tráfico exclusivamente.
c) La Jefatura Provincial de Tráfico exclusivamente.

13. Señala la incorrección. Queda prohibido parar y estacionar:

a) En las intersecciones.
b) En autovías o autopistas, en las zonas habilitadas al efecto.
c) En pasos a nivel.

14. La parada y el estacionamiento se realizará como norma general...

a) Dejando colocada la primera marcha en pendiente descendente.
b) Situando el vehículo paralelamente al borde de la calzada.
c) Dejando libre al menos un carril de circulación.

15. Los conductores, al aproximarse a un paso a nivel o a un puente móvil, deben:

a) Extremar la prudencia y reducir la velocidad por debajo de la máxima permitida.
b) El cruce de la vía férrea deberá realizarse sin demora y después de haberse cerciorado de que, por las circunstancias de la circulación o por otras causas, no existe riesgo de quedar inmovilizado dentro del paso.
c) Todas las respuestas anteriores son correctas.

16. ¿Cuándo deberá procederse al apagado del motor del vehículo?

a) Para cargar combustible en el depósito siempre que no se trate de un diesel.
b) Cuando se vea obligado a permanecer con su vehículo detenido en el interior de un túnel u otro lugar cerrado, por un período de tiempo superior a dos minutos.
c) En caso de lluvia fuerte o condiciones meteorológicas adversas.

17. Se utilizarán cinturones de seguridad u otros sistemas de retención homologados, correctamente abrochados, tanto en la circulación por vías urbanas como interurbanas:

a) En los vehículos de más de nueve plazas, incluido el conductor, se informará a los pasajeros de la obligación de llevar abrochados los cinturones de seguridad u otros sistemas de retención infantil homologados, por el conductor, por el guía o por la persona encargada del grupo, a través de medios audiovisuales o mediante letreros o pictogramas.

b) Esta obligación, en lo que se refiere a los cinturones de seguridad, no será exigible en aquellos vehículos que no los tengan instalados.

c) Todas las opciones anteriores son correctas.

18. Señala la respuesta incorrecta:

a) Todo conductor que se vea obligado a permanecer con su vehículo detenido en el interior de un túnel u otro lugar cerrado, por un período de tiempo superior a un minuto, deberá interrumpir el funcionamiento del motor hasta que pueda proseguir la marcha, conservando encendido el alumbrado de posición.

b) Los propietarios de aparatos distribuidores de combustibles o empleados de estos últimos no podrán facilitar los combustibles para su carga si no está parado el motor y apagadas las luces de los vehículos, los sistemas eléctricos como la radio y los dispositivos emisores de radiación electromagnética como los teléfonos móviles.

c) Para cargar combustible en el depósito de un vehículo, éste debe hallarse con el motor parado.

19. Señala la respuesta incorrecta:

a) En el caso de accidente o avería, como norma general, si el vehículo está inmovilizado sin posibilidad de reemprender la marcha, los ocupantes deberán abandonar el vehículo, siempre que exista un lugar seguro fuera de la plataforma de circulación y, en todo caso, deberán salir del vehículo por el lado contrario al flujo de tráfico sin transitar o permanecer en los carriles y arcenes que conforman dicha plataforma.

b) Se prohíbe a los usuarios de las vías cuyo vehículo haya sufrido un accidente cumplimentar el parte de accidente en la plataforma de circulación.

c) Si por causa de accidente o avería el vehículo o su carga obstaculizasen la calzada, los conductores, adoptarán en primer lugar las medidas necesarias para que sea retirado en el menor tiempo posible, deberán sacarlo de la calzada y situarlo cumpliendo las normas de estacionamiento siempre que sea factible.

20. Están obligados a llevar casco de protección homologados cuando circulen por vías urbanas e interurbanas:

a) Los conductores y pasajeros de motocicletas o motocicletas con sidecar, de vehículos de tres ruedas y cuadriciclos, de ciclomotores y de vehículos especiales tipo quad.

b) Los conductores y pasajeros de las motocicletas, de ciclomotores y de vehículos especiales tipo quad y estén dotados de cinturones de seguridad y así conste en la correspondiente tarjeta de inspección técnica.

c) Los conductores de bicicletas cuando circulen en vías urbanas.

21. Los peatones están obligados a transitar por la zona peatonal salvo:

a) Cuando ésta no exista o no sea practicable; en tal caso, podrán hacerlo por el arcén o, en su defecto, por la calzada.

b) Cuando se lleve algún objeto voluminoso o empuje o arrastre un vehículo de reducidas dimensiones que no sea de motor.

c) Todas las anteriores son correctas.

22. Fuera del poblado, entre el ocaso y la salida del sol o en condiciones meteorológicas o ambientales que disminuyan sensiblemente la visibilidad, todo peatón, cuando circule por la calzada o el arcén, deberá:

a) Llevar una linterna y hacer señales de tipo intermitente al aproximarse los vehículos.

b) Ir provisto de un elemento luminoso o retrorreflectante homologado y que responda a las prescripciones técnicas contenidas en la Ley Orgánica 13/1997.

c) Ir provisto de un elemento luminoso o retrorreflectante homologado y que responda a las prescripciones técnicas contenidas en el Real Decreto 1407/1992, de 20 de noviembre.

23. En el cruce de la calzada los peatones deberán observar las siguientes normas:

a) Para atravesar la calzada fuera de un paso para peatones, deberán cerciorarse de que pueden hacerlo sin riesgo ni entorpecimiento indebido.

b) Al atravesar la calzada, deben caminar perpendicularmente al eje de ésta, no demorarse ni detenerse en ella sin necesidad y no entorpecer el paso a los demás.

c) Todas las respuestas anteriores son correctas.

24. ¿Cuál de las siguientes prescripciones deberán observar quienes conduzcan animales?

a) Sólo invadirán la zona peatonal cuando sea estrictamente necesario.

b) Los animales de tiro, carga o silla o el ganado suelto circularán por el arcén del lado derecho, y si tuvieran que utilizar la calzada, lo harán aproximándose cuanto sea posible al borde derecho de ésta.

c) Deben ir conducidos, al menos, por una persona mayor de 18 años, capaz de dominarlos en todo momento.

25. Todo usuario de la vía implicado en un accidente de circulación deberá, en la medida de lo posible:

a) Detenerse de forma que no cree un nuevo peligro para la circulación.

b) Facilitar los datos del vehículo a otras personas implicadas en el accidente, si lo pidiesen.

c) Todas las respuestas anteriores son correctas.

Solución al test n.º 16

1. c) Las opciones a) y b) son correctas.

2. c) Las opciones a) y b) son correctas.

3. c) Todas las anteriores son correctas.

4. b) Reducir rápidamente su marcha, regresar de nuevo a su carril y advertirlo a los que le siguen con las señales preceptivas.

5. c) Por excepción, se permitirá otra colocación cuando las características de la vía u otras circunstancias así lo aconsejen.

6. c) Está prohibida.

7. c) Está prohibido, si se dificulta el giro a otros vehículos.

8. b) En la calzada o en el arcén, lo más cerca posible del borde derecho de la misma, salvo en las vías de sentido único en la que se podrá situar también en el lado izquierdo.

9. c) En las zonas habilitadas al efecto en autopistas y autovías.

10. a) Siempre fuera de la calzada, en su lado derecho y dejando libre la parte transitable del arcén.

11. c) Las respuestas a) y b) son correctas.

12. a) Ordenanza municipal.

13. b) En autovías o autopistas, en las zonas habilitadas al efecto.

14. b) Situando el vehículo paralelamente al borde de la calzada.

15. c) Todas las respuestas anteriores son correctas.

16. b) Cuando se vea obligado a permanecer con su vehículo detenido en el interior de un túnel u otro lugar cerrado, por un período de tiempo superior a dos minutos.

17. c) Todas las opciones anteriores son correctas.

18. a) Todo conductor que se vea obligado a permanecer con su vehículo detenido en el interior de un túnel u otro lugar cerrado, por un período de tiempo superior a un minuto, deberá interrumpir el funcionamiento del motor hasta que pueda proseguir la marcha, conservando encendido el alumbrado de posición.

19. c) Si por causa de accidente o avería el vehículo o su carga obstaculizasen la calzada, los conductores, adoptarán en primer lugar las medidas necesarias para que sea retirado en el menor tiempo posible, deberán sacarlo de la calzada y situarlo cumpliendo las normas de estacionamiento siempre que sea factible.

20. a) Los conductores y pasajeros de motocicletas o motocicletas con sidecar, de vehículos de tres ruedas y cuadriciclos, de ciclomotores y de vehículos especiales tipo quad.

21. c) Todas las anteriores son correctas.

22. c) Ir provisto de un elemento luminoso o retrorreflectante homologado y que responda a las prescripciones técnicas contenidas en el Real Decreto 1407/1992, de 20 de noviembre.

23. c) Todas las respuestas anteriores son correctas.

24. c) Deben ir conducidos, al menos, por una persona mayor de 18 años, capaz de dominarlos en todo momento.

25. c) Todas las respuestas anteriores son correctas.

La señalización. Normas generales sobre señales. Prioridad entre señales. Formato de las señales. Idioma de las señales. Mantenimiento de señales y señales circunstanciales. Retirada, sustitución y alteración de señales

1. La señalización tiene por misión principal:

a) Limitar los desplazamientos urbanos.
b) Advertir e informar u ordenar el comportamiento de los usuarios.
c) Permitir el estacionamiento seguro.

2. ¿Quién debe obedecer las señales de circulación?

a) Todos los usuarios de las vías objeto de la Ley.
b) Solo conductores de vehículos a motor.
c) Únicamente cuando haya policía presente.

3. Si una señal obliga a detenerse, el conductor podrá reanudar la marcha:

a) Cuando lo estime oportuno.
b) Tras 3 segundos de detención.
c) Tras cumplir la prescripción indicada por la señal.

4. Orden de prioridad entre señales:

a) Semáforos → Agentes → Señales verticales
b) Agentes → Señalización circunstancial → Semáforos → Señales verticales → Marcas viales
c) Señales verticales → Agentes → Semáforos

5. Si dos señales del mismo tipo parecen contradictorias:

a) Se obedece la más visible.
b) Se sigue la norma general de circulación.
c) Prevalece la más restrictiva.

6. Las señales deben ser obedecidas aunque contradigan la norma general:

a) Nunca.
b) Solo si hay riesgo.
c) Salvo circunstancias especiales justificadas.

7. Las señales se aplican:

a) Solo al carril derecho.
b) A toda la anchura de la calzada salvo limitación por marcas.
c) Exclusivamente al carril izquierdo.

8. La visibilidad nocturna de señales se garantiza mediante:

a) Reflectores portátiles.
b) Materiales retrorreflectantes.
c) Iluminación de las vías exclusivamente.

9. Las inscripciones en señales deben figurar:

a) Únicamente en castellano.
b) En castellano y, en su caso, lengua cooficial.
c) En inglés y castellano.

10. Las señales luminosas pueden mostrar símbolos iluminados:

a) Solo en vías rápidas.
b) Blancos sobre fondo oscuro.
c) Rojo fijo únicamente.

11. Un panel complementario se coloca generalmente:

a) Sobre la señal.
b) A 500 metros de la señal.
c) Debajo de la señal.

12. Las indicaciones contradictorias entre semáforos y marcas viales:

a) Se atienden siempre las marcas viales.
b) Se atiende la señal vertical.
c) Se atiende el semáforo.

13. ¿Quién puede regular tráfico en ausencia de agentes?

a) Personal sanitario.
b) Policía Militar en casos previstos.
c) Cualquier funcionario público.

14. Señalización circunstancial termina su validez:

a) Cuando lo indique la propia señal o desaparezca la causa.
b) Al finalizar la jornada laboral.
c) Al pasar el primer vehículo.

15. Los dispositivos delimitadores:

a) Prohíben el paso a la parte de la vía que delimitan.
b) Indican velocidad máxima.
c) Señalan incorporación obligatoria.

16. Los semáforos cuadrados regulan:

a) Peatones.
b) Ciclistas.
c) Carriles vehiculares.

17. Las señales de prioridad son categoría de:

a) Señales de indicación.
b) Señales de reglamentación.
c) Señales de orientación.

18. Las marcas viales longitudinales ordenan:

a) Movimientos en sentido longitudinal y transversal.
b) Solo el estacionamiento.
c) Solo cambios de carril.

19. Señales horizontales en carril delimitado:

a) Afectan a todos los carriles.
b) Tienen carácter informativo.
c) Obligación solo a los vehículos que circulen por ese carril.

20. Instalar o modificar señal sin autorización es:

a) Infracción leve.
b) Infracción grave.
c) No se considera infracción si es temporal.

21. Los semáforos que regulan pasos para peatones emiten luz:

a) Verde o roja fija.
b) Verde y roja, pudiendo ser intermitente la roja.
c) Roja, amarilla y verde intermitente.

22. La luz amarilla intermitente en un semáforo advierte:

a) Precaución, permitiendo el paso sin peligro.
b) Obligación de detenerse.
c) Prohibición de circular.

23. Si una flecha verde aparece junto a una luz roja fija en un semáforo:

a) Prohíbe totalmente el paso.
b) Permite continuar en cualquier dirección.
c) Autoriza solo el movimiento en la dirección de la flecha.

24. Las señales de orientación tienen como función:

a) Facilitar la localización o el seguimiento de un itinerario.
b) Regular la velocidad máxima permitida.
c) Advertir de un peligro próximo.

25. Un panel adicional con la palabra "FIN" significa:

a) Inicio de la restricción.
b) Prohibición de circular.
c) Terminación de la restricción indicada.

26. La luz amarilla fija en semáforo circular:

a) Equivale a luz verde.
b) Obliga a detenerse siempre.
c) Obliga a detenerse salvo si la detención pudiera causar peligro.

27. Las señales de indicación azul con borde blanco tienen carácter:

a) Prohibitivo.
b) Informativo o de servicio.
c) De advertencia de peligro.

28. La forma triangular con borde rojo identifica:

a) Señal de reglamentación.
b) Señal de advertencia de peligro.
c) Señal de dirección obligatoria.

29. La posición correcta de una señal vertical en la vía debe permitir su visibilidad:

a) Solo de día.
b) En todo momento y desde suficiente distancia.
c) Desde un vehículo detenido únicamente.

30. Si las marcas viales están desgastadas o poco visibles:

a) Carecen de validez.
b) Deben obedecerse mientras sean perceptibles.
c) Se aplican solo a vehículos pesados.

Solución al test n.º 17

1. b) Advertir e informar u ordenar el comportamiento de los usuarios.

2. a) Todos los usuarios de las vías objeto de la Ley.

3. c) Tras cumplir la prescripción indicada por la señal.

4. b) Agentes → Señalización circunstancial → Semáforos → Señales verticales → Marcas viales

5. c) Prevalece la más restrictiva.

6. c) Salvo circunstancias especiales justificadas.

7. b) A toda la anchura de la calzada salvo limitación por marcas.

8. b) Materiales retrorreflectantes.

9. b) En castellano y, en su caso, lengua cooficial.

10. b) Blancos sobre fondo oscuro.

11. c) Debajo de la señal.

12. c) Se atiende el semáforo.

13. b) Policía Militar en casos previstos.

14. a) Cuando lo indique la propia señal o desaparezca la causa.

15. a) Prohíben el paso a la parte de la vía que delimitan.

16. c) Carriles vehiculares.

17. b) Señales de reglamentación.

18. a) Movimientos en sentido longitudinal y transversal.

19. c) Obligación solo a los vehículos que circulen por ese carril.

20. b) Infracción grave.

21. b) Verde y roja, pudiendo ser intermitente la roja.

22. a) Precaución, permitiendo el paso sin peligro.

23. c) Autoriza solo el movimiento en la dirección de la flecha.

24. a) Facilitar la localización o el seguimiento de un itinerario.

25. c) Terminación de la restricción indicada.

26. c) Obliga a detenerse salvo si la detención pudiera causar peligro.

27. b) Informativo o de servicio.

28. b) Señal de advertencia de peligro.

29. b) En todo momento y desde suficiente distancia.

30. b) Deben obedecerse mientras sean perceptibles.

TEST N.º 18

Las autorizaciones administrativas. Permisos y licencias de conducción. Permisos de circulación y documentación de los vehículos. La matriculación. La declaración de nulidad o lesividad y pérdida de vigencia. Suspensión cautelar

1. El titular de la autorización no podrá obtener un nuevo permiso o una nueva licencia de conducción hasta que hayan transcurrido:

a) Seis meses desde la fecha en que le fue notificado el acuerdo de declaración de la pérdida de vigencia, salvo los conductores profesionales para los que este plazo será de tres meses.
b) Cinco meses desde la fecha en que le fue notificado el acuerdo de declaración de la pérdida de vigencia, salvo los conductores profesionales para los que este plazo será de tres meses.
c) Cuatro meses desde la fecha en que le fue notificado el acuerdo de declaración de la pérdida de vigencia, salvo los conductores profesionales para los que este plazo será de tres meses.

2. La competencia para declarar la pérdida de vigencia del permiso o licencia de conducción corresponde a:

a) El Gobierno.
b) El Ministro del Interior.
c) El Jefe Provincial de Tráfico.

3. El permiso de conducción de las clases C1, C1 + E, C, C + E, D1, D1 + E, D y D + E tendrá un período de vigencia de:

a) 5 años mientras su titular no cumpla los sesenta y cinco años y de 3 años a partir de esa edad.
b) De 3 años mientras su titular supera los cuarenta años de edad.
c) De 2 años mientras su titular no cumpla los setenta años de edad.

4. Entre las condiciones para obtener un permiso o licencia de conducción, se requerirá:

a) En el caso de extranjeros, acreditar la situación de residencia normal o estancia por estudios en España de, al menos, seis meses y haber cumplido la edad requerida.
b) No estar privado por resolución judicial del derecho a conducir vehículos de motor y ciclomotores, ni hallarse sometido a suspensión o intervención administrativa del permiso o licencia de conducción que se posea.
c) Todas las opciones son correctas.

5. Cualquier variación de los datos que figuran en el permiso o licencia de conducción, así como la del domicilio de su titular, deberá ser comunicada por éste dentro del plazo de:

a) Un mes, contado desde la fecha en que se produzca, a la Jefatura Provincial de Tráfico.
b) Veinte días, contados desde la fecha en que se produzca, a la Jefatura Provincial de Tráfico.
c) Quince días, contados desde la fecha en que se produzca, a la Jefatura Provincial de Tráfico.

6. ¿Qué actos de las Administraciones Públicas son nulos de pleno derecho?

a) Los que tengan un contenido imposible.
b) Los que lesionen los derechos y libertades susceptibles de amparo constitucional.
c) Los dictados por órgano manifiestamente incompetente por razón de la materia o del territorio.
c) Todas las respuestas son correctas.

7. ¿Qué otro documento puede sustituir provisionalmente al permiso de conducción?

a) La licencia de conducción.
b) Autorizaciones temporales.
c) No existe ningún documento que pueda sustituir al permiso de conducción.

8. ¿Qué organismo expide los permisos y licencias de conducción?

a) La Dirección General de Tráfico.
b) Las Jefaturas Provinciales de Tráfico.
c) El Ayuntamiento donde resida el solicitante.

9. Las motocicletas ligeras con sidecar con una cilindrada máxima de 125 centímetros cúbicos, se conducen con el permiso de conducción:

a) De la clase A.
b) De la clase A1.
c) De la clase C.

10. La edad mínima para conducir vehículos para personas de movilidad reducida es de:

a) Dieciocho años cumplidos.
b) Dieciséis años cumplidos.
c) Catorce años cumplidos.

11. El permiso de la clase B será exigible para los conductores de:

a) Automóviles cuya masa máxima autorizada no exceda de 3.500 kg.
b) Automóviles cuya masa máxima autorizada exceda de 3.500 kg y no exceda de 7.500 kg.
c) Automóviles cuya masa máxima autorizada exceda de 3.600 kg.

12. El permiso de la clase A sólo podrá expedirse a conductores que ya sean titulares de un permiso en vigor de la clase A2 con, al menos:

a) Cinco años de antigüedad.
b) Cuatro años de antigüedad.
c) Dos años de antigüedad.

13. Para conducir vehículos especiales no agrícolas y conjuntos de los mismos cuya masa máxima autorizada no exceda de 3.500 kg y de velocidad no superior a 40 km/h se precisa:

a) El permiso de la clase B.
b) La licencia de conducir vehículos especiales agrícolas (LVA).
c) El permiso de la clase C1.

14. La matriculación ordinaria es única para cada vehículo, con las excepciones:

a) Cuando se solicite simultáneamente una nueva matrícula y el cambio de titularidad por el adquirente de un vehículo en cuya matrícula figuren las siglas de la provincia donde se matriculó, siempre que tenga su domicilio en provincia distinta de aquella.
b) Cuando así lo solicite el titular del vehículo por razones de seguridad personal debidamente acreditadas.
c) Las respuestas a) y b) son correctas.

15. El permiso de conducción de la clase C1 es preciso para conducir:

a) Automóviles cuya MMA sea superior a 3.500 kg.
b) Automóviles destinados al transporte de personas de más de 9 plazas.
c) Automóviles cuya MMA sea superior a 3.500 kg y no exceda de 7.500 kg.

16. Señala la respuesta incorrecta:

a) El permiso de las clases B, B+E, C1, C1+E, C, C+E, D1, D1+E, D y D+E autoriza a conducir motocicletas con o sin sidecar.

b) Para conducir vehículos especiales no agrícolas o sus conjuntos cuya velocidad máxima autorizada no exceda de 40 km/h, y su masa máxima autorizada no exceda de 3.500 kg, se requerirá permiso de la clase B.

c) Para obtener el permiso de la clase A, el aspirante, además de ser titular de un permiso de conducción de la clase A2 con una experiencia mínima de dos años en la conducción de las motocicletas que autoriza a conducir dicho permiso, deberá superar una formación en los términos que se establezcan mediante Orden del Ministro del Interior.

17. El permiso de conducción de la clase C, ¿se podrá obtener a los 18 años?

a) No se puede obtener hasta los 19 años.

b) Se puede obtener siempre y cuando el solicitante sea titular de un certificado de aptitud profesional.

c) Se puede obtener a esta edad y sin necesidad de ser titular de un certificado de aptitud profesional.

18. ¿A qué edad se pueden adquirir los permisos de conducción de las clases D1 y D?

a) A los 18 años el D1 y a los 21 el D.

b) Ambos se pueden obtener a los 18 años.

c) Ambos se pueden obtener a los 21 años.

19. La solicitud de prórroga de vigencia del permiso o licencia podrá presentarse con una antelación máxima de:

a) Seis meses a su fecha de caducidad.

b) Cinco meses a su fecha de caducidad.

c) Tres meses a su fecha de caducidad.

20. ¿Cuántas veces se podrá proceder a la matriculación ordinaria de un vehículo?

a) La matriculación ordinaria es única.

b) La matriculación ordinaria es única, salvo ciertas excepciones.

c) Se podrá matricular como máximo, dos veces.

21. Declarada la pérdida de vigencia, el interesado deberá entregar el permiso o licencia de conducción en la Jefatura Provincial de Tráfico la cual, de no hacerlo, ordenará su retirada por:

a) La Delegación del Gobierno.

b) La Autoridad Judicial.

c) Los Agentes de la autoridad.

22. Las autorizaciones administrativas de circulación y conducción podrán ser objeto de declaración de nulidad o lesividad cuando concurra alguno de los supuestos previstos en:

a) Los artículos 47 y 48 de la Ley 39/2015, de 1 de octubre, del procedimiento administrativo común de las Administraciones Públicas.
b) Los artículos 49 y 50 de la Ley 39/2015, de 1 de octubre, del procedimiento administrativo común de las Administraciones Públicas.
c) Los artículos 53 y 54 de la Ley 39/2015, de 1 de octubre, del procedimiento administrativo común de las Administraciones Públicas.

23. Las jefaturas provinciales de tráfico procederán a declarar la pérdida de vigencia de las autorizaciones administrativas para conducir cuando:

a) Después de otorgadas, se acredite que han desaparecido los requisitos exigidos para obtenerlas.
b) Tengan constancia de que el titular de la autorización ha perdido la totalidad de su crédito de puntos.
c) Las opciones a) y b) son correctas.

24. En el curso de los procedimientos de declaración de nulidad, anulación y pérdida de vigencia o caducidad de las autorizaciones administrativas de circulación de los vehículos, podrá acordarse la suspensión cautelar de la autorización en cuestión cuando:

a) Su mantenimiento entrañe un grave peligro para la seguridad del tráfico.
b) Perjudique notoriamente el interés público.
c) Las opciones a) y b) son correctas.

25. Se declarará la pérdida de vigencia de las autorizaciones administrativas cuyo titular no posea los requisitos para su otorgamiento o haya perdido totalmente su asignación de puntos. La resolución que declare la pérdida de vigencia deberá ser notificada en el plazo máximo de:

a) Seis meses.
b) Cinco meses.
c) Tres meses.

Solución al test n.º 18

1. a) Seis meses desde la fecha en que le fue notificado el acuerdo de declaración de la pérdida de vigencia, salvo los conductores profesionales para los que este plazo será de tres meses.

2. c) El Jefe Provincial de Tráfico.

3. a) 5 años mientras su titular no cumpla los sesenta y cinco años y de 3 años a partir de esa edad.

4. c) Todas las opciones son correctas.

5. c) Quince días, contados desde la fecha en que se produzca, a la Jefatura Provincial de Tráfico.

6. c) Todas las respuestas son correctas.

7. b) Autorizaciones temporales.

8. a) La Dirección General de Tráfico.

9. a) De la clase A.

10. c) Catorce años cumplidos.

11. a) Automóviles cuya masa máxima autorizada no exceda de 3.500 kg.

12. c) Dos años de antigüedad.

13. a) El permiso de la clase B.

14. c) Las respuestas a) y b) son correctas.

15. c) Automóviles cuya MMA sea superior a 3.500 kg y no exceda de 7.500 kg.

16. a) El permiso de las clases B, B+E, C1, C1+E, C, C+E, D1, D1+E, D y D+E autoriza a conducir motocicletas con o sin sidecar.

17. b) Se puede obtener siempre y cuando el solicitante sea titular de un certificado de aptitud profesional.

18. c) Ambos se pueden obtener a los 21 años.

19. c) Tres meses a su fecha de caducidad.

20. b) La matriculación ordinaria es única, salvo ciertas excepciones.

21. c) Los Agentes de la autoridad.

22. a) Los artículos 47 y 48 de la Ley 39/2015, de 1 de octubre, del procedimiento administrativo común de las Administraciones Públicas.

23. c) Las opciones a) y b) son correctas.

24. c) Las opciones a) y b) son correctas.

25. a) Seis meses.

TEST N.º 19

Régimen sancionador: infracciones y sanciones. Tipificación de las faltas y graduación de las sanciones. Responsabilidad. Prescripción de las faltas y de las sanciones. Procedimiento sancionador: fases del procedimiento. Incoación. Tramitación. Pérdida de puntos. Recursos. Medidas cautelares: inmovilización y/o retirada del vehículo. Intervención del permiso o licencia de conducción

1. Son infracciones graves las conductas tipificadas en el Real Decreto Legislativo 6/2015, de 30 de octubre referidas a:

a) Incumplir las disposiciones de la Ley sobre Tráfico, Circulación de Vehículos a Motor y Seguridad Vial en materia de preferencia de paso, adelantamientos, cambios de dirección o sentido y marcha atrás, sentido de la circulación, utilización de carriles y arcenes y, en general, toda vulneración de las ordenaciones especiales de tráfico por razones de seguridad o fluidez de la circulación.
b) Circular sin hacer uso del alumbrado reglamentario.
c) Todas son correctas.

2. Son infracciones muy graves, cuando no sean constitutivas de delito, las siguientes conductas:

a) Participar en competiciones y carreras de vehículos no autorizadas.
b) Conducir con tasas de alcohol superiores a las que reglamentariamente se establezcan, o con presencia en el organismo de drogas.
c) Todas las anteriores son correctas.

3. Las infracciones leves serán sancionadas con multa de hasta:

a) 92 euros.
b) 90 euros.
c) 100 euros.

4. Las infracciones graves serán sancionadas con multa de hasta:

a) 302 euros.
b) 200 euros.
c) 303 euros.

5. Las infracciones muy graves serán sancionadas con multa de hasta:

a) 500 euros.
b) 601 euros.
c) 603 euros.

6. Las sanciones de multa podrán hacerse efectivas antes de que se dicte resolución del expediente sancionador, con una reducción del:

a) 50 %.
b) 20 %.
c) 10 %.

7. Contra las resoluciones sancionadoras, podrá interponerse recurso de reposición, con carácter potestativo, en el plazo de:

a) Un año contado desde el día siguiente al de su notificación.
b) Seis meses contados desde el día siguiente al de su notificación.
c) Un mes contado desde el día siguiente al de su notificación.

8. La Administración competente en materia de ordenación y gestión del tráfico podrá ordenar el traslado del vehículo a un Centro Autorizado de Tratamiento de Vehículos para su posterior destrucción y descontaminación cuando hayan transcurrido más de:

a) Dos meses desde que el vehículo fuera inmovilizado o retirado de la vía pública y depositado por la Administración y su titular no hubiera formulado alegaciones.
b) Un mes desde que el vehículo fuera inmovilizado o retirado de la vía pública y depositado por la Administración y su titular no hubiera formulado alegaciones.
c) Veinte días desde que el vehículo fuera inmovilizado o retirado de la vía pública y depositado por la Administración y su titular no hubiera formulado alegaciones.

9. El titular de un permiso o licencia de conducción no podrá efectuar ningún trámite relativo a los vehículos de los que fuese titular en el Registro de Vehículos del organismo autónomo Jefatura Central de Tráfico cuando figure como impagadas en su historial de conductor:

a) Cuatro sanciones firmes en vía administrativa por infracciones graves o muy graves.
b) Tres sanciones firmes en vía administrativa por infracciones graves o muy graves.
c) Dos sanciones firmes en vía administrativa por infracciones graves o muy graves.

10. El titular de un vehículo no podrá efectuar ningún trámite relativo al mismo cuando figure como impagada en el historial del vehículo:

a) Cuatro sanciones firmes en vía administrativa por infracciones graves o muy graves.
b) Tres sanciones firmes en vía administrativa por infracciones graves o muy graves.
c) Dos sanciones firmes en vía administrativa por infracciones graves o muy graves.

11. Una vez firme la sanción, el interesado dispondrá de un plazo final para el pago de la multa de:

a) Treinta días naturales.
b) Veinte días naturales.
c) Quince días naturales.

12. El plazo de prescripción de las sanciones consistentes en multa será de:

a) Cuatro años.
b) Tres años.
c) Dos años.

13. Las sanciones por infracciones graves y muy graves y la detracción de puntos deberán ser comunicadas al Registro de Conductores e Infractores del organismo autónomo Jefatura Central de Tráfico por la autoridad que la hubiera impuesto en el plazo de:

a) Un mes siguiente a su firmeza en vía administrativa.
b) Veinte días naturales siguientes a su firmeza en vía administrativa.
c) Quince días naturales siguientes a su firmeza en vía administrativa.

14. Las autoridades judiciales comunicarán al Registro de Conductores e Infractores del organismo autónomo Jefatura Central de Tráfico las penas de privación del derecho a conducir vehículos a motor y ciclomotores que se impongan por la comisión de delitos contra la seguridad vial, en el plazo de:

a) Treinta días hábiles siguientes a su firmeza.
b) Treinta días naturales siguientes a su firmeza.
c) Quince días naturales siguientes a su firmeza.

15. El importe de las sanciones económicas obtenidas por infracciones a la Ley de Tráfico, en el ámbito de la Administración General del Estado, se destinará íntegramente a:

a) La financiación de actuaciones y servicios en materia de seguridad vial.
b) La prevención de accidentes de tráfico.
c) Todas las respuestas son correctas.

16. La Administración competente en materia de ordenación y gestión del tráfico podrá ordenar el traslado del vehículo a un Centro Autorizado de Tratamiento de Vehículos para su posterior destrucción y descontaminación:

a) Cuando permanezca estacionado por un período superior a un veinte días en el mismo lugar y presente desperfectos que hagan imposible su desplazamiento por sus propios medios o le falten las placas de matrícula.
b) Cuando hayan transcurrido más de dos meses desde que el vehículo fuera inmovilizado o retirado de la vía pública y depositado por la Administración y su titular no hubiera formulado alegaciones.
c) Cuando recogido un vehículo como consecuencia de avería o accidente del mismo en un recinto privado su titular no lo hubiese retirado en el plazo de un mes.

17. Finalizado el plazo voluntario establecido sin que se haya pagado la multa, se iniciará el procedimiento:

a) Ejecutivo.
b) De apremio.
c) De urgencia.

18. En las denuncias por hechos de circulación deberá constar, en todo caso:

a) La identidad del denunciado, si se conoce.
b) La identificación del vehículo con el que se haya cometido la presunta infracción.
c) Todas las respuestas son correctas.

19. La sanción por infracciones a normas de circulación cometidas en vías urbanas corresponderá a:

a) El Pleno del Ayuntamiento.
b) Los Tenientes de Alcalde competentes por razón de la materia.
c) Los respectivos Alcaldes.

20. En las ciudades de Ceuta y Melilla las competencias sancionadoras que se atribuyen normalmente a los Jefes Provinciales de Tráfico, corresponderán a:

a) El Ministro del Interior.
b) El Director General de Tráfico.
c) Los Jefes Locales de Tráfico.

21. Conducir de forma temeraria, circular en sentido contrario al establecido o participar en carreras o competiciones no autorizadas, conllevará la pérdida de:

a) Seis puntos.
b) Cinco puntos.
c) Cuatro puntos.

22. Conducir con presencia de drogas en el organismo, conllevará la pérdida de:

a) Seis puntos.
b) Cinco puntos.
c) Cuatro puntos.

23. Utilizar, sujetando con la mano, dispositivos de telefonía móvil mientras se conduce, conllevará la pérdida de:

a) Seis puntos.
b) Cinco puntos.
c) Cuatro puntos.

24. Incumplir las disposiciones legales sobre adelantamiento poniendo en peligro o entorpeciendo a quienes circulen en sentido contrario y adelantar en lugares o circunstancias de visibilidad reducida, conllevará la pérdida de:

a) Seis puntos.
b) Cinco puntos.
c) Cuatro puntos.

25. Conducir vehículos que lleven mecanismos de detección de radares o cinemómetros, conllevará la pérdida de:

a) Seis puntos.
b) Cinco puntos.
c) Tres puntos.

Solución al test n.º 19

1. c) Todas son correctas.

2. c) Todas las anteriores son correctas.

3. c) 100 euros.

4. b) 200 euros.

5. a) 500 euros.

6. a) 50 %.

7. c) Un mes contado desde el día siguiente al de su notificación.

8. a) Dos meses desde que el vehículo fuera inmovilizado o retirado de la vía pública y depositado por la Administración y su titular no hubiera formulado alegaciones.

9. a) Cuatro sanciones firmes en vía administrativa por infracciones graves o muy graves.

10. a) Cuatro sanciones firmes en vía administrativa por infracciones graves o muy graves.

11. c) Quince días naturales.

12. a) Cuatro años.

13. c) Quince días naturales siguientes a su firmeza en vía administrativa.

14. c) Quince días naturales siguientes a su firmeza.

15. c) Todas las respuestas son correctas.

16. b) Cuando hayan transcurrido más de dos meses desde que el vehículo fuera inmovilizado o retirado de la vía pública y depositado por la Administración y su titular no hubiera formulado alegaciones.

17. b) De apremio.

18. c) Todas las respuestas son correctas.

19. c) Los respectivos Alcaldes.

20. c) Los Jefes Locales de Tráfico.

21. a) Seis puntos.

22. a) Seis puntos.

23. a) Seis puntos.

24. c) Cuatro puntos.

25. c) Tres puntos.

Policía Administrativo Especial

Actividad en materia de sanidad, consumo y abastos. Obras y edificación: competencias y licencias. Régimen Jurídico de los espectáculos públicos y de las actividades clasificadas. Licencias y autorizaciones

1. La protección de la salubridad pública corresponde al municipio:

a) En régimen de delegación del Estado.
b) Como competencia propia, conforme al artículo 25 de la Ley 7/1985.
c) Solo si existe convenio con la comunidad autónoma.

2. El control sanitario de cementerios y policía mortuoria recae sobre:

a) Los cabildos insulares.
b) Los ayuntamientos.
c) La Dirección General de Salud Pública del Estado.

3. Según el Reglamento (CE) 852/2004, los manipuladores de alimentos deben:

a) Poseer carné oficial expedido por Sanidad.
b) Recibir formación en higiene adecuada a su actividad.
c) Someterse a reconocimiento médico anual.

4. En España, el carné de manipulador de alimentos fue suprimido por:

a) Real Decreto 2505/1983.
b) Real Decreto 109/2010, de 5 de febrero.
c) Real Decreto 2207/1995.

5. El incumplimiento de los requisitos higiénico-sanitarios puede dar lugar a:

a) La clausura temporal del establecimiento por la autoridad sanitaria.
b) Una sanción exclusivamente económica.
c) La pérdida automática de la licencia municipal.

6. En materia de consumo, la Ley 3/2003 de Canarias tiene por objeto:

a) Regular la distribución comercial minorista.
b) Fijar los precios de referencia autonómicos.
c) Establecer el estatuto y los derechos de las personas consumidoras y usuarias.

7. Las infracciones leves en materia de consumo prescriben al cabo de:

a) Seis meses.
b) Un año.
c) Dos años.

8. Las actividades calificadas como molestas, insalubres, nocivas o peligrosas se denominan:

a) Actividades recreativas.
b) Actividades clasificadas.
c) Espectáculos públicos.

9. La autoridad competente para declarar la pérdida de vigencia de un permiso o licencia de conducción es:

a) El alcalde.
b) El Jefe Provincial de Tráfico.
c) El Delegado del Gobierno.

10. En Canarias, la Ley 7/2011 regula el régimen jurídico de:

a) Los espectáculos públicos y las actividades clasificadas.
b) El comercio interior y la defensa del consumidor.
c) Los servicios turísticos.

11. Según la Ley 7/2011, se consideran peligrosas las actividades que:

a) Ocasionan molestias por ruido.
b) Implican riesgos graves por explosiones, combustiones o radiaciones.
c) Generan residuos orgánicos.

12. Los espectáculos públicos incluyen:

a) Actividades recreativas, deportivas o de ocio, sean o no lucrativas.
b) Solo las organizadas con ánimo de lucro.
c) Exclusivamente las desarrolladas en locales permanentes.

13. Los horarios generales de apertura y cierre de los locales en Canarias se establecen en:

a) El Decreto 193/1998, de 22 de octubre.
b) La Ley 7/2011.
c) Las ordenanzas estatales de comercio.

14. La modificación de los horarios por razones de interés público corresponde a:

a) Los cabildos insulares.
b) El Gobierno de Canarias.
c) Las juntas de seguridad municipales.

15. Las ordenanzas municipales pueden ampliar los horarios generales:

a) Sin límite.
b) En los casos y con los márgenes previstos por el Decreto 193/1998.
c) Solo con autorización parlamentaria.

16. Las autorizaciones municipales para espectáculos públicos se otorgan:

a) Sin plazo de caducidad.
b) Por un período máximo de 5 años.
c) Por el tiempo que establezcan las ordenanzas, respetando la legislación autonómica.

17. La Ley 7/2011 prevé que los locales de pública concurrencia cuenten con:

a) Seguro de incendios únicamente.
b) Seguro de responsabilidad civil que cubra daños a terceros.
c) Garantía bancaria ante el ayuntamiento.

18. Los ayuntamientos pueden suspender un espectáculo público:

a) Por razones de seguridad, salubridad o alteración del orden público.
b) Solo por orden judicial.
c) Únicamente por impago de tasas.

19. La realización de espectáculos sin autorización constituye infracción:

a) Leve.
b) Grave o muy grave según el riesgo generado.
c) Exclusivamente administrativa sin sanción accesoria.

20. En materia de obras y edificación, la licencia municipal es:

a) Un acto reglado cuya concesión requiere informe técnico y jurídico.
b) Un acto discrecional del alcalde.
c) Un trámite facultativo.

21. Las obras menores requieren:

a) Proyecto técnico completo.
b) Comunicación o licencia simplificada, según ordenanza.
c) Autorización del Cabildo Insular.

22. El ejercicio de actividades clasificadas sin licencia puede dar lugar a:

a) Multa simbólica.
b) Clausura inmediata sin expediente.
c) Cierre del establecimiento y sanción económica.

23. El expediente de actividad clasificada exige informe previo de:

a) La autoridad sanitaria y medioambiental competente.
b) La Delegación del Gobierno.
c) El Consejo Consultivo.

24. Los expedientes de infracción en materia de espectáculos públicos deben resolverse:

a) En el plazo máximo de seis meses.
b) En el plazo máximo de un año.
c) Sin plazo determinado.

25. La reincidencia en infracciones graves en espectáculos públicos eleva la sanción a:

a) Muy grave.
b) Grave reiterada.
c) Leve agravada.

26. El Gobierno de Canarias puede acordar el cierre del establecimiento hasta:

a) Tres años.
b) Cuatro años.
c) Cinco años.

27. La competencia sancionadora en materia de espectáculos públicos es:

a) Exclusiva de los cabildos.
b) De la comunidad autónoma o del ayuntamiento según la gravedad y ámbito.
c) De la Administración General del Estado.

28. Los informes técnicos municipales sobre actividades clasificadas deben emitirse:

a) En el plazo que fije el solicitante.
b) Dentro de los plazos que determine la legislación de procedimiento administrativo.
c) En un máximo de diez días.

29. Las ordenanzas de obras y edificación deben ajustarse:

a) A la Ley del Suelo y al Plan General de Ordenación.
b) Al Código Civil.
c) Al Reglamento de Contratos del Sector Público.

30. La falta de medidas de seguridad en un local de pública concurrencia es una infracción:

a) Leve.
b) Grave o muy grave, según el riesgo.
c) Administrativa sin sanción accesoria.

Solución al test n.º 20

1. b) Como competencia propia, conforme al artículo 25 de la Ley 7/1985.

2. b) Los ayuntamientos.

3. b) Recibir formación en higiene adecuada a su actividad.

4. b) Real Decreto 109/2010, de 5 de febrero.

5. a) La clausura temporal del establecimiento por la autoridad sanitaria.

6. c) Establecer el estatuto y los derechos de las personas consumidoras y usuarias.

7. b) Un año.

8. b) Actividades clasificadas.

9. b) El Jefe Provincial de Tráfico.

10. a) Los espectáculos públicos y las actividades clasificadas.

11. b) Implican riesgos graves por explosiones, combustiones o radiaciones.

12. a) Actividades recreativas, deportivas o de ocio, sean o no lucrativas.

13. a) El Decreto 193/1998, de 22 de octubre.

14. b) El Gobierno de Canarias.

15. b) En los casos y con los márgenes previstos por el Decreto 193/1998.

16. c) Por el tiempo que establezcan las ordenanzas, respetando la legislación autonómica.

17. b) Seguro de responsabilidad civil que cubra daños a terceros.

18. a) Por razones de seguridad, salubridad o alteración del orden público.

19. b) Grave o muy grave según el riesgo generado.

20. a) Un acto reglado cuya concesión requiere informe técnico y jurídico.

21. b) Comunicación o licencia simplificada, según ordenanza.

22. c) Cierre del establecimiento y sanción económica.

23. a) La autoridad sanitaria y medioambiental competente.

24. b) En el plazo máximo de un año.

25. a) Muy grave.

26. c) Cinco años.

27. b) De la comunidad autónoma o del ayuntamiento según la gravedad y ámbito.

28. b) Dentro de los plazos que determine la legislación de procedimiento administrativo.

29. a) A la Ley del Suelo y al Plan General de Ordenación.

30. b) Grave o muy grave, según el riesgo.

TEST N.º 21

Protección del medio ambiente. Normativa sobre emisiones y vertidos contaminantes. Humos, ruidos y vibraciones. Régimen sancionador en las infracciones administrativas

1. Según el artículo 45 de la Constitución Española:

a) Los españoles tienen el derecho y deber a disfrutar de un medio ambiente bien conservado.
b) Todos tienen derecho a disfrutar de un medio ambiente adecuado y el deber de conservarlo.
c) Los españoles tienen el derecho a disfrutar de un medio ambiente adecuado para el desarrollo de la persona, así como la Administración el deber de conservarlo.

2. Quien contamina paga:

a) Es un principio del Derecho ambiental (integración de los costes ambientales).
b) Es un principio constitucional.
c) Es un axioma del principio de causalidad.

3. Los mecanismos de evaluación de impacto y de las autorizaciones previas responden al:

a) Principio de integración de costes ambientales.
b) Principio de causalidad.
c) Principio de responsabilidad.

4. La competencia sobre legislación básica en materia de protección del medio ambiente se atribuye:

a) A la Unión Europea.
b) Al Estado.
c) A las Comunidades Autónomas.

5. En materia de medio ambiente, los municipios:

a) Ejercen competencias de gestión únicamente.
b) Carecen de competencias.
c) Ejercen competencias propias.

6. ¿En qué casos los municipios tienen el deber de dotarse de un servicio de medio ambiente?

a) En aquellos que se constituyen como capitales de provincia.
b) Cuando cuentan con más de 50.000 habitantes.
c) Ejercen competencias propias.

7. La materia de protección de la flora y fauna silvestres se regula principalmente:

a) Por la Ley estatal de Patrimonio Natural y Biodiversidad (Ley 42/2007).
b) Por la Ley canaria de del Suelo y de los Espacios Naturales Protegidos (Ley 4/2017).
c) Por las ordenanzas municipales en la materia.

8. La Ley de Calidad del Aire (Ley 34/2007):

a) Es una ley estatal.
b) Es una ley canaria.
c) Está derogada, y su función la cumple la Ley canaria de Aguas.

9. El objeto de la Ley de Calidad del Aire lo constituye:

a) La regulación de las competencias de control y sanción a las Administraciones incumplidoras en materia de contaminación atmosférica.
b) La clasificación de las actividades potencialmente contaminantes de titularidad exclusivamente privada.
c) La evitación de la contaminación atmosférica con independencia de que su fuente de emisión sea pública o privada.

10. La derogación expresa del Reglamento de Actividades Molestas, Insalubres, Nocivas y Peligrosas (Decreto 2414/1961), conocido como RAMINP:

a) Opera en todas las Comunidades Autónomas.
b) No opera en aquellas Comunidades Autónomas, como la canaria, donde se recoge expresamente su vigencia parcial.
c) Se produjo implícitamente con la entrada en vigor de la Constitución Española.

11. En materia de aguas, ¿qué ley resulta de aplicación prevalente?

a) La Ley de Aguas estatal (TR de 2001), dado su carácter básico.
b) La Ley de Aguas canaria (Ley 11/1990), dado su carácter especial.
c) No existe prevalencia.

12. En materia de aguas, las competencias principales en Canarias las asume:

a) La Confederación hidrográfica.
b) El Consejo Insular de Aguas.
c) La Confederación Municipal de Aguas.

13. El cauce de un gran barranco:

a) Es dominio público marítimo-terrestre.
b) Es dominio público hidráulico.
c) Es dominio privado o patrimonial.

14. El vertido de áridos al dominio público marítimo-terrestre se regula principalmente:

a) Por la Ley estatal 22/1988, de Costas.
b) Por el Reglamento de Vertidos al dominio público hidráulico (Decreto 174/1994).
c) Por la Ley 12/1990, de 26 de julio de Aguas de Canarias.

15. El vertido de áridos en dominio público marítimo-terrestre, constituye una actividad:

a) Excepcionalmente autorizable, cuando se destinan a rellenos.
b) Siempre permitida.
c) Siempre autorizable.

16. La autorización ambiental integrada:

a) Permite explotar, a efectos medioambientales, la totalidad o parte de una instalación.
b) Sustituye a la licencia municipal de apertura.
c) Sustituye a la licencia municipal urbanística.

17. En sentido jurídico, el humo constituye:

a) Un tipo de emisión contaminante a la atmósfera.
b) Todo tipo de emisión contaminante.
c) Un tipo de vertido.

18. La regulación sobre protección de la atmósfera se contiene fundamentalmente en:

a) La Ley estatal de Calidad del Aire (Ley 34/2007).
b) El texto refundido estatal de la Ley de Evaluación Ambiental (DL 1/2008).
c) La Ley estatal de Prevención y Control integrados de la contaminación (Ley 16/2002).

19. En sentido jurídico, el ruido constituye:

a) Un tipo de emisión potencialmente contaminante.
b) Una actividad molesta y nociva.
c) Una forma de actividad humana sujeta a autorización.

20. La presencia en el ambiente de ruidos o vibraciones, cualquiera que sea el emisor acústico que los origine, que impliquen molestia, riesgo o daño para las personas o bienes se denomina:

a) Emisores acústicos.
b) Contaminación acústica.
c) Receptores acústicos.

21. El denominado "mapa de ruidos" donde se establezcan los niveles de emisión a efectos de determinar los usos urbanísticos admisibles es competencia:

a) Estatal.
b) Autonómica.
c) Municipal.

22. Una edificación es objeto de la Ley 37/2003, del Ruido, en su calidad de:

a) Emisor acústico.
b) Contaminador ambiental.
c) Receptor acústico.

23.La Ley 6/2022, de 27 de diciembre, de cambio climático y transición energética de Canarias persigue para Canarias:

a) Su neutralidad en emisiones de carbono.
b) Reducir los daños de la contaminación acústica.
c) La implantación de la Autorización Ambiental Integrada.

24. Una de las finalidades de la Ley 6/2022 de cambio climático es:

a) El desarrollo sostenible del turismo en Canarias.
b) La reducción progresiva de la utilización y el consumo de combustibles fósiles.
c) La desalinización de recursos hídricos en las islas.

25. El instrumento marco de planificación de nivel regional en materia de acción climática de la Comunidad Autónoma de Canarias se denomina:

a) Estrategia Canaria de Acción Climática.
b) Plan de Transición Energética de Canarias.
c) Plan Canario de Acción Climática.

26. ¿Cuál es el contenido del Plan Canario de Acción Climática?

a) Establecer a largo plazo la contribución de Canarias al cumplimiento de los compromisos en materia de acción climática.

b) Establecer las determinaciones a las cuales deberá ajustarse el conjunto de planes, programas y políticas sectoriales en orden a la consecución de los objetivos de la Ley 6/2022.

c) El conjunto de acciones dirigidas a la minimización o absorción de los impactos, riesgos y vulnerabilidades, reales y potenciales, identificados en la estrategia.

27. El conjunto de acciones dirigidas a la consecución en plazo de los objetivos de reducción de las emisiones de gases de efecto invernadero en Canarias se encuentra en:

a) El Plan Canario de Acción Climática.

b) La Estrategia Canaria de Acción Climática.

c) El Plan de Transición Energética de Canarias.

28. La formulación de una denuncia sobre una posible infracción ambiental, la puede hacer:

a) Solo aquel afectado que tenga la condición de interesado.

b) Cualquier persona.

c) El personal de la administración que tenga atribuida potestad inspectora y los interesados.

29. En la Ley del Ruido y de Calidad del Aire, la potestad sancionadora en materia de medio ambiente se reconoce con carácter preferente:

a) Al Estado.

b) A los municipios.

c) A las comunidades autónomas.

30. Un hecho que puede ser constitutivo de infracción administrativa y penal, al mismo tiempo, se pondrá en conocimiento del Ministerio Fiscal sin ejercer la potestad sancionadora administrativa, por virtud del:

a) Principio de legalidad.

b) Principio de tipicidad.

c) Principio *non bis in idem*.

Solución al test n.º 21

1. b) Todos tienen derecho a disfrutar de un medio ambiente adecuado y el deber de conservarlo.

2. a) Es un principio del Derecho ambiental (integración de los costes ambientales).

3. b) Principio de causalidad.

4. b) Al Estado.

5. c) Ejercen competencias propias.

6. b) Cuando cuentan con más de 50.000 habitantes.

7. a) Por la Ley estatal de Patrimonio Natural y Biodiversidad (Ley 42/2007).

8. a) Es una ley estatal.

9. c) La evitación de la contaminación atmosférica con independencia de que su fuente de emisión sea pública o privada.

10. b) No opera en aquellas Comunidades Autónomas, como la canaria, donde se recoge expresamente su vigencia parcial.

11. b) La Ley de Aguas canaria (Ley 11/1990), dado su carácter especial.

12. b) El Consejo Insular de Aguas.

13. b) Es dominio público hidráulico.

14. a) Por la Ley estatal 22/1988, de Costas.

15. a) Excepcionalmente autorizable, cuando se destinan a rellenos.

16. a) Permite explotar, a efectos medioambientales, la totalidad o parte de una instalación.

17. a) Un tipo de emisión contaminante a la atmósfera.

18. a) La Ley estatal de Calidad del Aire (Ley 34/2007).

19. a) Un tipo de emisión potencialmente contaminante.

20. b) Contaminación acústica.

21. c) Municipal.

22. c) Receptor acústico.

23. a) Su neutralidad en emisiones de carbono.

24. b) La reducción progresiva de la utilización y el consumo de combustibles fósiles.

25. a) Estrategia Canaria de Acción Climática.

26. c) El conjunto de acciones dirigidas a la minimización o absorción de los impactos, riesgos y vulnerabilidades, reales y potenciales, identificados en la estrategia.

27. c) El Plan de Transición Energética de Canarias.

28. b) Cualquier persona.

29. b) A los municipios.

30. c) Principio *non bis in idem*.

TEST N.º 22

Ordenación del Turismo en Canarias. Normativa básica. Sujetos, actividades y establecimientos regulados. Competencias de la Administración municipal en materia de turismo. Servicios públicos turísticos municipales. Infracciones turísticas

1. La competencia exclusiva sobre la promoción y la ordenación del turismo en el ámbito territorial de la Comunidad Autónoma de Canarias viene dada por el Estatuto de Autonomía en su artículo:

a) 29.4.
b) 29.14.
c) 19.14.

2. la Ley de Ordenación del Turismo de Canarias es la:

a) 7/1996, de 6 de abril.
b) 5/1995, de 6 de abril.
c) 7/1995, de 6 de abril.

3. Uno de los objetivos que contempla la Ley de Ordenación del Turismo de Canarias es:

a) La ordenación y el fomento del sector empresarial no turístico tanto desde el punto de vista de la actividad, como de los establecimientos donde se desarrolle la misma.
b) La ordenación de las infraestructuras territoriales y urbanísticas y la delimitación de las competencias en materia de comercio de las Administraciones públicas canarias.
c) La garantía y protección del estatus jurídico del usuario turístico, anudando con ella una regulación exhaustiva del régimen sancionador en materia turística.

4. La Ley de Ordenación del Turismo es especialmente aplicable a:

a) Los turistas, los comerciantes, los profesionales turísticos y las Administraciones públicas de Canarias.
b) Las empresas turísticas y sus actividades, los profesionales turísticos y las Administraciones públicas.
c) Las empresas y profesionales turísticos con sede en la comunidad canaria.

5. Ley 7/1995 regula la oferta turística concibiendo a Canarias como:

a) Siete islas distintas de destino turístico.
b) Dos provincias diferenciadas.
c) Una unidad de destino turístico.

6. La regulación de las infraestructuras y los servicios públicos que establece la Ley de Ordenación del Turismo, abarca:

a) La configuración del Plan Insular de Ordenación (PIO) como instrumento de ordenación urbanístico-turística y de los recursos naturales del Archipiélago.
b) La imposibilidad de llevar a cabo la suspensión del planeamiento urbanístico y la concesión de licencias hasta tanto se adapte el planeamiento municipal al PIO.
c) La creación de mancomunidades obligatorias de agrupación de municipios turísticos vinculados.

7. La Ley 7/1995, define como "empresas turísticas" en Canarias a aquellas:

a) Entidades, organismos o sociedades de derecho público que actúan en el mercado turístico.
b) A las empresas que, a cambio de una contraprestación, prestan servicios en el ámbito de la actividad turística.
c) Sociedades, entidades, fundaciones y organizaciones de cualquier clase que interactúan en el mercado turístico mediante establecimientos organizados.

8. Las Administraciones públicas de Canarias con competencia en materia turística son:

a) Los Cabildos Insulares y los Ayuntamientos canarios.
b) Los organismos autónomos y entidades de Derecho público estatales con competencias en la gestión turística.
c) Todas las administraciones que participen en materia turística.

9. Señala la afirmación incorrecta en relación a las competencias de las Administraciones públicas Canarias en materia de turismo:

a) Los municipios desarrollarán sus funciones en coordinación con la política regional e insular, tanto en la prestación de servicios como en las actuaciones en infraestructuras.
b) Corresponde a los municipios, en materia turística, las competencias que la legislación de régimen local les atribuye, así como el ejercicio de las funciones delegadas por los Cabildos Insulares.
c) En todo caso corresponde a los municipios en materia turística: la prestación de los servicios turísticos que consideren necesarios, el otorgamiento de las licencias en materia turística y la aprobación de los instrumentos de planeamiento conforme a las Ordenanzas que dicten.

10. La gestión del Registro General Turístico de Canarias es competencia de:

a) La Administración General del Estado.
b) Los Cabildos Insulares.
c) La Administración Pública de la comunidad autónoma de Canarias.

11. En materia turística, la asistencia y la cooperación jurídica, económica y técnica a los municipios de una isla concreta compete:

a) Al Cabildo Insular.
b) A la Administración pública canaria.
c) Las respuestas a) y b) son correctas.

12. Son servicios públicos turísticos municipales los siguientes:

a) Servicio de policía turística.
b) Servicio de vigilancia ambiental.
c) Registro Turístico Municipal.

13. En las zonas turísticas, los Ayuntamientos crearán centros de información turística, convenientemente señalizados y de fácil acceso, en los que se presten los siguientes servicios:

a) Información general sobre la zona y las actividades que en ella se pueden desarrollar, así como específica sobre actividades de restauración y ocio juvenil.
b) Asesoramiento general sobre precios e infracciones en materia de consumo.
c) Asesoramiento sobre los derechos del usuario turístico.

14. El incumplimiento en los establecimientos turísticos de alojamiento de los estándares turísticos de densidad, infraestructura o servicio se considera una infracción:

a) Grave.
b) Muy grave.
c) Leve.

15. No es una infracción grave:

a) El maltrato de palabra, obra u omisión al usuario turístico.
b) Presentar el informe de la inspección técnica de establecimientos turísticos, habiendo sido sancionado previamente.
c) Carecer de las hojas de reclamación obligatorias, no facilitarlas a los clientes o no tramitarlas en tiempo y forma.

16. Por la comisión de infracciones a la disciplina turística podrán imponerse las siguientes sanciones:

a) Apercibimiento, multa, suspensión temporal de actividades o del ejercicio profesional, o clausura definitiva del establecimiento.

b) Revocación de las autorizaciones previas al ejercicio de actividades turísticas reglamentadas.

c) Revocación de subvenciones o suspensión del derecho a obtenerlas.

17. La inspección turística de Canarias ejercerá, entre otras, las siguientes funciones:

a) La constatación del cumplimiento de las obligaciones legales y reglamentarias de las empresas turísticas y la verificación de la existencia de infraestructuras y dotación de los servicios obligatorios, según la legislación turística.

b) La obtención y canalización de información de cualquier clase relativa a la situación futura del turismo en Canarias.

c) Velar por la desigualdad en la aplicación de las normas relativas a establecimientos y actividades turísticas.

18. El establecimiento y ejercicio de la actividad turística en Canarias:

a) Está restringida a las facultades que la norma reguladora en la materia permite.

b) Está prohibida para el sector privado con carácter general, salvo las autorizaciones que la ley concede a tal fin.

c) Es libre, sin más limitaciones que las impuestas normativamente.

19. Es un deber específico de las empresas turísticas canarias:

a) Cumplir el principio de unidad de explotación en los casos y términos previstos legalmente.

b) La comunicación administrativa de haberse iniciado una actividad en el plazo de dos meses desde el inicio de la misma.

c) Inscribirse en el Registro General de empresas, actividades y establecimientos turísticos de la Comunidad Autónoma de Canarias.

20. Son derechos del usuario turístico los siguientes:

a) Derecho a información veraz, a la calidad de los servicios y a la protección del usuario turístico.

b) Derecho a formular quejas y reclamaciones.

c) A la reserva del derecho de admisión en los establecimientos turísticos en las condiciones que estos entiendan oportunas.

21. La información, incluso la publicitaria, que falsee la verdad presentando bienes y servicios en condiciones mejores que las reales, dará derecho al usuario turístico

a) A recibir la información en la forma correcta.
b) Únicamente a formular quejas y reclamaciones.
c) A la indemnización de daños y perjuicios o a recibirlos en las condiciones anunciadas.

22. Las empresas turísticas de Canarias, en los establecimientos que gestionan garantizarán, además del cumplimiento de las normas sanitarias generales, un nivel de limpieza adecuado al uso turístico de que se trate, adecuándose, entre otras, a la siguiente norma:

a) Los desperdicios deberán permanecer al aire libre.
b) El depósito de desperdicios deberá realizarse en las aceras y vías públicas.
c) Se responsabilizarán de los desechos de embalajes, envases y cualesquiera otros elementos depositados en el exterior de sus locales.

23. Según la Ley de Ordenación del Turismo de Canarias, en todo núcleo turístico deberá existir una señalización especial:

a) Con un plano fácilmente comprensible que señale la ruta más corta de acceso a los servicios médicos de urgencia.
b) Indicativo de la comisaria de policía, dispensarios farmacéuticos y servicios médicos de urgencia más próximos disponibles
c) Con el horario de las playas y piscinas, así como de los servicios de socorrismo.

24. El Registro en el que se contiene la información turística referida a actividades y establecimientos procedente de las administraciones competentes, se denomina:

a) Registro Especial Turístico.
b) Registro General Turístico.
c) Registro General de empresas, actividades y establecimientos turísticos de la Comunidad Autónoma de Canarias.

25. Cuando la actividad turística venga regulada mediante reglamentación específica, el promotor, explotador o prestador de la actividad deberá manifestar el cumplimiento de los requisitos exigidos por dicha normativa mediante:

a) Declaración responsable.
b) Consentimiento informado.
c) Solicitud de licencia.

Solución al test n.º 22

1. b) 29.14.

2. c) 7/1995, de 6 de abril.

3. c) La garantía y protección del estatus jurídico del usuario turístico, anudando con ella una regulación exhaustiva del régimen sancionador en materia turística.

4. b) Las empresas turísticas y sus actividades, los profesionales turísticos y las Administraciones públicas.

5. c) Una unidad de destino turístico.

6. a) La configuración del Plan Insular de Ordenación (PIO) como instrumento de ordenación urbanístico-turística y de los recursos naturales del Archipiélago.

7. b) A las empresas que, a cambio de una contraprestación, prestan servicios en el ámbito de la actividad turística.

8. a) Los Cabildos Insulares y los Ayuntamientos canarios.

9. a) Los municipios desarrollarán sus funciones en coordinación con la política regional e insular, tanto en la prestación de servicios como en las actuaciones en infraestructuras.

10. c) La Administración Pública de la comunidad autónoma de Canarias.

11. a) Al Cabildo Insular.

12. b) Servicio de vigilancia ambiental.

13. c) Asesoramiento sobre los derechos del usuario turístico.

14. b) Muy grave.

15. b) Presentar el informe de la inspección técnica de establecimientos turísticos, habiendo sido sancionado previamente.

16. a) Apercibimiento, multa, suspensión temporal de actividades o del ejercicio profesional, o clausura definitiva del establecimiento.

17. a) La constatación del cumplimiento de las obligaciones legales y reglamentarias de las empresas turísticas y la verificación de la existencia de infraestructuras y dotación de los servicios obligatorios, según la legislación turística.

18. c) Es libre, sin más limitaciones que las impuestas normativamente.

19. a) Cumplir el principio de unidad de explotación en los casos y términos previstos legalmente.

20. b) Derecho a formular quejas y reclamaciones.

21. c) A la indemnización de daños y perjuicios o a recibirlos en las condiciones anunciadas.

22. c) Se responsabilizarán de los desechos de embalajes, envases y cualesquiera otros elementos depositados en el exterior de sus locales.

23. a) Con un plano fácilmente comprensible que señale la ruta más corta de acceso a los servicios médicos de urgencia.

24. b) Registro General Turístico.

25. a) Declaración responsable.

TEST N.º 23

Población y Ecología humana. Estructura de la población en Canarias. Multiculturalismo y cohesión social. Normativa actual en materia de extranjería. El análisis de los fenómenos demográficos en Canarias

1. La influencia portuguesa en la cultura canaria es más obvia en:

a) El carnaval de Santa Cruz de la Palma.
b) El habla canaria.
c) El deporte tradicional de la lucha canaria.

2. En cuanto a la protección de espacios naturales, se establece a mediados de la década de los años noventa en las islas Canarias:

a) El Plan para los Espacios Naturales para la Reserva de la Biosfera.
b) El Plan para la paliación de la Expansión Urbana Descontrolada.
c) La Red Canaria de Espacios Naturales Protegidos.

3. Los extranjeros tienen el derecho de reunión y de asociación en nuestro país:

a) En las mismas condiciones que los españoles, siempre y cuando fueren residentes.
b) En las mismas condiciones que los españoles.
c) En las mismas condiciones que los españoles para el derecho de reunión y para el derecho de asociación la LOEX señala el requisito de que deberán de ser residentes.

4. Se deberá solicitar a la autoridad gubernativa correspondiente (Delegado o Subdelegado del Gobierno), la medida de internamiento en un CIE cuando la devolución no se pudiera ejecutar en el plazo de:

a) 72 horas.
b) 48 horas.
c) Ninguna es correcta.

5. Pervivencias en la cultura canaria de un sustrato aborigen, son:

a) Géneros del folclore musical como el sirinoque.
b) Instrumentos musicales como el timple.
c) El género musical como la seguidilla.

6. El Guanche es de origen:

a) Flamenco.
b) Portugués.
c) Bereber.

7. Durante el periodo de la dictadura franquista, destaca como influencia en la cultura canaria:

a) La influencia flamenca.
b) La influencia americana, en general.
c) La influencia portuguesa.

8. En relación con la población de inmigrantes en el Archipiélago Canario, es cierto que:

a) Los asiáticos conforman un grupo todavía en proceso de consolidación en el mundo laboral canario.
b) Destacan los residentes comunitarios europeos jubilados.
c) La sex ratio menos elevada la tienen los africanos.

9. Las Islas de menor porcentaje de suelo utilizable, debido a la gran cantidad de espacios protegidos, son:

a) Lanzarote y Fuerteventura.
b) La Gomera y Lanzarote.
c) La Palma, la Gomera y el Hierro.

10. La primera planta desaladora de España se instaló en:

a) Fuerteventura.
b) Lanzarote.
c) Las Palmas de Gran Canaria.

11. Los pozos y aljibes son más importantes como medio de obtener agua potable en:

a) La Isla del Hierro.
b) Lanzarote.
c) Santa Cruz de Tenerife.

12. Con respecto a la estructura social de la población canaria, se prevé para estos años un crecimiento:

a) Del estrato medio-bajo.
b) De la clase media.
c) Del estrato medio-alto.

13. Destacan por su gran nivel de formación entre la población extranjera en Canarias, los procedentes de:

a) Europa occidental.
b) Europa Central.
c) Europa oriental.

14. ¿Cuál de las siguientes características es una influencia americana a la cultura canaria?

a) Los juegos tradicionales.
b) El timple como instrumento.
c) La arepa como plato típico de la cocina canaria.

15. ¿Cuál de las siguientes pautas no es una característica de la población canaria en la actualidad?

a) La mortalidad infantil ha aumentado.
b) La juventud de la población retrasa el proceso de envejecimiento.
c) Se mantienen bajas las tasas de mortalidad en general.

16. El incremento de la población canaria ha dado lugar a un fenómeno llamado:

a) Desarrollo urbano.
b) Dispersión poblacional.
c) Expansión urbana descontrolada.

17. Sobre los recursos turísticos que posee las Islas Canarias, es cierto que:

a) Las vertientes sur son más nubosas que la norte.
b) Las corrientes marinas son más fuertes en la vertiente sur.
c) Las playas de arena son más frecuentes en las islas orientales.

18. No es una influencia americana en la cultura canaria:

a) El habla canaria.
b) La papa como elemento culinario.
c) La importancia de la madera.

19. Con respecto a la población canaria, se prevé para los próximos años:

a) Una caída de la tasa de fecundidad.
b) Un envejecimiento de la población.
c) Todas las respuestas son correctas.

20. Entre los fenómenos demográficos en el Archipiélago Canario, destaca:

a) El descenso de la población.
b) El decrecimiento vegetativo.
c) El aumento de los divorcios.

21. En el intercambio de población entre Canarias y otras comunidades autónomas, destaca:

a) Andalucía.
b) Galicia.
c) Todas ellas.

22. La ecología humana como característica principal, es una herramienta que nos ayudará a:

a) Conservar los ecosistemas.
b) Organizar las comunidades humanas.
c) Reservar la biosfera.

23. Sin perjuicio de lo dispuesto en el art. 33 LO 4/2000 para la admisión a efectos de estudios, intercambio de alumnos, prácticas no laborales o servicios de voluntariado, estancia es la permanencia en territorio español por un período de tiempo no superior a:

a) 90 días.
b) Seis meses.
c) Cinco años.

24. El aumento de la población canaria tiene como factor causante principal:

a) El aumento de la natalidad.
b) El descenso de la mortalidad.
c) El crecimiento de la inmigración.

Solución al test n.º 23

1. b) El habla canaria.

2. c) La Red Canaria de Espacios Naturales Protegidos.

3. b) En las mismas condiciones que los españoles.

4. c) Ninguna es correcta.

5. a) Géneros del folclore musical como el sirinoque.

6. c) Bereber.

7. a) La influencia flamenca.

8. b) Destacan los residentes comunitarios europeos jubilados.

9. c) La Palma, la Gomera y el Hierro.

10. b) Lanzarote.

11. a) La Isla del Hierro.

12. b) De la clase media.

13. c) Europa oriental.

14. c) La arepa como plato típico de la cocina canaria.

15. a) La mortalidad infantil ha aumentado.

16. c) Expansión urbana descontrolada.

17. c) Las playas de arena son más frecuentes en las islas orientales.

18. c) La importancia de la madera.

19. c) Todas las respuestas son correctas.

20. c) El aumento de los divorcios.

21. c) Todas ellas.

22. c) Reservar la biosfera.

23. a) 90 días.

24. c) El crecimiento de la inmigración.

Características de los Municipios de Canarias: ámbito geográfico, social, y demográfico. Toponimia general. Localización de centros públicos y lugares de interés. Organización de los Ayuntamientos. Organigrama general de las Corporaciones

1. ¿Cuántos municipios integran la isla de Gran Canaria?

a) 31.
b) 21.
c) 14.

2. ¿A qué isla canaria pertenece el municipio de Garachico?

a) Tenerife.
b) Gran Canaria.
c) Lanzarote.

3. ¿Qué municipio perteneciente a la isla de Gran Canaria es conocido sobre todo porque en él se venera la imagen de la virgen del Pino, patrona de la diócesis de Canarias?

a) Antigua.
b) Yaiza.
c) Teror.

4. Señala la respuesta incorrecta respecto a los órganos necesarios:

a) La Junta de Gobierno Local existe en todos los municipios con población superior a 50.000 habitantes y en los de menos, cuando así lo disponga su Reglamento Orgánico o así lo acuerde el Pleno de su Ayuntamiento.

b) La Comisión Especial de Sugerencias y Reclamaciones existe en los municipios de gran población y en aquellos otros en que el Pleno así lo acuerde, por el voto favorable de la mayoría absoluta del número legal de sus miembros, o así lo disponga su reglamento orgánico.

c) El Pleno es el órgano fundamental para el Gobierno y la administración del municipio.

5. ¿Cuál es la duración del cargo del Alcalde?

a) 5 años.
b) 4 años.
c) 3 años.

6. Señala cuál de los siguientes órganos solo existirá en aquellos municipios de gran población y en aquellos otros en que el Pleno así lo acuerde, por el voto favorable de la mayoría absoluta del número legal de sus miembros, o así lo disponga su reglamento orgánico:

a) La Comisión Especial de Sugerencias y Reclamaciones.
b) La Junta de Gobierno Local.
c) La Comisión Especial de Cuentas.

7. La Junta de Gobierno Local existe en todos los municipios con población superior a:

a) 5.000 habitantes.
b) 3.000 habitantes.
c) 2.500 habitantes.

8. Para que el Pleno sea totalmente válido, debe de estar formado por 1/3 del número legal de miembros del mismo que en ningún caso puede ser menor a:

a) 7.
b) 5.
c) 3.

9. Los Ayuntamientos se organizan en órganos necesarios y complementarios. Señala cuál de los siguientes no es uno de los órganos Necesarios:

a) Concejales y Diputados delegados.
b) Tenientes de Alcalde.
c) Junta de Gobierno Local.

10. ¿En qué artículo de la Carta Magna se dispone que el gobierno y la administración de los municipios corresponden a sus respectivos Ayuntamientos, integrados por alcaldes y concejales?

a) En el artículo 134.
b) En el artículo 136.
c) En el artículo 140.

11. ¿En qué artículo de la Constitución española se establece que el Estado se organiza territorialmente en municipios, provincias y en Comunidades Autónomas?

a) En el art. 133.
b) En el art. 137.
c) En el art. 143.

12. ¿Cuántos municipios tiene la provincia de Las Palmas?

a) 34.
b) 31.
c) 27.

13. ¿En qué isla se encuentra el municipio de San Miguel de Abona?

a) En Tenerife.
b) En Lanzarote.
c) En Gran Canaria.

14. Señala cuál de los siguientes no es uno de los órganos necesarios de los Ayuntamientos:

a) Tenientes de Alcalde.
b) Junta de Gobierno Local.
c) Comisiones Informativas.

15. ¿Cuál es el principal núcleo poblacional y económico del municipio es Puerto del Carmen?

a) Icod de Los Vinos.
b) Tías.
c) Tacoronte.

16. Señala cuál de los siguientes no es uno de los órganos complementarios de los Ayuntamientos:

a) Concejales y Diputados delegados.
b) Consejos Sectoriales.
c) Comisión Especial de Cuentas.

17. Señala la respuesta incorrecta:

a) Los Tenientes de Alcalde sustituyen, por el orden de su nombramiento y en casos de vacantes, ausencia o enfermedad, al Alcalde, siendo libremente designados y removidos por los miembros de la Junta de Gobierno Local.

b) El Pleno está integrado por los concejales y presidido por el Alcalde.

c) El Alcalde, en todo momento, puede cesar libremente a cualesquiera miembros de la Junta de Gobierno Local.

18. Señala la respuesta incorrecta:

a) Toda delegación de cualquier atribución es realizada mediante Decretos de Alcaldía.

b) Todos los dictámenes realizados por las Comisiones Informativas tienen carácter preceptivo y vinculante.

c) El Pleno puede también acordar el establecimiento de entes descentralizados y órganos desconcentrados con personalidad jurídica propia y cuya finalidad vaya encaminada a la prestación de servicios.

19. ¿Cuál es el órgano encargado de administrar el Ayuntamiento?

a) El Alcalde.

b) La Junta de Gobierno Local.

c) El Pleno.

20. ¿Cómo se denominan los órganos municipales que tienen por objeto el estudio, informe o consulta de los asuntos que vayan a ser tratados en sesiones Plenarias?

a) Consejos Sectoriales.

b) Comisiones Informativas.

c) Comisiones Especiales.

Solución al test n.º 24

1. b) 21.

2. a) Tenerife.

3. c) Teror.

4. a) La Junta de Gobierno Local existe en todos los municipios con población superior a 50.000 habitantes y en los de menos, cuando así lo disponga su Reglamento Orgánico o así lo acuerde el Pleno de su Ayuntamiento.

5. b) 4 años.

6. a) La Comisión Especial de Sugerencias y Reclamaciones.

7. a) 5.000 habitantes.

8. c) 3.

9. a) Concejales y Diputados delegados.

10. c) En el artículo 140.

11. b) En el art. 137.

12. a) 34.

13. a) En Tenerife.

14. c) Comisiones Informativas.

15. b) Tías.

16. c) Comisión Especial de Cuentas.

17. a) Los Tenientes de Alcalde sustituyen, por el orden de su nombramiento y en casos de vacantes, ausencia o enfermedad, al Alcalde, siendo libremente designados y removidos por los miembros de la Junta de Gobierno Local.

18. b) Todos los dictámenes realizados por las Comisiones Informativas tienen carácter preceptivo y vinculante.

19. a) El Alcalde.

20. b) Comisiones Informativas.

TEST N.º 25

De manera general, las ordenanzas y Bandos de los municipios relativas al espacio público y a la convivencia. Regulación y licencias de actividades. Normativa de urbanismo y de obras. Regulación de la actividad comercial y la venta ambulante

1. No serán transmisibles:

a) Las licencias relativas a las condiciones de una obra.
b) Las licencias concernientes al ejercicio de actividades sobre bienes de dominio público.
c) Las licencias cuando el número de las otorgables fuere limitado.

2. Las solicitudes de licencias municipales, según establece el artículo 9 del Reglamento de Servicios de Corporaciones Locales:

a) Deberá acompañarse proyecto técnico con ejemplares para cada uno de los organismos que hubieren de informar la petición, si se refieren al ejercicio de actividades.
b) Se presentarán en el Registro General del Estado.
c) Deberá acompañarse proyecto técnico con ejemplares para cada uno de los organismos que hubieren de informar la petición, si se refieren a ejecución de obras o instalaciones.

3. En el régimen del Reglamento de Servicios de las Corporaciones Locales, el plazo que tiene la Comisión Provincial de Urbanismo, u órgano equivalente de la Comunidad Autónoma, para decidir sobre una licencia una vez que se ha denunciado la mora ante la misma es de:

a) Seis meses.
b) Diez días.
c) Un mes.

4. Una licencia de obra menor, en el régimen del Reglamento de Servicios de las Corporaciones Locales, debe otorgarse en el plazo de:

a) Un día.
b) Un mes.
c) Dos meses.

5. En materia de licencias, en el régimen del Reglamento de Servicios de las Corporaciones Locales, para subsanar deficiencias, debe concederse al particular un plazo de:

a) Ocho días.
b) Nueve días.
c) Quince días.

6. Señala la respuesta incorrecta:

a) No podrán ser invocadas para excluir o disminuir la responsabilidad civil o penal en la que hubieren incurrido los beneficiarios en el ejercicio de sus actividades.
b) Cuando se permitiere la representación, el que la ejerciere deberá reunir las cualidades necesarias para conseguir por sí mismo una licencia y obtener la aprobación del Organismo que la hubiere otorgado.
c) Las licencias relativas a las condiciones de una obra o instalación no tendrán vigencia mientras subsistan aquellas.

7. La competencia originaria en materia de urbanismo ha estado históricamente atribuida al/a las/a los:

a) Estado.
b) Comunidades Autónomas.
c) Municipios.

8. Las normas reglamentarias dictadas por los Alcaldes, exclusivamente, en el ejercicio de sus competencias, se denominan:

a) Ordenanzas.
b) Bandos.
c) Relamentos.

9. Con carácter general, a quién corresponde otorgar las licencias:

a) Al Alcalde.
b) Al Consejero de Urbanismo.
c) Al Secretario de la Entidad Local.

10. La obstaculización de la labor inspectora, en materia de urbanismo, se considera por la Ley 4/2017, de 13 de julio, del Suelo y de los Espacios Naturales Protegidos de Canarias:

a) Infracción leve.
b) Infracción grave.
c) Infracción muy grave.

11. Las infracciones graves, según la Ley 4/2017, de 13 de julio, del Suelo y de los Espacios Naturales Protegidos de Canarias, se sancionan con multa:

a) De 601 a 60.000 euros.
b) De 6.001 a 250.000 euros.
c) De 6.001 a 150.000 euros.

12. Hacer fuego con grave riesgo para la integridad del espacio, se considera por la Ley 4/2017, de 13 de julio, del Suelo y de los Espacios Naturales Protegidos de Canarias:

a) Infracción grave y se sancionará con multa de 6.000 a 200.000 euros.
b) Infracción muy grave y se sancionará con multa de 6.000 a 200.000 euros.
c) Infracción muy grave y se sancionará con multa de 6.000 a 600.000 euros.

13. La cuantía de la sanción administrativa en materia comercial, se graduará teniendo en cuenta las siguientes circunstancias, señale la incorrecta:

a) La gravedad de los efectos socio-económicos que la comisión de la infracción haya producido.
b) La situación de predominio del infractor en el mercado.
c) La reparación de los defectos derivados del incumplimiento relativo a las formalidades exigidas por el Texto Refundido de las Leyes de Ordenación de la Actividad Comercial de Canarias y reguladora de la licencia commercial, TR-LOAC, en adelante, siempre que de dicho incumplimiento se hayan derivado perjuicios directos a terceros.

14. La destrucción o el deterioro de bienes catalogados por la ordenación de los recursos naturales, territorial o urbanística, o declarados de interés cultural conforme a la legislación sobre el patrimonio histórico, se considera por la Ley 4/2017, de 13 de julio, del Suelo y de los Espacios Naturales Protegidos de Canarias:

a) Infracción leve.
b) Infracción grave.
c) Infracción muy grave.

15. No es un requisito para la venta no sedentaria, según el TR-LOAC:

a) Los comerciantes extranjeros comunitarios, han de acreditar que están, además de otros requisitos, en posesión de los permisos de residencia y de trabajo por cuenta propia.
b) Disponer de la autorización municipal para el ejercicio de la venta no sedentaria en el lugar preciso.
c) Estar dados de alta en el régimen de la seguridad social que les corresponda.

16. Señala la opción incorrecta. Según el TR-LOAC, todas las ofertas de venta a distancia contendrán, de forma clara e inequívoca, los siguientes datos informativos:

a) El plazo máximo de recepción o puesta a disposición del consumidor del producto o servicio objeto de la transacción, desde el momento de la recepción del encargo.

b) El precio total a satisfacer.

c) El sistema de devolución, con la información de que los gastos correspondientes van a cargo del comprador en caso de disconformidad con el envío, antes de transcurrir el período de reflexión.

17. Las infracciones muy graves, según la Ley 4/2017, de 13 de julio, del Suelo y de los Espacios Naturales Protegidos de Canarias, prescriben:

a) A los seis años.

b) A los cinco años.

c) A los cuatro años.

18. En cuanto a las infracciones administrativas en materia comercial, según el TR-LOAC , se considera infracción grave la reincidencia en la comisión de infracciones consideradas leves, en un período de:

a) Diez meses.

b) Seis meses.

c) Doce meses.

19. En los supuestos de infracciones muy graves en materia comercial, el Gobierno de Canarias podrá acordar el cierre del establecimiento en que se haya producido la infracción por un plazo máximo de:

a) Seis años.

b) Siete años.

c) Cinco años.

20. La inobservancia de las obligaciones de no hacer impuestas por medidas provisionales o cautelares adoptadas con motivo del ejercicio de la potestad de protección de la legalidad y de restablecimiento del orden jurídico perturbado, se considera por la Ley 4/2017, de 13 de julio, del Suelo y de los Espacios Naturales Protegidos de Canarias:

a) Infracción leve.

b) Infracción grave.

c) Infracción muy grave.

21. Señala la opción incorrecta. Son infracciones administrativas en materia comercial las siguientes:

a) La falta de veracidad en los anuncios de prácticas promocionales, calificando indebidamente las correspondientes ventas u ofertas.
b) Carecer de hojas de reclamaciones.
c) El incumplimiento de la obligación de comunicar la puesta en marcha de la actividad comercial en el plazo máximo de tres meses desde que ésta se produzca.

22. Las infracciones administrativas leves en materia comercial, de acuerdo con el TR-LOAC, serán sancionadas con multas:

a) Desde 30,05 euros hasta 3.005,06 euros.
b) Desde 30,01 euros hasta 3.001,09 euros.
c) Desde 30,08 euros hasta 30.001,08 euros.

23. La cuantía de la sanción administrativa en materia comercial, se graduará teniendo en cuenta las siguientes circunstancias, señala la incorrecta:

a) El número de consumidores afectados.
b) El volumen de ventas.
c) La cuantía del beneficio lícito.

24. Las autorizaciones, para el régimen general de venta ambulante, según el TR-LOAC, tendrán una duración de:

a) Cinco años.
b) Seis años.
c) Ocho años.

25. La comisión de una o más infracciones leves por persona a la que se haya impuesto con anterioridad una sanción firme por cualquier otra infracción urbanística, se considera por la Ley 4/2017, de 13 de julio, del Suelo y de los Espacios Naturales Protegidos de Canarias:

a) Infracción leve.
b) Infracción grave.
c) Infracción muy grave.

Solución al test n.º 25

1. c) Las licencias cuando el número de las otorgables fuere limitado.

2. c) Deberá acompañarse proyecto técnico con ejemplares para cada uno de los organismos que hubieren de informar la petición, si se refieren a ejecución de obras o instalaciones.

3. c) Un mes.

4. b) Un mes.

5. c) Quince días.

6. c) Las licencias relativas a las condiciones de una obra o instalación no tendrán vigencia mientras subsistan aquellas.

7. c) Municipios.

8. b) Bandos.

9. a) Al Alcalde.

10. b) Infracción grave.

11. c) De 6.001 a 150.000 euros.

12. c) Infracción muy grave y se sancionará con multa de 6.000 a 600.000 euros.

13. c) La reparación de los defectos derivados del incumplimiento relativo a las formalidades exigidas por el Texto Refundido de las Leyes de Ordenación de la Actividad Comercial de Canarias y reguladora de la licencia commercial, TR-LOAC, en adelante, siempre que de dicho incumplimiento se hayan derivado perjuicios directos a terceros.

14. c) Infracción muy grave.

15. a) Los comerciantes extranjeros comunitarios, han de acreditar que están, además de otros requisitos, en posesión de los permisos de residencia y de trabajo por cuenta propia.

16. c) El sistema de devolución, con la información de que los gastos correspondientes van a cargo del comprador en caso de disconformidad con el envío, antes de transcurrir el período de reflexión.

17. c) A los cuatro años.

18. b) Seis meses.

19. c) Cinco años.

20. c) Infracción muy grave.

21. c) El incumplimiento de la obligación de comunicar la puesta en marcha de la actividad comercial en el plazo máximo de tres meses desde que ésta se produzca.

22. a) Desde 30,05 euros hasta 3.005,06 euros.

23. c) La cuantía del beneficio lícito.

24. c) Ocho años.

25. b) Infracción grave.

Cómo acceder al Curso

Policía Local de Canarias
Test del temario

El uso de los códigos **es exclusivo de los compradores de los productos de Editorial MAD**. Cada producto posee un código único y de un solo uso. Es personal e intransferible y da acceso a servicios y contenidos adicionales. Editorial MAD se reserva el derecho de hacer cuantas comprobaciones sean necesarias para identificar al legítimo poseedor del código y dejar de dar servicio a quien haga uso fraudulento del mismo, además de emprender cuantas acciones legales estime oportunas según la legislación vigente.

Deberás acceder a:

mad.es/registro-campus

Si una vez aceptadas las condiciones de uso del Campus decides hacer uso del mismo, necesitarás del siguiente código de acceso junto con los códigos del resto de títulos que se exigen (si fuera el caso):

TX6I9GD82K